FRIEDRICH MEISSNER

Das Recht der Europäischen Wirtschaftsgemeinschaft im Verhältnis zur Rheinschiffahrtsakte von Mannheim

Schriften zum Völkerrecht

Band 27

Das Recht der Europäischen Wirtschaftsgemeinschaft im Verhältnis zur Rheinschiffahrtsakte von Mannheim

Ein Beitrag zur völkervertragsrechtlichen Bedeutung des Artikels 234 EWGV

Von

Dr. Friedrich Meißner

DUNCKER & HUMBLOT / BERLIN

Gedruckt 1973 bei Buchdruckerei Bruno Luck, Berlin 65
Printed in Germany
ISBN 3 428 02837 6

Vorwort

Die vorliegende Arbeit ist Mitte 1972 an der Rheinischen Friedrich-Wilhelms-Universität in Bonn als Dissertation angenommen worden. Zur Untersuchung des Themas wurde ich von Herrn Professor Dr. K. J. Partsch angeregt. Er hat die Arbeit durch eine Reihe von hilfreichen Ratschlägen und auf Grund seiner Befürwortung für ein Promotionsstipendium der Universität Bonn gefördert. Hierfür sage ich ihm aufrichtig Dank.

Den Herren Professoren Dr. R. Baeyens, Dr. J. Salzwedel und Dr. U. Scheuner bin ich für förderliche Kritik und vielfältige Anregungen dankbar.

Herrn H. Claudi möchte ich vielmals für seine Bereitschaft danken, sich mit Schwierigkeiten im zweiten Teil der Arbeit auseinanderzusetzen.

Das Manuskript wurde im Dezember 1971 abgeschlossen. Danach erschienene Literatur konnte nur noch zum Teil berücksichtigt werden. Auf neuere Entwicklungen im Jahre 1972 wird in einem Nachtrag hingewiesen.

Bonn, im Dezember 1972 *Friedrich Meißner*

Inhaltsverzeichnis

Zweiter Teil

Die Vereinbarkeit des Gemeinschaftsrechts mit der Mannheimer Akte

Abkürzungsverzeichnis

a. A.	anderer Ansicht
aaO	am angegebenen Ort
ABl.	Amtsblatt
Abs.	Absatz
Actes officiels	Actes officiels du Congres International d'études sur la Communauté européenne du charbon et de l'acier. 7 Bde., Mailand 1957 - 1959.
a. E.	am Ende
AFDI	Annuaire Français de Droit International
AJIL	The American Journal of International Law
Anm.	Anmerkung
ArchVR	Archiv des Völkerrechts
Art.	Artikel
Aufl.	Auflage
AWD	Außenwirtschaftsdienst des Betriebsberaters
Bd./Bde.	Band/Bände
BDGV	Berichte der Deutschen Gesellschaft für Völkerrecht
BGBl.	Bundesgesetzblatt
BRD	Bundesrepublik Deutschland
BT	Bundestag
Buchst.	Buchstabe
BVerfGE	Entscheidungen des Bundesverfassungsgerichts
BYIL	The British Yearbook of International Law
bzw.	beziehungsweise
CEE	Communauté Economique Européenne
CdDE	Cahiers de droit européen
CCR	Commission Centrale pour la navigation du Rhin
CMLR	Common Market Law Review
d. h.	das heißt
Diss.	Dissertation
DÖV	Die Öffentliche Verwaltung
Doc.	Document
Dok	Dokument
Drs.	Drucksache
DVBl	Deutsches Verwaltungsblatt
EAG	Europäische Atomgemeinschaft
EAGV	EAG-Vertrag

ECE	Economic Commission for Europe
EEC	European Economic Community
E.G.	Europäische Gemeinschaften
EGKS	Europäische Gemeinschaft für Kohle und Stahl
EGKSV	EGKS-Vertrag
E. P.	Europäisches Parlament
EuA	Europa-Archiv
EuGH	Gerichtshof der Europäischen Gemeinschaften
EuR	Europarecht
EWG	Europäische Wirtschaftsgemeinschaft
EWGV	EWG-Vertrag
EY	European Yearbook
FAZ	Frankfurter Allgemeine Zeitung
FR.	Frankreich
FS.	Festschrift
GATT	General Agreement for Tariffs and Trade
gem.	gemäß
hrsg.	herausgegeben
ICLQ	The International and Comparative Law Quarterly
I.L.A.	The International Law Association
I.L.C.	International Law Commission
i. S.	im Sinne
i. V. m.	in Verbindung mit
JDI	Journal du Droit International
JIR	Jahrbuch für Internationales Recht
JJb	Juristen-Jahrbuch
KOM	Kommission
KSE	Kölner Schriften zum Europarecht
M. A.	Mannheimer Rheinschiffahrtsakte
Mel.	Mélanges
Mz. A.	Mainzer Rheinschiffahrtsakte
Niederl.	Niederlande
NJW	Neue Juristische Wochenschrift
Nr.	Nummer
o. a.	oben angegeben
OECD	Organization for Economic Cooperation and Development
OEEC	Organization for European Economic Cooperation
o. J.	ohne Jahresangabe
o. O.	ohne Ortsangabe
Pro.	Protokoll
RbDI	Revue belge de droit international
Rev.	Revision
Rev. trim. dr. eur.	Revue trimestrielle de droit européen
RCADI	Recueil des Cours de l'Académie de Droit International

RGBl.	Reichsgesetzblatt
RGDIP	Revue Générale de Droit International Public
RGST	Entscheidungen des Reichsgerichts in Strafsachen
Rheinurk.	Rheinurkunden
RMC	Revue du Marché Commun
RNIR	Revue de la navigation intérieure et rhénane
Rspr.	Rechtsprechung
RTDC	Revue trimestrielle de droit commercial
S.	Seite bzw. Satz
SchwJbIR	Schweizerisches Jahrbuch für internationales Recht
SEW	Sociaal-Economische-Wetgeving
stellv.	stellvertretend
STIGH	Ständiger Internationaler Gerichtshof
u.	und
u. a.	unter anderen bzw. unter anderem
ÜEGKSV	Abkommen über die Übergangsbestimmungen zum Vertrag über die Gründung der Europäischen Gemeinschaft für Kohle und Stahl
UNCTAD	United Nations Conference on Trade and Development
UNO	United Nations Organization
USA	United States of America
usw.	und so weiter
v.	von
Verf.	Verfasser
V.F.V.	Versailler Friedens-Vertrag
vgl.	vergleiche
vol.	volume
VVDStRL	Veröffentlichungen der Vereinigung der Deutschen Staatsrechtslehrer
VWD	Vereinigte Wirtschaftsdienste
WSA	Wiener Schlußakte
WVK	Wiener Vertragsrechtskonvention
Y.I.L.C.	Yearbook of the International Law Commission
ZaöRV	Zeitschrift für ausländisches öffentliches Recht und Völkerrecht
z. B.	zum Beispiel
ZfB	Zeitschrift für Binnenschiffahrt
ZfV	Zeitschrift für Verkehrswissenschaft
Ziff.	Ziffer
zit.	zitiert
ZKR	Zentralkommission für die Rheinschiffahrt
Zollv.	Zollverein

Soweit in den nachfolgenden Zitaten Worte kursiv gedruckt sind, beabsichtigt der Verfasser dieser Arbeit, sie damit besonders hervorzuheben.

Einleitung

Die Rheinschiffahrtsakte von Mannheim vom 17. Oktober 1868 bildet die völkervertragliche Grundlage für das internationale Rheinschiffahrtsrecht[1]. Dieses Vertragswerk ist entstanden in Anlehnung und Fortentwicklung der Bestimmungen über die Flußschiffahrt in der Wiener Schlußakte vom 9. Juni 1815, sowie der ersten Rheinschiffahrtsakte zu Mainz vom 31. März 1831[2]. Für die Entwicklung einer gemeinsamen Binnenschiffs-Verkehrspolitik der Europäischen Wirtschaftsgemeinschaft ist die Mannheimer Akte zu einem der „dornigsten Hindernisse"[3] geworden. Sie hat zugleich die Fülle von Problemen aufgezeigt, die zwischen dem Gemeinschaftsrecht und früheren internationalen Vertragsbeziehungen der EWG-Mitgliedsstaaten entstehen können. Vierzehn Jahre nach der Gründung der Europäischen Wirtschaftsgemeinschaft klingt es wie Ironie, daß gerade von der Mannheimer Akte solche Konflikte nicht erwartet wurden. Bei den Beratungen im niederländischen Parlament über die Vorschrift des Artikels 234 EWGV, die das Verhältnis des Gemeinschaftsrechts zu den früheren Übereinkünften der Mitgliedstaaten regelt, ging man z. B. davon aus, daß keinerlei Unvereinbarkeiten zwischen dem Rheinschiffahrtsrecht und dem Recht der Europäischen Wirtschaftsgemeinschaft bestünden[4]. Nur einige Jahre später sollte die Anwendbarkeit der ersten Verkehrsverordnung der Gemeinschaft auf den Rhein auch auf den vehementen Widerstand dieses Landes stoßen[5].

---

[1] Text: Rheinurk. I, S. 80 ff. Die wesentlichen Bestimmungen dieser Akte sind heute noch gültig. Siehe die bereinigte Textfassung in BGBl. 1969 II, S. 597 ff. sowie bei *Berber*, Dokumentensammlung I, S. 1501 ff.

[2] Zur Entstehungsgeschichte der Akte siehe im einzelnen *Scheuner*, Rhein, S. 118 und 119, sowie die Ausführungen unter Teil 1, Kapitel 1, II. 1.

[3] *Rittstieg*, S. 9.

[4] Vgl. die Erläuterungen der Regierung zu Art. 234 EWGV in der als Antwort verfaßten Denkschrift zum EWG-Vertrag vom 16. 9. 1957, in: Beilagen der Verhandlungen der zweiten Kammer der Generalstände, Sitzungsperiode 1956/1957, 4725, Nr. 14, S. 30; ferner die Äußerungen des Ministers Algera gegenüber den Herren Diepenhorst und Blaisse, in: zweite Kammer der Generalstände, Sitzung vom 3. 10. 1957, Sitzungsperiode 1957/58, 5. Sitzung, S. 131/132.

[5] Vgl. im einzelnen die Begründung der niederländischen Regierung anläßlich der Vorarbeiten des Gesetzes vom 27. Juni 1963 (Staatsblad 344) zur Durchführung der Verordnung 11/60 des Rates der EWG, in: Beilagen der Verhandlungen der Zweiten Kammer der Generalstände, Sitzungsperiode 1961/62, 6731, Nr. 3; den vorläufigen Bericht der gesetzgebenden Kammern, wie oben Nr. 4; die als Antwort verfaßte Denkschrift, wie oben Nr. 5; ferner die Äußerungen des Staatssekretärs Stijkel gegenüber dem Berichterstatter Samalkalden in

Zusammen mit den anderen Rheinanliegerstaaten Belgien, der Bundesrepublik Deutschland und Frankreich, die zugleich Mitglieder der EWG sind, weigerten sich die Niederlande zehn Jahre lang, die Verordnung des Rates der EWG vom 27. Juni 1960 über die Beseitigung von Diskriminierungen auf dem Gebiet der Frachten und Beförderungsbedingungen[6] auf dem Rhein durchzuführen[7]. Erst als sich die EWG-Kommission im Jahre 1970 anschickte, ein Verstoßverfahren gemäß Artikel 169 EWGV gegen diese Länder anzustrengen[8], erklärten sich deren Regierungen im Februar 1971 bereit, diese Verordnung auch auf den Rhein zu erstrecken[9].

Im Laufe dieser Zeit ist die Problematik der Vereinbarkeit des Rheinschiffahrtsrechts nach der Mannheimer Akte mit dem der Europäischen Wirtschaftsgemeinschaft in ihrer ganzen Breite Gegenstand eingehender Erörterungen zwischen der Zentralkommission für die Rheinschiffahrt und der in ihr vertretenen Staaten einerseits und der Kommission der EWG andererseits gewesen. Sie sind bis heute noch nicht zu einem Abschluß gelangt. Von den in der Zentralkommission für die Rheinschiffahrt repräsentierten Staaten hat sich insbesondere die Schweiz gegen die von der Gemeinschaft erlassenen bzw. geplanten Vorschriften für den Bereich des Binnenschiffsverkehrs gewandt. Sie ließ im Jahre 1963 der Zentralkommission eine Avis de droit zukommen, in der im einzelnen die Rechtsansichten dieses Landes dargelegt sind[10]. Danach sollen die in den gemeinschaftlichen Regelungen enthaltenen Beschränkungen und Belastungen mit der durch Artikel 1 der Mannheimer Akte gewährleisteten Schiffahrtsfreiheit, dem Gleichbehandlungsgebot gemäß Artikel 4 der Mannheimer Akte und der in Artikel 3 statuierten Freiheit von Wegegebühren kollidieren[11]. Die Schweiz ist ferner der Ansicht, daß die Europäische Wirtschaftsgemeinschaft auf dem Wirtschaftssektor keine Exklusivkompetenz besitze. Gemäß den Artikeln 43 und 45 der Mannheimer Akte müßten alle die Rheinschiffahrt betreffenden Angelegenheiten zum Gegenstand von Beratungen innerhalb der Zentralkommission gemacht werden[12]. Einseitige nationale Regelungen auf dem Rhein seien nur in dem Umfange zulässig, als sie sich auf die sécurité générale (Artikel 1 der Mannheimer Akte) bezögen[13]. Der Rheinschiffahrtsakte liege der

---

der Sitzung der ersten Kammer der Generalstände vom 25. Juni 1963, Sitzungsperiode 1963, 4. Sitzung, S. 81 - 83.

6 ABl./E. G., 1121/60, vom 16. 8. 1960.

7 Vgl. *Rheinmemorandum*, Teil I, S. 1; *Maout*, S. 28.

8 Vgl. *Rittstieg*, S. 13 und 14.

9 Vgl. VWD-Europa, Nr. 25/71 vom 5. 2. 1971, Teil I, S. 6.

10 Pro. ZKR, 1963-IV-3, Annexe 2, S. 15 ff.

11 Vgl. wie unter Anm. 10, S. 20 - 22.

12 Vgl. wie unter Anm. 10, S. 19, 20 und 26; ferner *Müller*, W., Verordnung, S. 206 und Geltung, S. 121.

13 Vgl. wie unter Anm. 10, S. 18 und 19.

Grundsatz der Einheit des Rheinregimes zugrunde. Nach der Ansicht des Schweizer Autors *Müller*, der an der Ausarbeitung der Avis de droit führend beteiligt war, soll dieser Grundsatz es gebieten, daß alle weiteren Regelungen auf dem Rhein nur im gemeinsamen Einvernehmen — d'un commun accord — aller in der Zentralkommission vertretenen Staaten getroffen werden dürften[14]. Abkommen, die nur unter einigen dieser Staaten vereinbart würden, seien daher unzulässig.

Die letztgenannte Ansicht wird auch von den Regierungen der EWG-Mitgliedstaaten geteilt. Danach gebietet es der Grundsatz der Einheit des Rheinregimes, daß entweder die Zentralkommission in die Lage versetzt wird, einer Gemeinschaftsverordnung zuzustimmen, oder daß parallel zu dieser Regelung ein Abkommen gleichen Inhalts zwischen allen in der Zentralkommission repräsentierten Staaten abgeschlossen wird. Von dieser Auffassung haben die EWG-Mitgliedstaaten sich wesentlich bei ihrer Opposition gegen die Anwendbarkeit der Verordnung Nr. 11/60 auf den Rhein leiten lassen[15]. Sie kann ferner mitbestimmend dafür angesehen werden, daß seit Jahren eine Fülle von Vorschlägen der EWG-Kommission auf dem Gebiet des Binnenschiffsverkehrs[16] vom Rat nicht verabschiedet worden sind.

Die von den EWG-Mitgliedstaaten eingenommene Haltung hat die Kommission der EWG veranlaßt, im Jahre 1964 in ihrem *Rheinmemorandum* eingehend ihre Ansicht zur Frage der Vereinbarkeit des Rheinschifffahrtsrechts mit dem der Gemeinschaft darzulegen. Breiten Raum nimmt darin die Untersuchung der Fragen ein, ob das erlassene bzw. geplante Gemeinschaftsrecht mit der Schiffahrtsfreiheit oder dem Gleichbehandlungsgebot nach der Mannheimer Akte kollidiere. Beide Fragen werden

---

[14] Vgl. *Müller*, W., Verordnung, S. 206; ohne Autorenangabe „Rheinschifffahrtspolitik aus Schweizerischer Sicht", in: Strom und See, 1966, S. 361.

[15] Im Jahre 1961 wurde in der ZKR der Entwurf eines Abkommens erarbeitet, der in seinem Inhalt weitgehend mit der Verordnung 11/60 der EWG übereinstimmte. Es kam zwar nicht, wie geplant, zu einer Unterzeichnung dieses Abkommens durch alle in der ZKR vertretenen Staaten. Stattdessen nahm aber die ZKR am 29. April 1970 auf einen Vorschlag der Niederlande hin eine Entschließung an, in der sie ihr Einverständnis erklärte, daß die EWG-Mitgliedstaaten die Verordnung 11/60 auf dem Rhein sollten anwenden können. Damit wurde für diese Länder die Möglichkeit eröffnet, in dem von der Gemeinschaft eingeleiteten Verstoßverfahren einzulenken, ohne dabei ihre Rechtsposition aufgeben zu müssen. Die Entschließung ist allerdings in der Erwägung ergangen, daß die Verordnung 11/60 durch den Abschluß eines gemeinsamen Abkommens abgelöst werden wird. Außerdem ist in der Entschließung die Erklärung der Schweiz enthalten, daß sie die Verordnung 11/60 für sie als nicht bindend erachte. Text der Entschließung siehe in Nederlandse Staatscourante vom 14. August 1970, Nr. 155.

[16] Siehe eine Zusammenfassung des gegenwärtigen Standes der EWG-Verkehrspolitik in: Legislation Communautaire en matière de Transport, Etat des mesures arrêtées ou proposées, Dok. EWG-Kommission 12.963/VII/-F rev. 1, vom 20. Oktober 1970.

von der Kommission verneint[17]. Sie ist ferner der Auffassung, daß der Grundsatz der Einheit des Rheinregimes überhaupt keine Verpflichtungen für die in der Zentralkommission für die Rheinschiffahrt vertretenen Staaten mit sich bringe. Er sei allein ein Ausdruck dafür, daß eine einheitliche Rechtsordnung auf dem Rhein bestehe[18]. Als im Jahre 1964 Bestrebungen im Rahmen der Zentralkommission konkrete Formen annahmen, eine Kapazitätsregelung für den Rheinschiffsverkehr einzuführen, stellte die Kommission der EWG die Kompetenz der Zentralkommission, auf dem Wirtschaftssektor tätig zu werden, überhaupt in Frage[19]. Selbst bei einer anderen Auffassung hätten die EWG-Mitgliedstaaten aber zu beachten, daß die Verwirklichung einer einheitlichen Verkehrspolitik auf dem Rhein primär in dem im EWG-Vertrag vorgesehenen institutionellen Rahmen zu erfolgen habe[20].

Diese unterschiedlichen Rechtsstandpunkte drohen die weitere Entwicklung von Schiffahrtsregelungen für den Rhein zu blockieren, wenn nicht gar die gesamte Verkehrspolitik der Gemeinschaft im Bereich des Binnenschiffsverkehrs lahm zu legen. Mit ausschlaggebend für diese Entwicklung ist — wie dies insbesondere der Kontroverse über die Bedeutung des Grundsatzes der Einheit des Rheinregimes entnommen werden kann — die Tatsache, daß neben den vier EWG-Mitgliedstaaten in der Zentralkommission noch die Drittstaaten Schweiz und Großbritannien vertreten sind. Wären die Partner der Mannheimer Akte allein mit denen des EWG-Vertrages identisch, so stände nach einer im Völkerrecht als herrschend zu bezeichnenden Ansicht der ältere Vertrag grundsätzlich voll zu ihrer Disposition[21]. Institutionelle Konflikte zwischen den beiden Verträgen könnten kaum entstehen, und materiell-rechtliche Kollisionen würden durch das jüngere Gemeinschaftsrecht ausgeräumt. Solche Erwägungen sind deshalb anzustellen, weil die Rechtsstellung der Drittstaaten in der Zentralkommission zur Mannheimer Akte in der Literatur bis zur Gegenwart umstritten ist. Es handelt sich also um die Frage, ob diese Länder als voll berechtigte und verpflichtete Vertragsstaaten der Mannheimer Akte anzusehen sind.

---

[17] Vgl. *Rheinmemorandum,* Teil II, S. 7 - 26.

[18] Vgl. *Rheinmemorandum,* Teil II, S. 29.

[19] Vgl. Sonderbeilage zum Bulletin der EWG 11-66 „UIR-Plan und Regelung der Kapazität im Binnenschiffsverkehr", S. 10.

[20] Vgl. wie unter Anm. 19, S. 6.

[21] Siehe die Erläuterungen der I.L.C. zu Art. 56 des Vertragsentwurfes aus dem Jahre 1966 (später Art. 59 WVK), die u. a. besagen: „Where the parties to the two treaties are identical, there can be no doubt that, in concluding the second treaty, they are competent to abrogate the earlier one; for that is the very core of the rule contained in article 51 (später Art. 54 WVK). Even where the parties to the two Treaties are not identical, the position is clearly the same if the parties to the later treaty include all the parties to the earlier one"; Y.I.L.C. 1966 II, S. 252 Ziff. 1. Vgl. ferner *Anzilotti,* S. 338; *Dahm,* Völkerrecht, Bd. 3, S. 125 und 127; *Klein,* S. 556; *Krzizanowski,* S. 366.

Aufgabe der vorliegenden Arbeit wird es zunächst sein, eine Reihe von Rechtsfragen der Rheinschiffahrt zu klären. Dabei ist zuerst die Rechtsstellung der Drittstaaten in der Zentralkommission zur Rheinschiffahrtsakte zu prüfen. Großbritannien wird in diese Untersuchung miteinbezogen. Sein Beitritt zu den Europäischen Gemeinschaften ist zwar zu erwarten, aber zum gegenwärtigen Zeitpunkt noch nicht vollzogen. Alsdann sind die Kompetenzen der Zentralkommission für die Rheinschiffahrt zu bestimmen. Sollte sich nämlich erweisen, daß die Aufgabenbereiche der Zentralkommission und der EWG nicht ineinander greifen sondern sich gegenseitig ausschließen, so ließen sich schon auf diesem Wege eine Anzahl von Konflikten zwischen dem Rheinschiffahrts- und Gemeinschaftsrecht ausräumen. Dem in der Praxis so bedeutsamen Grundsatz der Einheit des Rheinregimes ist in der Literatur bisher nur wenig Beachtung geschenkt worden. Eine Klärung von Inhalt und Tragweite dieses Grundsatzes wird — soweit ersichtlich — zu neuen Problemkonstellationen von im wesentlichen institutioneller Natur zwischen dem EWG-Vertrag und der Rheinschiffahrtsakte führen. Als letzte Rechtsfrage der Rheinschiffahrt wird schließlich die Bedeutung der Vorschrift des Artikels 13 der Mannheimer Akte zu erörtern sein. Eine nähere Untersuchung dieser Bestimmung wird erweisen, daß der Rheinschiffahrtsakte Entwicklungen — wie der Zusammenschluß nur einiger Rheinuferstaaten in einer engen Wirtschaftsgemeinschaft — nicht fremd sind. Alsdann sind im einzelnen die institutionellen Konflikte und materiell-rechtlichen Kollisionen zwischen den beiden Rechtsordnungen aufzuzeigen. Bei der Darstellung der Kollisionen kann auf eine Anzahl von Einzeluntersuchungen Bezug genommen werden.

Im zweiten Teil der Arbeit ist zunächst zu prüfen, ob — und gegebenenfalls inwieweit — die aufgezeigten Konflikte und Kollisionen sich im Wege einer harmonisierenden Auslegung beider Vertragswerke oder durch die Anwendung allgemeiner Prinzipien des Völkervertragsrechts beheben lassen. Dabei wird sich erweisen, daß auf Grund der erstgenannten Methode ein Teil der institutionellen Konflikte gelöst werden kann. Dagegen erscheint es nicht möglich, mit Hilfe der allgemeinen Völkervertragsrechtsprinzipien die weiterhin bestehenden Probleme zwischen den beiden Rechtsordnungen zu beheben. Als ein wesentliches Hindernis für eine Kündigung oder einseitige Änderung der Rheinschiffahrtsakte durch die EWG-Mitgliedstaaten wird sich das der Mannheimer Akte zugrundeliegende Einstimmigkeitsprinzip herausstellen. Es wird sich weiter erweisen, daß die EWG-Mitgliedstaaten das oben genannte Ziel auch nicht unter Berufung auf die clausula rebus sic stantibus zu erreichen vermögen. Schließlich ist aufzuzeigen, daß eine Lösung der Probleme zwischen den beiden Rechtsordnungen mit Hilfe der in Artikel 30 WVK vorgesehenen Vorrangregelung für den älteren Vertrag nur dann möglich erscheint, wenn die EWG an die internationalen Vertragsbeziehungen ihrer Mitgliedstaaten gebunden sein sollte. Bei der Untersuchung dieser letztgenannten Problematik wird sich herausstellen, daß die Gemeinschaft nicht an die völkervertraglichen Beziehungen ihrer Mitgliedstaaten gebunden ist. Sie kann vielmehr Recht setzen, das im Widerspruch zu den früheren Übereinkünften ihrer Mitgliedstaaten mit dritten Ländern steht. Diese Feststellung wird allerdings die Frage aufwerfen, ob das von der Gemeinschaft erlassene Recht auch Auswirkungen in den internationalen Vertragsbeziehungen der EWG-Mitgliedstaaten zu zeitigen vermag. Bei der Beantwortung dieser Frage werden die materiellrechtlichen Kollisionen und die institutionellen Konflikte zwischen dem Rheinschiffahrts- und Gemeinschaftsrecht getrennt zu behandeln sein. Es wird sich ergeben, daß die Kollisionen zwischen den beiden Rechtsordnungen im gemeinschaftsinternen Raum zu lösen sind. Dies ist mit Hilfe einer Konstruktion möglich, nach der Gemeinschaftsrecht den aus der Mannheimer Akte verpflichteten EWG-Mitgliedstaaten gegenüber insoweit nicht anwendbar ist, als es im Widerspruch zu Vorschriften der Rheinschiffahrtsakte steht. Eine Lösung der institutionellen Konflikte im gemeinschaftsinternen Raum erscheint nicht möglich. Es wird daher am Ende der Arbeit zu prüfen sein, ob diese Probleme sich durch eine Mitarbeit der Kommission der EWG in der Zentralkommission für die Rheinschiffahrt beheben lassen.

Erster Teil

Das Spannungsverhältnis zwischen der Mannheimer Rheinschiffahrtsakte und dem EWG-Vertrag

1. Kapitel

Rechtsfragen der Rheinschiffahrt

I. Die Rechtsstellung der Schweiz und Großbritanniens zur Mannheimer Akte

Die Mannheimer Rheinschiffahrtsakte ist am 17. Oktober 1868 von Baden, Bayern, Frankreich, Hessen, den Niederlanden und Preußen unterzeichnet worden. Die Schweiz wurde zu den vorausgegangenen Verhandlungen nicht hinzugezogen[1]. Für Großbritannien fehlte es zu dieser Zeit als Nicht-Rheinanlieger noch an jeglicher Beziehung zur Mannheimer Akte.

Auf Grund von Artikel 355 des Versailler Friedensvertrages vom 28. Juni 1919[2] wurden beide Staaten in die Zentralkommission für die Rheinschiffahrt aufgenommen. Dennoch erscheint es fraglich, ob sie damit voll berechtigte und verpflichtete Partnerstaaten der Rheinschiffahrtsakte von 1868 geworden sind. Dies würde voraussetzen, daß der V. F. V. von beiden Ländern unterzeichnet worden wäre, und er zugleich einen neuen Rechtsgrund für die Gültigkeit der Bestimmungen der Mannheimer Konvention schaffen wollte.

Großbritannien hat den V. F. V. zwar unterzeichnet. Es wurde zusammen mit Italien aber allein in die Zentralkommission berufen, um stellvertretend für die Völkergemeinschaft als Garant für die vom Versailler Friedensvertrag bestimmte Internationalisierung des Rheines zu dienen[3]. Die Vorschriften der Mannheimer Akte sollten in ihrer Gesamt-

---

[1] Vgl. *Hoederath*, S. 141.

[2] Text: RGBl. 1919, S. 687 ff.

[3] Vgl. *Hostie*, S. 205 und 206; siehe dort auch zitiert die Note der Commission des Ports, Voies d'Eau et Voies Ferrées de la Conférence de la Paix vom 9. Juni 1919 en réponse aux observations de la Délégation allemande, die besagt: „Afin que, au sein des Commissions fluviales, ils (die Kommissare der Nicht-Uferstaaten) puissent agir comme frein pour empêcher que l'Etat riverain le plus fort n'abuse de sa situation prépondérante au détriment des autres.“

heit erst durch ein neues Abkommenn ersetzt werden, mit dessen Ausarbeitung die Zentralkommission in Artikel 354 Abs. 2 des Versailler Friedensvertrages beauftragt wurde. Die begrenzte Zielsetzung des Versailler Friedensvertrages spricht also dagegen, daß England durch ihn voll berechtigter und verpflichteter Partnerstaat der Mannheimer Akte geworden ist.

Die Schweiz hat den Versailler Friedensvertrag nicht unterzeichnet und ist ihm in bezug auf die abgeänderten Bestimmungen der Rheinschiffahrtsakte[4] auch nicht beigetreten, wie dies die Niederlande mit den Beitrittsprotokollen vom 21. Januar 1921 und vom 29. März 1923 getan haben[5]. Die Schweiz wurde ebenso wie Belgien in die Zentralkommission aufgenommen, um ihren Interessen als Rheinanlieger dort wirksam Geltung verschaffen zu können. Diesen Staaten wurde also nur ein Recht auf Mitwirkung eingeräumt. *Chiesa* hat im einzelnen dargelegt, daß das Begehren der Schweiz, aus ihrer Aufnahme in die Zentralkommission zugleich auch den Anspruch eines voll berechtigten Partners der Rheinschiffahrtsakte herzuleiten, schon in der ersten Sitzung der Zentralkommission sofort auf den Widerstand des französischen Vorsitzenden gestoßen ist[6]. Auch kann aus der Mitarbeit eines Landes in einer internationalen Organisation nicht ohne weiteres ein Beitritt zu dem der Organisation zugrundeliegenden Vertrag hergeleitet werden[7]. Dies beweist insbesondere die Praxis der Vereinten Nationen und ihrer Spezialorganisationen, in denen eine freiwillige Mitarbeit möglich ist, ohne daß eine Mitgliedschaft vorausgesetzt wird[8]. Da überdies die Schweiz auch keine Schritte im Anschluß an ihre Aufnahme in die Zentralkommission unternommen hat, die Mannheimer Akte ihren gesetzgebenden Körperschaften zu unterbreiten[9], ist der Auffassung von *Chiesa* zuzustimmen, daß dieses Land durch den Versailler Friedensvertrag kein Partnerstaat der Mannheimer Akte geworden ist[10].

Großbritannien und die Schweiz haben diese Stellung auch nicht mit der Unterzeichnung des Modus Vivendi vom 4. Mai 1936, der am 1. Januar

---

[4] Siehe insbesondere die Bestimmung des Artikels 356.

[5] Vgl. *Scheuner,* Rechtsfragen, S. 171. Text der Beitrittsprotokolle siehe bei Struycken, S. 112 - 115.

[6] *Chiesa,* S. 106.

[7] Vgl. *Mosler,* Aufnahme, S. 281.

[8] Vgl. *Mosler,* Aufnahme, S. 277 und 297 - 299; *Scheuner,* Cabotage, S. 60/61; *Hoederath,* S. 143.

[9] Vgl. *Müller,* W., Rechtsstellung, S. 177; *Scheuner,* Cabotage, S. 61.

[10] *Chiesa,* S. 110: „L'opinion selon laquelle la Suisse aurait accédé à un traité international en participant aux déliberations de la C.C. semble denuée de fondements.“ Vgl. in diesem Sinne auch *Hoederath,* S. 144; *Matschl,* S. 27; a. A. *Walther,* Statut, S. 8; *Müller,* W., Rechsstellung, S. 180.

1937 in Kraft treten sollte[11], erlangt. Das Deutsche Reich kündigte mit der Note vom 14. November 1936 diese Vereinbarung[12]. Diesem Schritt schlossen sich Frankreich und Belgien an, während Italien am 5. Dezember 1936 aus der Zentralkommission austrat[13]. Der Modus Vivendi hat daher nur zwischen der Schweiz und Großbritannien Geltung erlangt, aber keine Vertragspartnerstellung für die Drittstaaten in der Zentralkommission in bezug auf die weiter geltende Rheinschiffahrtsakte vom 17. Oktober 1868 begründet[14].

Die Tatsache, daß beide Staaten seit 1920 an der Fortbildung des Rheinregimes ohne Widerspruch mitgearbeitet haben, hat aber zu der Überlegung Anlaß gegeben, ob sie nicht kraft Gewohnheitsrechts Mitglieder der Rheinschiffahrtsakte geworden sind[15]. Auch ist für die Schweiz speziell erwogen worden, ob im Hinblick auf ihre Eigenschaft als Rheinuferstaat die Mannheimer Akte als ein Vertrag zugunsten eines Dritten ausgelegt werden müsse[16].

Diese Überlegungen, die zugleich die Ungewißheit über die Rechtsstellung dieser Länder zur Mannheimer Akte wiederspiegelten, haben eine Rolle im Rahmen der Revisionsverhandlungen zur Mannheimer Akte im Jahre 1963 gespielt[17]. Als bekannt wurde, daß im Hinblick auf diese Erwägungen mit dieser Revision den Drittstaaten formell die Stellung als vollberechtigter Partnerstaaten zuerkannt werden sollte, haben sich eine Anzahl von Stimmen in der Bundesrepublik Deutschland gegen dieses Vorhaben erhoben[18]. In einer kleinen Anfrage verlangte der Abgeordnete *Iven* im Bundestag von der Regierung Auskunft darüber, ob die Aussichten auf eine umfassende Revision der Mannheimer Akte, die sich im Hinblick auf das Recht der Europäischen Wirtschaftsgemeinschaft als notwendig erweisen könnte, nicht dadurch verschlechtert würden, daß Staaten, die nicht der EWG angehören, den offiziellen Status eines Unterzeichnerstaates der Rheinschiffahrtsakte erhielten[19].

---

[11] Martens N.R.G. Serie 3, Bd. 36 (1939), S. 769 ff. Der Modus Vivendi enthält in einer Anlage den Text einer neuen Rheinschiffahrtsakte, die von der Zentralkommission gemäß Art. 354 Abs. 2 des Versailler Friedensvertrages ausgearbeitet worden war.

[12] RGBl. 1936 II, S. 361.

[13] Vgl. *Fuhrmann*, S. 24/25; *Hoederath*, S. 144. Die Niederlande hatten den Modus Vivendi wegen Meinungsverschiedenheiten mit Belgien und Frankreich nicht unterzeichnet. Vgl. *Fuhrmann*, S. 20.

[14] Vgl. *Hoederath*, S. 144/145.

[15] Vgl. *Müller*, W., Rechtsstellung, S. 181 und 182; *Hoederath*, S. 145 - 147; *Matschl*, S. 29.

[16] Vgl. *Müller*, W., Rechtsstellung, S. 168 - 171; *Hoederath*, S. 151/152; *Matschl*, S. 28.

[17] Vgl. *Deutsche Denkschrift*, S. 14; *v. Koeppen*, Rheinregime, S. 354.

[18] Vgl. *Müller, W.*, Rheinschiffahrtspolitik, S. 244.

[19] Verhandlungen des Deutschen Bundestages, 4. Wahlperiode, 97. Sitzung vom 15. November 1963, S. 4462 (B).

Die Bundesregierung hat diese Frage verneint, wie dies der nachfolgend auszugsweise wiedergegebenen Antwort des Bundesministers *Seebohm* zu entnehmen ist.

„Zeitungsmeldungen, wonach ein weiterer Staat[20] durch die kleine Revision Unterzeichnerstaat der Mannheimer Rheinschiffahrtsakte von 1868 werden soll, treffen nicht zu. ... Diese Länder sind seit jener Zeit[21] von allen Vertragspartnern, also den Signatarmächten der Mannheimer Akte, nicht nur als Mitglieder der Zentralkommission sondern als gleichberechtigte Partner auch bei der Ausarbeitung neuer Vereinbarungen auf Grund und im Zusammenhang mit der Mannheimer Akte betrachtet worden. Diese Entwicklung läßt es nicht zu, einem dieser Staaten heute das Recht der Unterzeichnung und Mitwirkung zu bestreiten[22].“

Mit dem Inhalt dieser Antwort stimmen auch Erläuterungen in der Deutschen Denkschrift zu Artikel V[23] des Revisionsabkommens überein, die besagen: „Es war nicht möglich, Ansprüche der Schweiz oder Großbritanniens — Belgien kann in diesem Zusammenhang unerwähnt bleiben — auf Beteiligung an der Fortbildung des Rheinregimes zu bestreiten, nachdem beide Regierungen auf ihre in über 40jähriger unbestrittener Zusammenarbeit erworbenen Rechte hingewiesen hatten, eine Mitarbeit, die sich nicht allein in der Wahrnehmung von Funktionen als Mitglieder der Kommission erschöpft hat. Bereits in der Vergangenheit sind diese Staaten bei der Ausarbeitung und dem Inkrafttreten neuer Vereinbarungen auf Grund und im Zusammenhang mit der Mannheimer Akte widerspruchslos von den älteren Vertragsstaaten als gleichwertige Mitglieder der Vertragsgemeinschaft behandelt worden. Aus der Tatsache, daß diese Staaten sich unabhängig davon, wie die Rechtslage auch ohne die Zustimmung des Artikels V zu beurteilen ist, auf die Bestimmungen der Mannheimer Akte und ihrer späteren Änderungen berufen können, ergab sich vielmehr die Folgerung, daß, soweit der Status dieser Staaten zu Schwierigkeiten führen sollte, diese durch die Bestimmung des Artikels V des Übereinkommens weder vermindert noch vermehrt werden[24].“

Aus diesen Äußerungen und Erläuterungen geht hervor, daß sämtliche Signatarstaaten der Mannheimer Akte bei den Revisionsverhandlungen davon ausgegangen sind, daß Belgien, Großbritannien und die Schweiz

---

[20] Hier ist die Schweiz angesprochen.

[21] Gemeint ist der V.F.V.

[22] Vgl. wie unter Anm. 19.

[23] Text: „Die Bestimmungen der Mannheimer Akte und ihrer späteren Änderungen, soweit sie gegenwärtig gelten und durch das vorliegende Übereinkommen nicht aufgehoben oder geändert werden, bilden einen integrierenden Bestandteil dieses Übereinkommens.“

[24] *Deutsche Denkschrift*, S. 14.

vor diesem Zeitpunkt bereits kraft Gewohnheitsrechts Partner der Rheinschiffahrtsakte geworden waren[25].

Die Auffassung von der gewohnheitsrechtlich begründeten Partnerstellung der Drittstaaten wird auch aus der Regelung ersichtlich, die in Artikel IV des Revisionsabkommens von 1963 mit speziellem Bezug für die USA getroffen worden ist[26]. Obwohl die Vereinigten Staaten ähnlich wie Großbritannien auf Grund der Rechtslage nach dem Versailler Friedensvertrag der Zentralkommission allein als funktionelles Mitglied angehörten, sollten sie dennoch die Rechte und Pflichten eines Vertragsstaates nur je nach Vereinbarung mit den Regierungen der Partnerstaaten der Mannheimer Akte haben[27]. Man wird daher in der Vorschrift des Artikels V der Revisionsübereinkunft von 1963 nur noch eine formelle Bestätigung der gewohnheitsrechtlich bereits begründeten Stellung der Schweiz und Großbritanniens als Partner der Revidierten Rheinschiffahrtsakte zu sehen haben.

Diese Feststellung ist auch für die Auslegung der Erklärung von Bedeutung, die die EWG-Mitgliedstaaten am 9. April 1964 vor der Zentralkommission zu Protokoll gegeben haben. Sie besagt:

„Der Abschluß des am 20. November 1963 in Straßburg unterzeichneten Übereinkommens berührt nicht die sich aus dem Bestehen der Mannheimer Akte und des Vertrages zur Gründung der Europäischen Wirtschaftsgemeinschaft ergebende Rechtslage[28]."

Durch diese Erklärung sollte die Lösung der sich aus einer Konkurrenz der beiden Vertragswerke etwa ergebenden Fragen nicht präjudiziert werden. Aus den Erläuterungen in der Deutschen Denkschrift geht jedoch hervor, daß diese Erklärung sich nicht auf den Status der Drittstaaten

---

[25] Vgl. in diesem Sinne auch *v. Koeppen*, Rheinregime, S. 354 und 355. Zu der Entstehung von Gewohnheitsrecht allgemein siehe *Jaenicke*, Völkerrechtsquellen, S. 769 - 771. „Nach herrschender Ansicht entsteht Gewohnheitsrecht durch längeres, gleichartiges Verhalten der beteiligten Staaten (consuetudo) und die Überzeugung, daß dieses Verhalten rechtlich geboten ist (opinio iuris sive necessitatis)" (S. 769). Zur opinio iuris im Lichte der Rechtsprechung des Internationalen Gerichtshofes speziell siehe *Hagemann*, S. 73 ff.

[26] Die Vertretung der USA in der Zentralkommission nach dem zweiten Weltkrieg ergab sich vornehmlich aus ihrer Stellung als Besatzungsmacht der späteren Bundesrepublik Deutschland. Weiter ausschlaggebend war ihre neu erworbene Machtstellung in Europa. Vgl. *Fuhrmann*, S. 48. Ihr weiteres Verbleiben in der Zentralkommission nach dem Wiederauftreten der Bundesrepublik Deutschland in der Zentralkommission wird man damit zu begründen haben, daß sie an der Stelle von Italien den Platz eines Garanten für die Internationalisierung des Rheines einnahmen. Mit Wirkung vom 31. Dezember 1964 haben die USA allerdings ihre Mitarbeit in der Zentralkommission beendet, so daß dem Artikel IV der Revisionsübereinkunft für sie heute keine praktische Bedeutung mehr zukommt. Vgl. *Deutsche Denkschrift*, S. 14.

[27] Vgl. Art. IV Abs. 2 des Revisionsübereinkommens.

[28] *Deutsche Denkschrift*, S. 14.

Schweiz und Großbritannien bezieht[29]. Die Erläuterungen lassen damit erkennen, daß nach der Ansicht der in der Zentralkommission vertretenen EWG-Mitgliedstaaten durch die formelle Verankerung der gewohnheitsrechtlich bereits begründeten Partnerstellung der Drittstaaten der Rechtsbestand der Europäischen Wirtschaftsgemeinschaft nicht in unzulässiger Weise weiter verengt worden ist. Dieser Auffassung hat — soweit ersichtlich — die Gemeinschaft auch nicht widersprochen.

Nachdem das Revisionsabkommen vom 20. November 1963 nach der Ratifikation durch alle beteiligten Staaten am 14. April 1967 in Kraft getreten ist[30], bleibt damit festzustellen, daß die Schweiz und Großbritannien auch formell als voll berechtigte und verpflichtete Vertragspartner der Revidierten Rheinschiffahrtsakte von 1868 anzusehen sind[31].

II. Die Kompetenzen der Zentralkommission für die Rheinschiffahrt

1. Zur Auslegung der Mannheimer Rheinschiffahrtsakte

Eine Interpretation der Vorschriften der Mannheimer Akte kann nicht ohne Berücksichtigung der Entstehungsgeschichte dieses Vertragswerkes geschehen[1]. Dies folgt schon daraus, daß das Rheinschiffahrtsabkommen von Mannheim nur eine Revision der ersten Rheinschiffahrtsakte von Mainz vom 31. März 1831[2] darstellt. Ziel dieser Revision war allein eine Kodifikation der bestehenden internationalen Rechtslage für den Rhein, wie sie sich in der Zeit von 1831 - 1867 durch zahlreiche Beschlüsse der Zentralkommission sowie durch ein Netz von bilateralen Handels- und Schiffahrtsverträgen zwischen den Rheinuferstaaten herausgebildet hatte[3]. Sie beabsichtigte keineswegs, die essentiellen Vorschriften, die dem ersten Rheinschiffahrtsübereinkommen zugrunde lagen, abzuändern[4]. Die

---

[29] Vgl. *Deutsche Denkschrift*, S. 14.

[30] BGBl. 1967 II, S. 2000. Das neue Übereinkommen hat die Schweiz veranlaßt, das gesamte Vertragswerk, d. h. die Mannheimer Akte nebst ihren Ergänzungen und Abänderungen als verbindlich in die Sammlung der Eidgenössischen Gesetze aufzunehmen; siehe daselbst Nr. 48 vom 23. November 1967.

[31] Vgl. in diesem Sinne *Matschl*, S. 29; *v. Koeppen*, Rheinregime, S. 354/355; im Ergebnis ebenso *Stabenow*, Außenwirtschaftspolitik, S. 133.

[1] Vgl. *Müller*, W., Rechtsstellung, S. 171; zur Methode der historischen Interpretation völkerrechtlicher Verträge siehe im einzelnen *Bernhardt*, S. 87, 88 und 124; *Bülk*, S. 550; *Wengler*, Völkerrecht, Bd. 1, S. 353 und 354;; *Dahm*, Völkerrecht, Bd. 3, S. 46 ff. mit weiteren Literaturangaben in den Fußnoten 18 - 20 auf den genannten Seiten. Siehe auch Art. 32 WVK.

[2] Text in: Rheinurk. I, S. 212 ff.

[3] Vgl. *Preußische Denkschrift*, S. 106/107.

[4] Vgl. die Ausführungen des niederländischen Delegierten in: Rev. Pro. Mz. A., S. 53.

Mainzer Akte selbt wiederum basiert wesentlich auf den Bestimmungen der Wiener Schlußakte vom 9. Juni 1815[5] und enthält nur eine unvollständige Ausfüllung der dort für den Rhein vorgesehenen Regelungen[6]. Sie ist daher zutreffend als ein modus vivendi bezeichnet worden[7].

Die Grundsätze des Wiener Kongresses, die *Holtzendorff* als die Verfassungsurkunde des Europäischen Flußschiffahrtsrechts bezeichnet hat[8], sind — soweit sie den Rhein betreffen — in den Rheinschiffahrtsakten weitgehend übernommen worden[9]. Aus der überragenden Bedeutung dieser Grundsätze für die Gestaltung der Schiffahrtsordnungen nicht nur auf den europäischen Flüssen[10] und der detaillierten Regelung, wie sie der Annexe 16 B WSA für den Rhein vorsah, kann allerdings nicht der Schluß gezogen werden, daß die Rheinschiffahrtsakten nur bloße Ausführungsvereinbarungen nach Maßgabe der bereits rechtsverbindlichen Ordnung des Wiener Kongresses darstellen[11]. Den Bestimmungen der Wiener Schlußakte ist keine direkte völkerrechtliche Geltung[12] mit der Konsequenz zuzumessen, daß sie die Vorschriften der Mannheimer Akte etwa überlappen. Sie enthalten allein Richtlinien oder Leitsätze für die Gestaltung zukünftiger Rechtsordnungen auf den europäischen Flüssen, ohne zugleich eine unmittelbar rechtsverbindliche Kraft zu entfalten[13]. In der Literatur werden daher die Wiener Grundsätze zumeist auch als eine Reihe von pacta de contrahendo gekennzeichnet[14]. Demnach waren die auf dem Wiener Kongreß vertretenen Uferstaaten zwar verpflichtet, die Schiffahrt auf dem Rhein in einem Hauptvertrag zu regeln[15]. Bei der einzelnen Ausgestaltung dieses Abkommens hatten sie sich aber von den Wiener Grundsätzen nur leiten zu lassen. Die für die internationale Schiffahrt auf dem Rhein heute geltende Rechtsordnung basiert daher allein auf den Vorschriften der Mannheimer Akte. Den Wiener

---

[5] Text: auszugsweise abgedruckt in: Rheinurk. I, S. 42 ff.

[6] Vgl. schon den Text in der Präambel der Mainzer Akte, in: Rheinurk. I, S. 213.

[7] Vgl. *Hostie*, S. 161/162; *Misschlich*, S. 250 Anm. 5; *Chiesa*, S. 17.

[8] *Holtzendorff*, S. 7.

[9] Vgl. *Corthesy*, S. 2 Anm. 4.

[10] Zum Einfluß der Wiener Grundsätze auf die Gestaltung des Binnenschiffahrtsrechts in Nord- und Südamerika siehe *Gönnenwein*, S. 45 - 47.

[11] So aber *Müller*, W., Rechtsstellung, S. 171.

[12] Anders *Müller*, W., Rechtsstellung, S. 173.

[13] Vgl. *Triepel*, S. 15; *Lederle*, S. 82; *Dupuis*, S. 230; *Scheuner*, Rechtsfragen, S. 94; *Cavaré*, S. 858/859; *Hoederath*, S. 147 mit weiteren Literaturhinweisen in Fußnote 49; a. A. *Brunner*, S. 33/34; *Carathéodory*, S. 298.

[14] Vgl. wie unter Anm. 13; abweichend *Winarski*, S. 87 in bezug auf die speziellen Regelungen in den Anlagen zur Wiener Schlußakte: "Ce n'étaient plus des pacta de contrahendo, c'étaient des actes destinés à régler la navigation du Rhin ... Le statut international, modifié en 1831 et 1868 est resté en vigueur jusqu'à la Grande Guerre, ce qui preuve, que somme toute il répondait assez bien aux idées et aux besoins pratiques des nations riverains."

[15] Vgl. *Lederle*, S. 83.

Grundsätzen ist aber insoweit noch besondere Beachtung zuzumessen, als sie in Anbetracht ihrer grundlegenden Bedeutung für die Gestaltung der späteren Rheinschiffahrtsakten bei einer Auslegung des Abkommens von Mannheim zu berücksichtigen sind[16]. Dies gilt insbesondere dort, wo — wie im Falle der Zentralkommission — die Funktionen wie Aufgaben dieser Institution grundlegend auf dem Wiener Kongreß bestimmt worden sind, und der Inhalt dieser Vorschriften weitgehend in die Bestimmungen der Rheinschiffahrtsakten Eingang gefunden hat[17].

Bei einer Auslegung der Vorschriften der Mannheimer Akte ist ferner die über 100jährige Praxis der Zentralkommission zu beachten. In der völkerrechtlichen Literatur und internationalen Rechtsprechung besteht weitgehend Einigkeit darüber, daß das dem Vertragsabschluß nachfolgende Verhalten der Vertragspartner als eigenständiger Auslegungsfaktor zu berücksichtigen ist[18]. Dieser Regel kommt besondere Bedeutung in der Praxis und Entwicklung internationaler Organisationen zu. Diese Praxis ist zwar meistens am Willen der Vertragspartner orientiert, aber sie kann nicht immer mit ihm gleichgesetzt werden[19]. Nicht selten nämlich bildet die Tätigkeit einer internationalen Organisation den ihr zugewiesenen Aufgabenbereich fort[20]. Eine solche Entwicklung wird man häufig bei der Auslegung eines Vertragstextes insoweit zu berücksichtigen haben, als sie noch in Einklang mit dem Wortlaut des Vertragstextes selbst zu bringen ist[21]. Diese Regel ist dementsprechend auch bei einer Interpretation der Mannheimer Rheinschiffahrtsakte zu beachten, die in den Artikeln 43 und 45 die rechtliche Basis für die Tätigkeit einer internationalen Organisation — der Zentralkommission — bildet. Schon ihre Vorgängerin — die Zentralkommission nach der Mainzer Akte — hat über die eng gefaßte Bestimmung des Artikels 93 der Mainzer Akte[22] hinaus ihren Aufgabenbereich stets nach der für die Rheinschiffahrt „notwendigen Bewegung der Dinge"[23] gerichtet. Auch die Zentralkommission nach der Mannheimer Akte hat sich im Laufe ihrer nun über 100jährigen Tätigkeit immer wieder mit neuen Aufgaben konfrontiert gesehen. Soweit es das

---

[16] Vgl. *Hostie*, S. 161; *v. Koeppen*, Geschichte, S. 332.

[17] Vgl. *Telders*, S. 7 und 8; *Lederle*, S. 238; *Saure*, S. 19; *v. Eysinga*, CCR, S. 57; *Krause*, S. 19; abgesehen werden kann von den Abänderungen des Versailler Friedensvertrages, da durch die Revision von 1963 das alte Stimmenverhältnis wiederhergestellt worden ist.

[18] Vgl. *Bernhardt*, S. 126; zur Literaturübersicht siehe daselbst Fußnote 614; zur internationalen Rechtsprechung die Seiten 128 - 132. Siehe auch Art. 31 Ziff. 3, die Buchstaben a und b WVK.

[19] *Bernhardt*, S. 169.

[20] Wie unter Anm. 18.

[21] Vgl. *Bernhardt*, S. 174.

[22] Vgl. *v. Eysinga*, CCR, S. 98.

[23] V. *Eysinga*, CCR, S. 71.

Wohlergehen der Rheinschiffahrt erforderte, hat sie daher stetig ihren Aufgabenbereich den sich ändernden Belangen angepaßt[24].

Es darf somit festgestellt werden, daß bei einer Auslegung der Mannheimer Rheinschiffahrtsakte die Wiener Grundsätze und das spätere Verhalten der in der Zentralkommission vertretenen Staaten zu berücksichtigen sind.

2. Der Wirkungsbereich der Zentralkommission für die Rheinschiffahrt

Aufgaben und Befugnisse der ZKR sind in den Artikeln 43 und 45 der Mannheimer Akte geregelt. Die Tatsache, daß der Wortlaut der französischen Textfassung von Artikel 45 Ziff. b der Mannheimer Akte mit dem der deutschen Formulierung nicht übereinstimmt[25], hat schon früh Anlaß zu eingehenden Erörterungen über den Umfang der Befugnisse der Zentralkommission gegeben. Dabei handelt es sich im wesentlichen um die Frage, welche Bedeutung dem Wort „prosperité“ in Artikel 45 Ziff. b zukommt.

Anläßlich der Verhandlungen zur Ausarbeitung des späteren Modus Vivendi vertrat anfangs die deutsche Delegation die Auffassung, daß Artikel 45 Ziff. b der Mannheimer Akte restriktiv interpretiert werden müsse, da sich die Verpflichtungen der Unterzeichnerstaaten aus der Mannheimer Akte vornehmlich darauf beschränkten, den guten Ausbau des Strombettes und die Sicherheit der Schiffahrt zu gewährleisten[26]. Die deutsche Vertretung wehrte sich gegen eine Auslegung des Artikels 45 Ziff. b der Mannheimer Akte, welche eine Ausweitung der Kompetenzen der Zentralkommission zur Folge haben würde. Eine solche Interpretation könnte nämlich die Kommission in den Stand versetzen, sich über Fragen auszusprechen, die der Politik der Staaten vorzubehalten seien[27]. Man wird den Standpunkt der deutschen Delegation in den Verhandlungen — nicht nur zu dieser Frage — im Zusammenhang mit den Vorschriften des Versailler Friedensvertrages zu sehen haben, durch welche die Stellung des Deutschen Reiches in der Zentralkommission wesentlich geschwächt worden war. Daraus folgte das Bestreben, die Befugnisse der Zentralkommission so weit wie möglich einschränkend auszulegen.

---

[24] Vgl. *Walther*, Statut, S. 12.

[25] Während im deutschen Text von „der Beratung über die von einzelnen Ufer-Regierungen zur *Beförderung* der Rheinschiffahrt gemachten Vorschläge ...“ die Sprache ist, bestimmt der französische Text die Befugnisse der Zentralkommission mit der Formulierung „à délibérer sur les propositions des Gouvernements riverains conçernant la *prosperité* de la navigation du Rhin ...“, Rheinurk. II, S. 98.

[26] Rev.-Pro. M. A., San Remo, März 1935, S. 179.

[27] Pro. Zentralkommission, 1932 — II — R., S. 7/8.

Diese enge Interpretation stieß aber auf den Widerstand aller anderen Staaten[28]. Sie vertraten die Auffassung, daß gemäß Artikel 45 Ziff. b der Mannheimer Akte alles vor die Zentralkommission gehöre, was die Rheinschiffahrt angehe[29]. Diesem Gedanken entspreche es, daß Artikel 45 Ziff. b der Mannheimer Akte immer sehr weitherzig ausgelegt worden sei[30]. Der Vertreter Italiens wies die deutsche Delegation überdies darauf hin, daß sie selbst gestützt auf Artikel 45 Ziff. b der Mannheimer Akte bei der Kommission früher beantragt habe, Maßnahmen zur Behebung von Notlagen in der Rheinschiffahrt zu prüfen[31].

Die deutsche Delegation hat daraufhin ihre ursprüngliche Haltung in dieser Frage aufgegeben und sich der einmütigen Auffassung der anderen Konferenzteilnehmer angeschlossen[32]. Sie stimmte daher auch der Redaktion der Bestimmungen von Artikel 78 Ziff. c und d des Modus Vivendi zu[33].

Nach diesen vielleicht eingehendsten Erörterungen in der Zentralkommission über die Auslegung des Artikels 45 Ziff. b der Mannheimer Akte wird man den Standpunkt aller damals in der Zentralkommission vertretenen Staaten dahingehend umreißen können, daß die Zentralkommission gemäß Artikel 45 Ziff. b der Mannheimer Akte über alle Maßnahmen sollte beratschlagen dürfen, die das Wohlergehen der Rheinschiffahrt betreffen. Das Ergebnis dieser Konferenz enthält jedoch nur einen Anhaltspunkt zur Festlegung des Wirkungsbereiches der Zentralkommission. Zu einer näheren Bestimmung wird man auf die Entstehungsgeschichte des Artikels 45 Ziff. b der Mannheimer Akte selbst zurückzugreifen haben sowie der späteren praktischen Handhabung dieser Vorschrift Rechnung tragen müssen.

a) Vom Wiener Kongreß bis zum ersten Weltkrieg

Der Wiener Kongreß hat Aufgaben und Befugnisse, die der Zentralkommission zukommen sollten, in den Artikeln 10, 16, 27 und 32 Annexe 16 B WSA festgelegt. Die beiden letztgenannten Vorschriften enthalten

---

[28] Vgl. Rev.-Pro. M. A., San Remo, März 1935, S. 180.

[29] Pro. Zentralkommission, 1932 — II — R., S. 4.

[30] Pro. Zentralkommission, 1932 — II — R., S. 5 und 9.

[31] Rev.-Pro. M. A., San Remo, März 1935, S. 180.

[32] Vgl. die Ausführungen des Delegierten Martius wie unter Anm. 31.

[33] Sie besagen: “La Commission a pour mission:

c) de délibérer sur les propositions des Etats Contractants conçernant la prospérité de la navigation du Rhin et d'énoncer à cet égard, les recommandations qu'elle juge opportunes.

d) de délibérer sur toutes questions conçernant l'interprétation ou l'application de la présente Convention et des règlements communs et d'énoncer aux Etats intéressés les recommandations qu'uelle juge opportunes.

Instruktionen darüber, welche Materien die Zentralkommission im einzelnen in einer zukünftigen Rheinschiffahrtsakte regeln sollte. Diese Bestimmungen legten also den Aufgabenbereich der Kommission bis zum Zustandekommen der Mainzer Akte fest. Anders steht es dagegen bei den beiden erstgenannten Vorschriften. In ihnen ist festgehalten, welche Funktionen und Aufgaben die Zentralkommission selbst in einer zukünftigen Rheinschiffahrtsakte haben sollte. Vergleicht man insbesondere die Texte der Artikel 16 und 27 miteinander, so fällt die generelle Formulierung in Artikel 16 im Unterschied zu der in der Bestimmung des Artikels 27 auf. Aus diesem Vergleich ist zu entnehmen, daß der Wirkungsbereich der Zentralkommission in einem zukünftigen Rheinschiffahrtsübereinkommen nicht auf die in Artikel 27 angeführten Gebiete, die im wesentlichen Fragen des guten Ausbaues des Stromes, der Erhebung von Schiffahrtsabgaben und der Schiffssicherheit betreffen, beschränkt sein sollte. Artikel 16 Satz 2 Annexe 16 B WSA bestimmte vielmehr: „Elle (la Commission) s'occupera en même temps de tout ce qui pourra tendre au bien général de la navigation et du commerce, et publiera à la fin de chaque année un rapport détaillé sur l'état de la navigation du Rhin, son mouvement annuel, ses progrès, les chargements qui pourraient y avoir lieu, et tout ce intéresse le commerce intérieur et étranger[34]."

Der umfassende Wirkungsbereich der Zentralkommission, wie er in dieser Vorschrift zum Ausdruck gelangt, ist auch der Entstehungsgeschichte des Artikels 16 Annexe 16 B WSA selbst zu entnehmen. Gedankengut und Formulierung dieser Vorschrift haben schon recht früh in den beiden ersten Entwürfen des badischen Delegierten *Berckheim* ihren Niederschlag gefunden. Er hat dort bereits Funktion und Aufgaben, die die Zentralkommission außer in ihrer Eigenschaft als Kontroll- und Gerichtsinstanz wahrnehmen sollte, dahingehend gekennzeichnet, daß sie sein sollte: „un point de réunion entre les états riverains pour: concerter tout ce qui concerne le bien-être du commerce et de la navigation"[35]. Die Erläuterungen in diesen Entwürfen stellen klar, daß diese Formulierung in umfassendem Sinne zu verstehen ist, das heißt, daß der Wirkungsbereich der Zentralkommission sich auch auf den Handels- und Wirtschaftssektor erstrecken sollte[36].

Die Redaktion des Artikels 16 Annexe 16 B WSA ist ferner im Zusammenhang mit den Bestrebungen auf dem Wiener Kongreß zu sehen, die

[34] Diese Bestimmung ist wörtlich Artikel 16 des letzten Entwurfes von *v. Humboldt* entnommen. Siehe Rheinurk. I, S. 146/147.

[35] Rheinurk. I, S. 91, Ziff. 94; siehe auch Nr. 7 unter Ziff. 95.

[36] Vgl. seine Ausführungen in: Rheinurk. I, S. 72, Ziff. 51: "Etant de fait qu'il doit être d'un intérêt majeur pour tous les états riverains d'entretenir toujours les relations les plus intimes entre eux, sur tout ce qui concerne la navigation et le commerce du Rhin et qu'il est même indispensable de créer à cet égard une surveillance centralisée mais amovible, il sera nécessaire . . .."

Handelsschiffahrt auf dem Rhein wieder zu beleben und ihr zukünftiges Wohlergehen sicher zu stellen. Die Delegierten waren sich wohl bewußt, daß dieses ihnen gemeinsame Anliegen in den vorangegangenen Jahrhunderten gerade durch die Finanz- und Handelspolitik der Uferstaaten, wie sie in den unterschiedlichen Schiffahrtsabgaben, Umschlagsrechten usw. ihren Niederschlag gefunden hatte, wesentlich beeinträchtigt worden war[37]. Für die Zukunft galt es daher zu verhindern, daß der Rhein weiterhin von einzelnen Anliegerstaaten allein als willkommene Einnahmequelle betrachtet werde[38], oder eine schrankenlose, protektionistische Handelspolitik einiger Uferstaaten neue Hindernisse für die Handelsschiffahrt mit sich brächte[39]. Nur eine Kommission mit der Befugnis, über alle die Rheinschiffahrt betreffenden Angelegenheiten zu beraten, konnte wirksam dem gemeinsamen Anliegen an einem Gedeihen des Rheinschiffahrtshandels Rechnung tragen. Auf diesem Hintergrund ist auch allein die Verpflichtung der Kommission zu verstehen, den oben angeführten umfassenden Bericht über die Rheinschiffahrt alljährlich vorzulegen. Sinn und Zweck dieses Berichtes muß es gewesen sein, gerade mit als Basis für Erörterungen von Handelsfragen der Rheinschiffahrt zu dienen[40]. Aufgaben und Befugnisse, wie sie in Artikel 16 Annexe 16 B WSA für die Zentralkommission vorgesehen waren, wird man folglich dahingehend bestimmen können, daß die Zentralkommission über alle Angelegenheiten sollte beraten können, die das Wohlergehen der Rheinschiffahrt betreffen[41].

Im Laufe des vorigen Jahrhunderts hat die Zentralkommission nicht voll die Befugnisse wahrgenommen, die ihr entsprechend den Wiener Grundsätzen zukommen sollten. Sie beschränkte ihre Tätigkeit im wesentlichen darauf, die Einhaltung der in den Rheinschiffahrtsakten verankerten Verpflichtungen der Uferstaaten zu überwachen, als Gerichtsinstanz in Rheinschiffahrtsangelegenheiten zu dienen, die Vorschriften betreffend die Schiffssicherheit der fortschreitenden Technik anzupassen sowie Instandhaltung und Ausbau des Flußbettes und der Brückenbauten zu fördern[42]. Ihren Beitrag zur Förderung des Rheinschiffahrtshandels

[37] Dies zeigen u. a. treffend die Ausführungen des Delegierten *Türckheim*, Rheinurk. S. 70, Ziff. 45: “L’essentiel est et sera toujours, de fixer un tarif uniforme et invariable, de mettre le commerce et la navigation à l’abri de la fiscalité, et ne pas l’exposer au retour des vexations du moyenâge ...; en général de faciliter et de favoriser les mouvements de ce grand fleuve si propre à réunir les nations; de gêner le moins possible le commerce qui redoute les entraves et tend sans cesse à s’y soustraire.”

[38] Vgl. *Triepel*, S. 13.

[39] Vgl. *Lupi*, S. 329.

[40] Siehe ferner auch Artikel XII Annexe 16 B WSA. Nach dieser Bestimmung sollte sich neben den Schiffern (bateliers) auch der Handel (commerce) mit seinen spezifischen Interessen an die Zentralkommission wenden können.

[41] Vgl. *v. Eysinga*, CCR, S. 72.

[42] Vgl. *v. Eysinga*, CCR, S. 76 ff.

wird man während dieser Zeit eher im technischen Bereich als auf dem Handels- und Wirtschaftssektor zu suchen haben.

Der Grund für diese Zurückhaltung ist in der ersten Hälfte des vorigen Jahrhunderts vor allem darin zu sehen, daß die Mainzer Akte keine dem Artikel 16 Annexe 16 B WSA entsprechende generelle Aufgabenregelung für die Zentralkommission enthielt. Zwar stimmte Artikel 76 des ersten preußischen Entwurfes zur Mainzer Akte noch mit der Wiener Vorschrift weitgehend überein[43]. In Artikel 93 der Mainzer Akte wurde dann aber dennoch der Aufgabenbereich der Zentralkommission im einzelnen festgelegt. Aus der Formulierung des Artikels 93 der Mainzer Akte, die lautet: „Die Beschäftigung der Central-Commission besteht vorzüglich darin ...“ ist allerdings zu entnehmen, daß die dort enthaltene Aufzählung der Aufgaben nicht abschließend sein sollte[44].

Man wird diese Bestimmung daher so auszulegen haben, daß die Verfasser der Akte von 1831 nur die Schwerpunkte der Arbeiten hervorzuheben beabsichtigten, auf die sich die Zentralkommission bei ihrer Tätigkeit konzentrieren sollte. Dennoch ist nicht das Bestreben zu verkennen, in der Mainzer Akte die Wiener Grundsätze restriktiv auszulegen. Trotz der progressiven Postulate des Wiener Kongresses traten bei der Abfassung einer definitiven Rheinschiffahrtsregelung die nationalen Interessen wieder stark in den Vordergrund[45]. Dies ist am deutlichsten an Hand des Streites über die Auslegung der Worte jusqu'à la mer in Artikel 1 Annexe 16 B WSA ersichtlich. Mit Recht hat *Walther* daher darauf hingewiesen, daß im Jahre 1831 noch nicht die Zeit für eine Verwirklichung der progressiven Ideen des Wiener Kongresses gegeben war[46]. Auch die Zentralkommission erwies sich folglich als weise beraten, wenn sie ihre Tätigkeit zunächst auf die in Artikel 93 der Mainzer Akte angeführten Aufgabenbereiche beschränkte[47].

Die stürmische Entwicklung, die die Rheinschiffahrt mit dem Aufkommen der Dampfschiffahrt und dem Abbau der Schiffahrtsabgaben in der Zeit von 1837 bis 1867 erlebte, erwies aber bald, daß es wenig vorteilhaft gewesen war, alle die internationale Rheinschiffahrt betreffenden Angelegenheiten wie in der Mainzer Akte detailliert zu regeln. Die Mannheimer Akte beschränkte sich daher auch darauf, in 48 Artikeln nur die großen Linien des internationalen Regimes festzulegen[48]. Dieses Ergebnis wurde zusätzlich durch das Aufkommen der legislativen Tätigkeit

---

[43] Siehe den Text bei *v. Nau*, Bd. III, S. 164.

[44] Vgl. *v. Eysinga*, CCR, S. 72.

[45] Ähnlich *Biays*, S. 240 und 241.

[46] Statut, S. 5 und 10.

[47] *Exposé*, S. 66.

[48] Vgl. *Chiesa*, S. 35; *v. Eysinga*, CCR, S. 96.

der Zentralkommission schon vor dem Jahre 1868 begünstigt[49]. Durch sie war es möglich, ohne eine Abänderung der Akte selbst, dieselbe in Form der „vereinbarten Verordnungen" fortzuentwickeln und den veränderten Verhältnissen anzupassen[50]. Diese Entwicklung brachte es mit sich, daß auch der Aufgabenbereich der Zentralkommission im Unterschied zur Mainzer Akte in Artikel 45 der Mannheimer Akte wieder in genereller Weise festgelegt wurde. Man wird darin eine Rückkehr zu der in Artikel 16 Annexe 16 B WSA getroffenen Regelung sehen dürfen. Eine Auslegung des Artikels 45 Ziff. b der Mannheimer Akte im Lichte dieser Vorschrift läßt daher erkennen, daß die Zentralkommission befugt sein sollte, über alle Fragen zu beraten, die das Wohlergehen der Rheinschiffahrt betreffen[51]. Wenn in der folgenden Zeit dennoch die Tätigkeit der Zentralkommission weiterhin auf die Beschäftigung mit mehr technischen als wirtschaftlichen Fragen beschränkt blieb, so wird man den Grund dafür in dem Aufkommen der die Grenzen überspringenden liberalen Wirtschaftspolitik der Uferstaaten zu sehen haben. Indem nämlich die Länder weitgehend auf Eingriffe in das wirtschaftliche Leben verzichteten, bestand für die Zentralkommission als einer zwischenstaatlichen Organisation gar kein Anlaß, auf diesem Sektor tätig zu werden[52]. Dies galt umso mehr, als die Uferstaaten in der Zeit von 1837 bis 1867 durch ein Netz von Handels- und Schiffahrtsverträgen mit Meistbegünstigungsklauseln über die Staatsgrenzen hinweg eine weitgehende Liberalisierung des gesamten Rheinschiffahrtshandels erzielten[53].

Erst gegen Ende des 19. Jahrhunderts wurde die Zentralkommission mit Fragen beschäftigt, die außerhalb der engen Grenzen ihrer bis dahin gehandhabten Tätigkeit lagen. Dies waren im wesentlichen soziale Probleme, die für die Rheinschiffahrt durch einseitige, nationale Gesetzgebungsmaßnahmen sowie Vorschläge einiger Uferstaaten zu einer gemeinsamen Lösung Bedeutung erlangt hatten[54]. Man wird die Erörterung dieser Fragen, welche sich von 1890 bis 1913 hinzogen, als die ersten Schritte der Zentralkommission anzusehen haben, mit denen sie begann, ihr Arbeitsfeld gemäß Artikel 45 Ziff. b der Mannheimer Akte auszuweiten.

---

[49] Siehe dazu im einzelnen *v. Eysinga*, CCR, S. 96.

[50] Vgl. *Biays*, S. 241.

[51] Vgl. *Walther*, Statut, S. 25; *v. Koeppen*, Freiheit, S. 253.

[52] Vgl. *v. Koeppen*, Freiheit, S. 253; *Misschlich*, S. 274 Anm. 61.

[53] Vgl. dazu im einzelnen die Ausführungen auf den Seiten 55 - 57.

[54] Siehe dazu im einzelnen *Exposé*, S. 68/69.

b) Vom ersten Weltkrieg bis zur Gegenwart

Nach dem ersten Weltkrieg wandte sich die Zentralkommission zum ersten Mal der Erörterung rein wirtschaftlicher Fragen der Rheinschifffahrt zu. Diese Beratungen wurden ausgelöst durch die Untersuchungen, die Heckscher und Hines im Auftrage des Völkerbundes über den Wettbewerb von Wasserstraßen und Eisenbahnen durchführten. Ihre Arbeiten bildeten seit Mitte der zwanziger Jahre den Gegenstand ständiger Aussprachen innerhalb der Zentralkommission[55]. In der Vollversammlung vom 6. November 1930 erörterten die Delegierten aller in der Zentralkommission vertretenen Staaten eingehend die die Rheinschiffahrt betreffenden Ergebnisse des Berichtes von Hines[56]. Diese Beratungen fanden ihren Abschluß in einer am 12. November 1930 angenommenen Entschließung, in der die Zentralkommission die von Hines ausgesprochenen Empfehlungen befürwortete[57]. An den Beratungen, die sich im Völkerbund an die Berichte von Hines und Heckscher anschlossen[58], war die Zentralkommission durch ihren Generalsekretär beteiligt[59]. Mit ihren Ergebnissen beschäftigte sich die Zentralkommission in ihren Vollversammlungen auch in den folgenden Jahren.

Etwa zur gleichen Zeit begann die Zentralkommission sich zum ersten Mal mit der latenten, strukturell bedingten wirtschaftlichen Krise zu befassen, von der die Rheinschiffahrt seit Ende der zwanziger Jahre betroffen war. In den Jahren 1930 bis 1934 wurden ausführliche Verhandlungen über kapazitätsregelnde und frachtenbildende Maßnahmen geführt[60]. Sie gelangten jedoch nicht zu einem erfolgreichen, gemeinsamen Abschluß. Die Niederlande und Deutschland erließen daher nationale Vorschriften[61], wodurch sie bindende Frachtpreise festsetzten und die Schiffer zwangen, sich bestimmten Organisationen anzuschließen[62].

Obwohl somit die Tätigkeit der Zentralkommission zwischen den beiden Weltkriegen in zunehmendem Maße auf die Beschäftigung mit wirtschaftlichen Fragen gelenkt worden war, trat doch erst nach 1945 die

---

[55] Vgl. *Walther*, Considérations, S. 250.

[56] Vgl. Pro. Zentralkommission, 1930 — II — 11, S. 55 ff.

[57] Vgl. Pro. Zentralkommission, 1930 — II — 11, S. 69/70.

[58] Für die Probleme der Rheinschiffahrt wurde ein spezieller Ausschuß geschaffen; siehe Societé des Nations Journal Officiel 1926, VII année, No. 3, S. 395.

[59] Vgl. Pro. Zentralkommission, 1932 — I — 20, S. 100.

[60] Vgl. *v. Eysinga*, CCR, S. 133/134; *v. Koeppen*, Binnenschiffahrt, S. 125; *Thierry*, S. 670; *Walther*, Statut, S. 25; Pro. Zentralkommission, 1933 — II — 11, S. 63 - 135.

[61] Siehe das Gesetz zur Bekämpfung der Notlage der Binnenschiffahrt vom 16. Juni 1933, RGBl. 1933, S. 317.

[62] Siehe dazu im einzelnen *van der Hoeven*, S. 94.

Erörterung von wirtschafts- und sozialpolitischen Problemen mehr und mehr in den Vordergrund der Arbeit der Zentralkommission.

Zum ersten Mal begann sie selber Schritte zur Überbrückung der für den Rheinschiffahrtshandel schädlichen, unterschiedlichen Wettbewerbsvoraussetzungen in den Uferstaaten zu ergreifen.

Ein erster Erfolg auf diesem Weg gelang ihr mit dem Zustandekommen des Abkommens über die zoll- und abgaberechtliche Behandlung des für den Schiffsbedarf verwendeten Gasöls. Es wurde am 16. Mai 1952 in Straßburg beschlossen[63] und ist seit dem 28. Januar 1954 in Kraft. Dieses Abkommen hat dazu geführt, daß die recht erheblichen Preisunterschiede für einen nicht unwesentlichen Ausgabeposten der Betriebe der Rheinschiffahrt beseitigt wurden[64]. Der Überbrückung von verschiedenen Wettbewerbsvoraussetzungen dienten ferner einige Abkommen sozial-rechtlichen Inhalts[65]. Zu nennen ist die Übereinkunft über die soziale Sicherheit der Rheinschiffer. Der Inhalt dieses Abkommens wurde in enger Zusammenarbeit der Zentralkommission mit dem internationalen Arbeitsamt in Genf erarbeitet[66]. Es ist am 27. Juli 1950 in Genf von den Rheinuferstaaten unterzeichnet worden und am 1. Juni 1953 in Kraft getreten[67]. Seine Ausführung obliegt der bei der Zentralkommission eingerichteten Verwaltungsstelle für die soziale Sicherheit der Rheinschiffer[68]. Für die Rheinschiffahrt nicht weniger wichtig ist das von den Anliegerstaaten am 21. Mai 1954 in Genf unterzeichnete Abkommen über die Arbeitsbedingungen der Rheinschiffer[69], das ebenfalls in engem Zusammenwirken zwischen der Zentralkommission und dem internationalen Arbeitsamt in Genf ausgearbeitet wurde[70]. Auch die Durchführung dieses Abkommens liegt mit in den Händen der Zentralkommission[71]. Einen nicht unwesentlichen Anteil trug die Zentralkommission ferner zu dem Zustandekommen des Petersberger Abkommens vom 9. Juli 1957 betreffend die Harmonisierung der Frachten und Beförderungsbedingungen im Verkehr mit Kohle und Stahl auf dem Rhein bei[72]. Dies ist schon aus der Präambel des Abkommens selbst ersichtlich, in der es heißt: „Die

---

[63] BGBl. 1953, II, S. 531 ff.

[64] *v. Koeppen*, Binnenschiffahrt, S. 131.

[65] *v. Koeppen*, Binnenschiffahrt, S. 130.

[66] Zur notwendigen Zusammenarbeit zwischen den beiden Organisationen siehe *Biays*, S. 236/237, Anm. 25.

[67] BGBl. 1951 II, S. 241 ff.; zur Fortentwicklung dieses Abkommens siehe im einzelnen *Schluckebier*, S. 57 - 62.

[68] *v. Koeppen*, Binnenschiffahrt, S. 130; siehe zur Zusammensetzung der Verwaltungsstelle im einzelnen *Schluckebier*, S. 59.

[69] BGBl. 1957 II, S. 216 ff.; in Kraft seit dem 1. 12. 1959, BGBl. 1960 II, S. 1504.

[70] Vgl. *Biays*, S. 242, Anm. 39 i. V. m. Anm. 25.

[71] Vgl. *Schluckebier*, S. 63.

[72] Text: ABl./EGKS 1958, S. 49 ff.

Vertreter der Regierungen ... haben ... unter Bezugnahme auf die Ergebnisse der unter Leitung der Zentralkommission für die Rheinschiffahrt einberufenen Tagung der Wirtschaftskonferenz von 1952 entschlossen ...".

Im Hinblick auf die geschilderte Aktivität hat v. Koeppen zutreffend darauf hingewiesen, daß die Zentralkommission mit diesen Tätigkeiten wesentliche Beiträge zu einer frühen Harmonisierung verschiedener Wettbewerbsbedingungen im internationalen Rheingebiet beigetragen hat[73].

Eine besonders bedeutsame Aktivität auf dem Wirtschaftssektor entwickelte die Zentralkommission nach dem zweiten Weltkrieg zur Behebung der strukturell bedingten Wirtschaftskrise, wie sie schon in den zwanziger und dreißiger Jahren zutage getreten war. Mit dem Aufkommen der großen Rheinreedereien hatte sich in immer größerem Maße die wirtschaftliche Stellung der Partikulierschiffer verschlechtert. Diese Entwicklung, die bis in die Gegenwart andauert, ist unter anderem dadurch bedingt, daß die häufig überalterten Fahrzeuge der Einzelschiffer nicht mehr den gestiegenen Verkehrsanforderungen standhalten. Sie folgt weiterhin aus der unterschiedlichen Art der angebotenen Leistungen von Partikulieren und Reedereien. Während der Einzelschiffer sein Schiff meist nur zum Transport von Waren zur Verfügung stellt, ohne selbst an Land einen kaufmännischen Betrieb zu unterhalten, übernehmen die Reedereien in der Regel auch den Ab- und Antransport sowie das Verladen und Lagern der zu befördernden Güter und unterhalten zu diesem Zweck häufig eine Reihe von Hilfs- und Nebenbetrieben[74]. Diese Unterschiede im Leistungsangebot haben bewirkt, daß der Transport von Stückgütern im Laufe der Zeit fast völlig auf die Reedereien übergegangen ist, und die Partikuliere sich vornehmlich im weniger preisintensiven Massengüterverkehr betätigen müssen[75]. Die Rheinschiffahrt leidet ferner unter einem ständigen Kapazitätenüberhang. Von ihm werden die Partikuliere bei den großen Konjunkturschwankungen im Rheinschiffahrtshandel besonders stark getroffen. Während die Reedereien auf Grund ihrer starken Verflechtung mit Großverladern und Seereedereien auch bei einem Nachlassen der u. a. vom Wasserstand des Rheins abhängigen

---

[73] Freiheit, S. 253. Unter wettbewerbs-wirtschaftlichen Gesichtspunkten wird man auch die Erörterungen der Zentralkommission über den niederländischen Stop von Lobith und die aus devisenwirtschaftlichen Gründen von Deutschland in den fünfziger Jahren eingeführte Cabotage zu sehen haben. Zwar werfen die Maßnahmen der niederländischen und deutschen Regierung in erster Linie Fragen nach ihrer Vereinbarkeit mit Artikel 1 und 4 der Mannheimer Akte auf. Sie sind in der Zentralkommission aber auch im Hinblick auf ihre wettbewerbspolitischen Auswirkungen für den internationalen Rheinschiffsverkehr erörtert worden.

[74] Vgl. *Schluckebier*, S. 69 mit weiteren Literaturhinweisen.

[75] *Schluckebier*, wie unter Anm. 74.

Konjunktur meist eine ausreichende Beschäftigungslage aufweisen können, müssen die Partikuliere in solchen Zeiten häufig Frachten zu Preisen akzeptieren, die weit unter ihren Selbstkosten liegen[76]. Bei den durch die große Kapitalintensität der Binnenschiffahrt bedingten festen Kosten stehen sie sich dabei immer noch besser, als wenn sie beschäftigungslos aufliegen würden[77].

Die Zentralkommission rief zur Erörterung der hier nur vereinfacht und skizzenhaft aufgezeigten wirtschaftlichen Probleme[78] schon im Jahre 1950 — gestützt auf Artikel 45 Ziff. b der Mannheimer Akte[79] — einen Wirtschaftsausschuß ins Leben, der aus einigen Delegierten der in der Zentralkommission vertretenen Staaten zusammengesetzt ist. Seine Aufgaben bestimmte sie wie folgt: „Ce Comité s'efforcera de dégager une vue générale de la situation et des problèmes économiques intéressant la navigation du Rhin, et examinera les diverses mesures qui peuvent porter atteinte à la liberté de la navigation et à l'égalité de traitement, au sujet desquelles des plaintes ont été ou seront adressées à la Commission Centrale. Ledit Comité dégagera ensuite toutes propositions et suggestions à faire à la Commission Centrale de manière à permettre à celle-ci de faire, s'il y a lieu des recommendations aux Gouvernements[80]." Der Wirtschaftsausschuß gelangte sehr bald zu der Überzeugung, daß es für seine Arbeit nicht nur vorteilhaft sondern auch geboten sei, die Ansichten der Vertreter des freien Gewerbes zur Behebung der wirtschaftlichen Krise in der Rheinschiffahrt zu Rate zu ziehen[81], für die Zukunft eine Basis für eine enge Zusammenarbeit zwischen dem Gewerbe und der Zentralkommission zu errichten und zugleich auf eine engere Kooperation unter den Rheinschiffahrttreibenden selbst hinzuwirken[82].

Zu diesem Zweck berief die Zentralkommission am 27. Juli 1951 die erste Wirtschaftskonferenz der Rheinschiffahrt ein[83]. Sie wurde im einzelnen vom Wirtschaftsausschuß vorbereitet. Die Konferenz tagte unter der Leitung des Präsidenten der Zentralkommission. Die Zentralkommission bestimmte die Zusammensetzung der Konferenzteilnehmer und den

---

[76] *Schluckebier,* wie unter Anm. 74.

[77] *Schluckebier,* wie unter Anm. 74.

[78] Eine sehr gute zusammenfassende Darstellung der Strukturprobleme des Rheinschiffahrtshandels ist zu finden in: *Holländische Delegation,* S. 65 ff.

[79] Vgl. die Ausführungen des Delegierten der Niederlande, in: Pro. Zentralkommission, 1950 — II — 2, S. 9, Annexe 1; *Misschlich,* S. 274; *Walther,* Statut, S. 26.

[80] Pro. Zentralkommission, 1950 — II — 2, S. 8.

[81] Vgl. *v. Koeppen,* Freiheit, S. 254.

[82] Vgl. Pro. Zentralkommission, 1950 — II — 2, S. 10/11 und die Entschließung der Zentralkommission vom 12. Juli 1951, Pro. Zentralkommission, 1951 — II — 2, S. 8.

[83] *Wirtschaftskonferenz I,* S. 1.

einzuladenden Personenkreis[84]. Sie legte die zu beratenden Themen fest[85]. Ferner bestimmte die Zentralkommission zum Teil die Organisation der Konferenz. So sollte in jeder der vier Konferenzkommissionen die Delegation eines jeden Landes durch einen Repräsentanten der betreffenden Regierung vertreten sein[86]. Ferner oblag es den Regierungsvertretern und Delegierten der Zentralkommission, Vorschläge zur Tagesordnung zu unterbreiten. Die Arbeiten der vier Kommissionen waren auf die Erstellung von Untersuchungsergebnissen und die Abgabe von Empfehlungen beschränkt[87].

Aufschluß über die von der Konferenz behandelten Fragen gibt der von der Zentralkommission aufgestellte Themenkatalog[88]. Danach sollte sie untersuchen:

— Möglichkeiten einer Verständigung über geeignete Maßnahmen zur Verhinderung von Substanzverlusten der Schiffahrt durch unzureichende Frachten;

— Maßnahmen, durch die bei einem Überangebot von Frachtraum der Ausgleich zwischen Angebot und Nachfrage wiederhergestellt werden kann;

— diejenigen Fragen, die für die kommerzielle Gleichbehandlung wichtig sind, soweit sie auf privater Ebene behandelt werden können;

— Möglichkeiten für eine bessere Zusammenarbeit der Rheinschiffahrt mit den übrigen Verkehrsträgern sowie die möglichen Auswirkungen der Montanunion;

— sonstige Maßnahmen und Anregungen, die die Krise der Rheinschifffahrt bekämpfen können.

Die Konferenz empfahl, eine Reihe nationaler Maßnahmen zu beseitigen, die die internationale Rheinschiffahrt behinderten, wie z. B. Hindernisse bei der Zollabfertigung an der deutsch-niederländischen Grenze, Prämien für bestimmte Rheintransporte und den deutschen Cabotagevorbehalt[89]. Sie legte ferner eine Reihe von Vorschlägen für eine Kapazitätsregelung vor[90]. Von besonderer Bedeutung war der Bericht der Kommission II. Sie vertrat die Auffassung, daß die Krisen der Rheinschiffahrt durch internationale Frachtenvereinbarungen auf privatrechtlicher Basis

---

[84] Die Regierungen der Mitgliedstaaten wurden gebeten, Delegationen zu ernennen, die jeweils aus sechs Vertretern der Regierung, der Reeder und Partikuliere bestehen sollten; vgl. wie unter Anm. 83.

[85] Vgl. *Wirtschaftskonferenz* I, S. 1/2.

[86] Vgl. *Schluckebier*, S. 79.

[87] Vgl. *Wirtschaftskonferenz* I, S. 4 ff.

[88] Vgl. wie unter Anm. 85.

[89] Vgl. Bericht der Kommission I, *Wirtschaftskonferenz* I, S. 7/8.

[90] Vgl. Bericht der Kommission III, *Wirtschaftskonferenz* I, S. 20 - 29.

vermieden oder beseitigt werden könnten. Eine Ordnung der Frachten ließe sich durch eine Organisation der Anbieter von Transportleistungen erreichen, bei der auch die Partikuliere zu beteiligen seien[91].

Die Konferenz hat in mehrfacher Hinsicht Erfolge gezeitigt. Ihre Ergebnisse führten zu einer engeren Zusammenarbeit innerhalb des Schiffahrtsgewerbes selbst[92]. Für die Zentralkommission war sie insofern bedeutsam, als sie wertvolle Impulse für die weitere Tätigkeit des Wirtschaftsausschusses mit sich brachte. Er konnte nun in Kenntnis der Vorstellungen der Gewerbetreibenden und mit Hilfe des auf der Konferenz erarbeiteten Materials wesentlich wirksamer der ihm von der Zentralkommission gestellten Aufgaben nachkommen[93]. Die Zentralkommission hat auch alsbald die Empfehlungen der Wirtschaftskonferenz aufgenommen und ihre Verwirklichung den Regierungen nahegelegt, insbesondere die Bildung von Pools und Konventionen zur Behebung der wirtschaftlichen Krise der Rheinschiffahrt zu fördern[94]. Sie hat mit dieser ersten Wirtschaftskonferenz der Rheinschifffahrt eine Institution geschaffen, der eine wertvolle Verbindungsfunktion zwischen ihr und dem Gewerbe auch für die Zukunft zukommen sollte.

In Anbetracht der weiter anhaltenden wirtschaftlichen Krise der Rheinschiffahrt wurde die Wirtschaftskonferenz der Rheinschiffahrt von der Zentralkommission wieder in den Jahren 1959 und 1963 einberufen. In ihrem Mittelpunkt standen ebenso wie im Jahre 1952 Erörterungen über preis-, frachtenbildende und kapazitätsregelnde Maßnahmen[95]. Besondere Aufmerksamkeit widmeten beide Konferenzen ferner der Verkehrspolitik der Montanunion und der Europäischen Wirtschaftsgemeinschaft auf dem Rhein[96]. Zur Behebung der wirtschaftlichen Krise sprach sich auf der zweiten Konferenz die Mehrheit der Teilnehmer für die „Schaffung eines internationalen Konsortiums aus, in dem nationale Gruppen nach föderalistischem Prinzip zu dem Zweck zusammengefaßt werden sollten, eine internationale Zusammenarbeit in der Schiffahrt zu bewerkstelligen"[97].

---

[91] Vgl. Bericht der Kommission II, *Wirtschaftskonferenz* I, S. 9 - 19.

[92] So wurde z. B. entsprechend der Empfehlung der Kommission IV für die BRD am 3. März 1953 die „Arbeitsgemeinschaft der Rheinschiffahrt" mit Sitz in Duisburg gegründet; siehe dazu im einzelnen: *Schluckebier*, S. 82.

[93] Vgl. *v. Koeppen*, Freiheit, S. 254: „Die Wirtschaftskonferenz erlaubte es der Zentralkommission, ihre Überlegungen unmittelbar mit den Berichten und Erfahrungen des Gewerbes abzuwägen und Vorschläge in engem Kontakt mit der Praxis zu entwickeln."

[94] Vgl. *Müller*, W., Rheinschiffahrtspolitik, S. 239. Die Zentralkommission entsprach damit ihrer Entschließung vom 12. Juli 1951 (siehe Anm. 82), die besagte: "Après considérations des conclusions de la Conférence, la Commission Centrale se propose de présenter des recommandations aux Gouvernements."

[95] Vgl. *Schweizer Delegation*, S. 52 - 54.

[96] Vgl. *Wirtschaftskonferenz* II, S. 4 und 47 - 50.

[97] Vgl. *Wirtschaftskonferenz* II, S. 216.

Die Einzelheiten wurden in einer Satzung für eine „Internationale Arbeitsgemeinschaft der Rheinschiffer“ (INTAR-Plan) niedergelegt[98]. Ziel dieses Planes war die Gewährleistung bestmöglicher, gleichmäßiger Beschäftigung aller Rheinschiffahrttreibenden durch Anpassung des Angebots an Schiffsraum an den zu erwartenden oder eingetretenen Güteranfall, und zwar im Wege eines Beschäftigungsausgleiches[99]. In der genannten Satzung war die Schaffung von Kapazitätsausgleichfonds bei den nationalen Arbeitsgemeinschaften vorgesehen. Die in diese Fonds von den Schiffern einzuzahlenden Gelder sollten zur Bezahlung von Stilliegevergütungen für nachweislich nicht beschäftigte Schiffe verwandt werden[100]. Für den Fall, daß ein solches Konsortium sich nicht auf freiwilliger Basis realisieren ließe, war der Abschluß eines Abkommens zwischen den Partnerstaaten der Mannheimer Akte vorgesehen, das die notwendigen Zwangsmaßnahmen enthalten sollte[101]. Der INTAR-Plan ist auf der dritten Wirtschaftskonferenz im Jahre 1963 fortentwickelt worden[102]. Diese Arbeiten haben zur Erstellung eines Entwurfs zu einem Übereinkommen über die Gründung einer „Union der Internationalen Rheinschiffahrt“ (UIR-Plan) geführt[103]. Ziel des UIR-Planes ist es, im Unterschied zum INTAR-Plan dem dauernden Kapazitätsüberhang in der Rheinschiffahrt durch Maßnahmen zur Abwrackung bzw. des Neubaues von Schiffen zu begegnen[104].

Die Arbeiten zur Realisierung dieses Planes haben im Wirtschaftsausschuß der Zentralkommission bald einen solchen Umfang angenommen, daß die Zentralkommission im Jahre 1965 eine spezielle Arbeitsgruppe zur Behandlung der mit diesem Plan verbundenen Fragen beauftragen mußte[105]. Sie sind bis heute noch nicht zu einem Abschluß gelangt. Obwohl die Zentralkommission den kapazitätsregelnden Maßnahmen besondere Aufmerksamkeit geschenkt hat, stellen sie jedoch nur einen Ausschnitt ihrer Tätigkeit auf dem Wirtschaftssektor dar. Der Wirtschaftsausschuß befaßt sich daneben z. B. mit Fragen der Frachtenentwicklung oder der Situation der Pools und Konventionen. Einen besonders großen Raum nehmen die Erörterungen über die Anwendung der von den Europäischen

---

[98] Vgl. *Wirtschaftskonferenz* II, S. 172 ff.

[99] Vgl. *Schweizer Delegation*, S. 53.

[100] Siehe die Artikel 29 ff.

[101] Siehe im einzelnen den Entwurf eines Abkommens über die internationale Zusammenarbeit des Rheinschiffahrtsgewerbes, in: *Wirtschaftskonferenz* II, S. 191 ff.

[102] Vgl. *Schweizer Delegation*, S. 54.

[103] Die wesentlichen Bestimmungen dieses Planes, der sich ebenso wie der INTAR-Plan in den Entwurf eines Statuts und in den Vorentwurf eines Übereinkommens zwischen den Partnerstaaten der Mannheimer Akte gliedert, ist abgedruckt in: Sonderbeilage zum Bulletin der EWG 11-66, S. 14 ff.

[104] Vgl. *Holländische Delegation*, S. 77.

[105] Vgl. *Schweizer Delegation*, S. 55.

Gemeinschaften erlassenen bzw. geplanten Rechtsvorschriften ein. Zu nennen ist ferner die umfangreiche Tätigkeit der Zentralkommission auf dem Sozialsektor. Um die auf diesem Gebiet anfallenden Arbeiten bewältigen zu können, mußte sie schon in den fünfziger Jahren einen Ausschuß für Sozial-, Arbeits- und Berufsausbildungsfragen gründen. Außer der Erledigung der laufenden Aufgaben in diesen Bereichen ist der Ausschuß in Zusammenarbeit mit dem Internationalen Arbeitsamt in Genf mit der ständigen Fortentwicklung der auf dem Sozialsektor bestehenden internationalen Abkommen befaßt.

Sieht man die Tätigkeitsberichte der Zentralkommission, insbesondere der letzten zwanzig Jahre, durch, so ist nicht zu verkennen, daß die Erörterungen von wirtschafts- und sozialpolitischen Fragen der Rheinschiffahrt in zunehmendem Maße das Arbeitsfeld der Zentralkommission bestimmt haben. So sind neben die Beratungen über schiffahrtstechnische und polizeiliche Fragen mindestens gleichgewichtig die Aussprachen über die wirtschaftlichen Probleme der Rheinschiffahrt getreten. *Scheuner* hat diese Entwicklung als eine „Anreicherung“[106] der Kompetenzen der Zentralkommission charakterisiert. Legt man die Vorschrift des Artikels 45 Ziff. b der Mannheimer Akte — wie oben aufgezeigt — im Lichte der Bestimmung des Artikels 16 Annexe 16 B WSA aus, so kann diese Entwicklung auch dahingehend gekennzeichnet werden, daß die Zentralkommission mit ihr die Befugnisse zur Beratung aller das Wohlergehen der Rheinschiffahrt betreffenden Fragen voll ausgeschöpft hat[107]. Die Zentralkommission hat damit der Erkenntnis Rechnung getragen, daß die Förderung des Gedeihens des Rheinschiffahrtshandels heute im Unterschied zum liberalen Wirtschaftssystem des vorigen Jahrhunderts mehr und mehr eine Tätigkeit zur Verbesserung der Wettbewerbsbedingungen und der Wirtschaftsstruktur der Rheinschiffahrt voraussetzt.

III. Die Einheit des Rheinregimes

1. Die Zweckgemeinschaft der Uferstaaten

Die Vorstellung, daß der Rheinstrom in seiner ganzen Ausdehnung als eine Einheit betrachtet werden muß, ist ein Gedanke, der schon früh die Gestaltung der internationalen Rechtsordnung auf dem Rhein bestimmt hat[1]. Er entspricht der Erkenntnis, daß in einem Flußregime, an dem

[106] „Das Rechtsstatut des Rheins im Rahmen der europäischen Zusammenarbeit.“ (Vortrag vor der deutschen Vereinigung für internationales Recht in Mannheim vom 16. Juni 1967;bisher nicht veröffentlicht.) Zitiert bei *Stabenow*, Konventionen, S. 543.

[107] Vgl. wie unter Anm. 51.

[1] Siehe Artikel 5 Abs. 1 S. 2 des Pariser Friedensvertrages vom 30. Mai 1814, abgedruckt in: Rheinurk. I, S. 36.

mehrere Staaten beteiligt sind, das Interesse aller Anlieger an einem blühenden Schiffahrtshandel ihrer Angehörigen nur auf dem Wege einer allseitigen Verständigung gewahrt und verwirklicht werden kann[2]. Dies setzt voraus, daß die Uferstaaten im Wege einer Zusammenarbeit einen Ausgleich finden zwischen ihren staatlichen Souveränitätsansprüchen einerseits und dem gemeinsamen Anliegen an einem möglichst ungehinderten Schiffsverkehr andererseits[3].

Diese Erkenntnisse haben dementsprechend auch in den Beratungen der Wiener Flußkommission einen zentralen Platz eingenommen. So durchzieht die Einheitsidee nahezu sämtliche von den Delegierten auf dem Kongreß vorgelegten Vertragsentwürfe[4]. Zu ihrer Verwirklichung proklamierte der Wiener Kongreß für die europäischen Flüsse in Artikel 109 WSA generell und in Artikel 1 Annexe 16 B WSA speziell für den Rhein den Grundsatz, daß die Flußschiffahrt frei zu sein habe. Ihre weitere Ausgestaltung fand sie mit dem in Artikel 108 WSA enthaltenen generellen Auftrag der Flußkommission an alle Anliegerstaaten der europäischen Flüsse, sich um eine einheitliche Regelung — accord commun — über *alle* die Schiffahrt auf dem jeweiligen Fluß betreffenden Fragen zu bemühen[5]. Für eine zukünftige Rechtsordnung auf dem Rhein legten die Delegierten im einzelnen in der Anlage 16 B zur Wiener Schlußakte die Schwerpunkte für eine definitive Regelung fest. Sie beziehen sich — wie dies aus der Vorschrift des Artikels 27 Annexe 16 B WSA ersichtlich ist — in erster Linie auf schiffahrtstechnische Angelegenheiten. Die Delegierten des Wiener Kongresses waren sich aber damals schon bewußt, daß der Rhein auch in kommerzieller Hinsicht eine Einheit bilden müsse[6]. Dies kann schon der weiteren Formulierung „tout ce qui a rapport à la navigation“ in Artikel 108 WSA entnommen werden. Es wird ferner verständlich, wenn man berücksichtigt, daß gerade die unterschiedlichen fiskalischen Abgaben in den Uferstaaten den Rheinschiffahrtshandel in den vorangegangenen Jahrhunderten besonders beeinträchtigt hatten. Im Hinblick auf diese bitteren Erfahrungen bestimmte daher auch die Flußkommission, daß in einer zukünftigen Rheinschiffahrtsakte die Höhe des Octroi einheitlich geregelt werden sollte. Diesem

---

[2] *Scheuner*, Cabotage, S. 7/8.

[3] *Scheuner*, Rechtsfragen, S. 75.

[4] Vgl. in Rheinurk. I, im einzelnen die Pläne der Delegierten: von Frankreich, *Dahlberg*, S. 57, Ziff. 14; Darmstadt, *Türckheim*, S. 70, Ziff. 45; Baden, *Berckheim*, S. 72, Ziff. 51; Preußen, *Humboldt*, S. 93, Ziff. 100.

[5] Vgl. *Dupuis*, S. 230; Artikel 108 S. 1 WSA besagt in seinem vollen Wortlaut: "Les Puissances dont les Etats sont séparés ou traversés par une même rivière navigable, s'engagent à régler d'un commun accord, tout ce qui a rapport à la navigation de cette rivière"; abgedruckt in: Rheinurk. I, S. 42.

[6] Vgl. *van der Hoeven*, S. 48; *Baumgartner*, S. 39; siehe auch die Darlegungen des Delegierten *v. Berckheim* wie unter Anm. 36 von Teil 1, Kapitel 1, II.

Anliegen, dessen Verwirklichung in kommerzieller Hinsicht damals für die Rheinschiffahrt besonders vordringlich war, hat die Mainzer Akte mit der Regelung in Artikel 6 Rechnung getragen. Die Bedeutung, die der Kongreß der Idee des einheitlichen Gestaltens einer Rechtsordnung auf dem Rhein zumaß, ergibt sich ferner auch aus der Vorschrift des Artikels 1 Annexe 16 B WSA. Danach sollten die Uferstaaten sich bei dem Erlaß polizeilicher Vorschriften, die die Schiffahrtsfreiheit einschränken, von dem Gedanken eines einheitlichen Vorgehens leiten lassen, so wie dies recht klar mit den Worten beschrieben ist: „en se conformant toutefois aux règlements qui seront arrêtés pour sa police d'une manière uniforme, et aussi favorable que possible au commerce de toutes les nations". Um den einheitlichen Bestand einer einmal zustande gekommenen internationalen Rechtsordnung auf Dauer zu sichern, bestimmte der Kongreß ferner, daß sie nur mit der Zustimmung aller Unterzeichnerstaaten sollte geändert werden können[7].

Der ehemalige Generalsekretär der Zentralkommission und belgische Völkerrechtler *Hostie* hat diesen zentralen Gedanken des einheitlichen Vorgehens, von dem auch die späteren Rheinschiffahrtsakten geprägt sind, treffend als „la pierre angulaire de tout le système" bezeichnet[8]. Ebenso hat *Scheuner* hervorgehoben, daß die Idee des commun accord „sich stets als das Mittel erwiesen hat, um über bestehende Gegensätze hinweg zu einer Zusammenarbeit in der Benutzung des Flusses für den Verkehr und Handel der beteiligten Staaten zu gelangen"[9].

Das gemeinschaftliche Ausbalancieren in einem Flußregime von nationalen Interessen einerseits mit den gemeinsamen internationalen Schiffahrtsinteressen andererseits ist allerdings — wie dies schon dem oben genannten Zitat von Scheuner zu entnehmen ist — ein Prozeß, der mit der Erstellung eines Vertragswerkes nur für eine bestimmte Zeitperiode zum Stillstand gelangt. Er beginnt stets von neuem, wenn die Machtverhältnisse an einem internationalen Strom sich ändern, oder bis dahin nicht aufgetretene Hindernisse die Prosperität des Schiffahrtshandels von neuem zu beeinträchtigen drohen. In weitblickender Voraussicht haben daher die Delegierten des Wiener Kongresses mit der Einrichtung der Zentralkommission für die Rheinschiffahrt eine Institution vorgesehen, die die Uferstaaten auf Dauer in einer Interessengemeinschaft[10] zusammenfaßt[11], und im Rahmen derer dieser Ausgleichsprozeß fortwährend stattfinden kann. Zweck dieser Gemeinschaft ist es, im Wege

---

7 Art. 116 WSA.

8 *Hostie*, S. 141.

9 Rechtsfragen, S. 73.

10 *Fuhrmann*, S. 102; *v. Koeppen*, Geschichte, S. 331; *Baumgartner*, S. 39.

11 Vgl. *Hostie*, S. 203.

einer ständigen und auf allseitigen Ausgleich bedachten Zusammenarbeit das gemeinschaftliche Interesse an einem Wohlergehen der Rheinschiffahrt zu fördern[12].

Diesem Anliegen trägt die Zentralkommission seit ihrem Bestehen in doppelter Hinsicht Rechnung. In ihrer Eigenschaft als Kontroll- und Aufsichtsorgan überwacht sie ex post die Einhaltung der internationalen Vertragspflichten durch die Uferstaaten. Sie wirkt in dieser Hinsicht in „sichernder und erhaltender Weise“. Von dieser Funktion abzugrenzen ist die Tätigkeit der Zentralkommission, mit der sie in „präventiver Hinsicht“ für ein Wohlergehen der Rheinschiffahrt sorgt. Dieses gemeinschaftliche Anliegen erfordert ein stetiges Bemühen mit dem Ziel, neuen Beeinträchtigungen des Rheinschiffahrtshandels zu begegnen sowie veraltete Regelungen den veränderten Umständen anzupassen.

Der Verfolgung dieses Zieles hat die Zentralkommission seit ihrem Bestehen stets besondere Aufmerksamkeit gewidmet. Sie war dabei aus den oben genannten Gründen immer darauf bedacht, daß diese Probleme auf dem Wege von einheitlichen Regeln für den gesamten konventionellen Rhein gelöst wurden. Die Zentralkommission hat dazu eine legislative Tätigkeit entwickelt, zu der ihr nach der Mainzer Akte zwar noch die Rechtsgrundlage fehlte[13]. Sie entwickelte dennoch schon in den Jahren von 1832 bis 1851 die Mainzer Akte in zwanzig Fällen in Form der „vereinbarten Verordnungen“ fort, um den gewandelten Bedürfnissen des Rheinschiffahrtshandels Rechnung zu tragen[14]. Diese Verordnungen wird man als verbindliche, völkerrechtliche Vereinbarungen zu den Rheinschiffahrtsakten selbst kennzeichnen können, die dieselben ergänzen bzw. abändern oder aber auch nur Durchführungsvereinbarungen zu generellen Vertragsvorschriften darstellen[15]. In der Mannheimer Akte hat diese legislative Tätigkeit der Zentralkommission, welche *v. Eysinga* schon als in Artikel 10 Annexe 16 B WSA vorgesehen erachtete[16], in den Artikeln 45 Ziff. a und b eine rechtliche Verankerung gefunden[17].

Auf dieser Basis war es der Zentralkommission als einer „Zweckgemeinschaft“[18] der Uferstaaten möglich, die internationale Rechtsord-

[12] Vgl. *Krause*, S. 53: „Inhalt und Richtschnur aller Funktionen, die die Stromkommissionen haben, ist — um einen allgemeinen Leitsatz an die Spitze zu stellen — Fürsorge für die gemeinsamen Schiffahrtsinteressen.“

[13] Vgl. *Chiesa*, S. 35; *v. Eysinga*, CCR, S. 97.

[14] Vgl. *v. Koeppen*, Geschichte, S. 332.

[15] Vgl. *v. Koeppen*, Rheinregime, S. 351. Beispiele für die Durchführungsvereinbarungen sind die gemeinsam vereinbarten Polizeiverordnungen und Untersuchungsanordnungen für Rheinschiffe in Ausführung von Artikel 1 und 32 sowie Artikel 22 der Mannheimer Akte.

[16] Wie unter Anm. 13; a. A. *Fuhrmann*, S. 120.

[17] Vgl. *Biays*, S. 241.

[18] *Van der Hoeven*, S. 48.

nung auf dem Rhein stets überall dort fortzuentwickeln und weiter zu vereinheitlichen, wo dies im gemeinsamen Interesse an einer Förderung des Rheinschiffahrtshandels notwendig und dienlich erschien[19]. Bei dieser Aktivität ist die Zentralkommission nicht wie in ihrer Eigenschaft als Kontrollorgan gemäß Artikel 45 Ziff. a der Mannheimer Akte auf die in der Rheinschiffahrtsakte geregelten Gebiete beschränkt. In dieser Hinsicht bezieht sich ihr Aufgabenbereich vielmehr gemäß den Artikeln 43 und 45 Ziff. b der Mannheimer Akte immer auf die Verwirklichung der Maßnahmen, die das Wohlergehen der Rheinschiffahrt jeweils erfordert[20]. Der Inhalt des Grundsatzes „Einheit des Rheinregimes" kann folglich auf dem Hintergrund der aufgezeigten Entwicklung und der zitierten Vertragsvorschriften dahingehend bestimmt werden, daß darunter die Interessengemeinschaft der Partnerstaaten der Mannheimer Akte zu dem Zweck zu verstehen ist, durch eine stetige weitere Vereinheitlichung der internationalen Rechtsordnung auf dem Rhein dem Wohlergehen des Rheinschiffahrtshandels zu dienen[21].

2. Die mit dem Grundsatz der Einheit des Rheinregimes verknüpften Pflichten

Der ehemalige Generalsekretär der Zentralkommission, *Walther*, hat zutreffend darauf hingewiesen, daß eine Interdependenz zwischen dem der Mannheimer Rheinschiffahrtsakte zugrunde liegenden Grundsatz der Einheit des Rheinregimes und dem in Artikel 4 der Mannheimer Akte enthaltenen Gleichbehandlungsgebot besteht[22]. Beide Prinzipien sind geeignet, die Schaffung eines einheitlichen internationalen Regimes auf dem Rhein zu fördern. Sie stellen gewissermaßen die beiden Seiten ein und derselben Medaille dar. Dabei beinhaltet das Gleichbehandlungsgebot mehr den materiellen Aspekt des Strebens nach einer einheitlichen Rechtsordnung, während der Grundsatz der Einheit des Rheinregimes mehr die prozedural-legislative Seite dieses Strebens aufweist. Das Gleichbehandlungsgebot kann in gewissem Sinne als eine Vorstufe zur späteren Einführung von einheitlichen Regeln auf dem Rhein gekennzeichnet

---

[19] Vgl. *Walther*, Statut, S. 17.

[20] Vgl. die Ausführungen unter Teil 1, Kapitel 1, III, 2. b) a. E.

[21] Vgl. *Misschlich*, S. 273; *Walther*, Statut, S. 13; *Roth*, S. 182: „(Hauptaufgabe der Kommission ist jetzt) vor allem die Ausbildung der Einheit des Rheinregimes. Zu dieser Einheit gehören die gemeinsam erlassenen Verordnungen, die von den Mitgliedstaaten in Kraft zu setzen sind, die Weiterentwicklung der Schiffahrtsakte sowie die Mitwirkung der Kommission bei Bestrebungen zur Rechtsvereinheitlichung außerhalb der Akte."

[22] Statut, S. 16: "L'unité de régime est une notion dont l'importance s'est dévelopée au cours du temps et qui, aujourd'hui est devenue extrêmement puissante, d'autant plus qu'elle est partiellement conditionnée par l'égalité de traitement."

werden. Bei dem gegenwärtig verstärkten Streben nach einer auch wirtschaftlich einheitlichen Ordnung des internationalen Rheinschiffsverkehrs vermag das Gleichbehandlungsgebot nach der Mannheimer Akte diese Bedeutung aber nur zu entfalten, wenn es auch das Gebot der vollkommenen wirtschaftlichen Gleichbehandlung umfaßt. Diese Ansicht, die insbesondere von Schweizer Autoren vertreten wird[23], erscheint allerdings nicht völlig überzeugend. Selbst wenn man aber dieser Auffassung folgen würde, so schafft das Gleichbehandlungsgebot selbst jedoch noch nicht die einheitliche Rechtsordnung, sondern trägt nur zu ihrem Zustandekommen — wenn auch in effektiver Weise — bei. Einer Reihe Schweizer Publikationen ist daher auch die Ansicht zu entnehmen, daß der Grundsatz der Einheit des Rheinregimes mehr beinhalte als nur eine Zusammenarbeit der Uferstaaten zum Zwecke der Einführung einheitlicher Regeln. Sie suchen aus ihm zu folgern, daß Maßnahmen, die die internationale Schiffahrt auf dem Rhein betreffen, überhaupt nur im allseitigen Einvernehmen getroffen werden dürften[24]. Inwieweit beide Auffassungen zutreffend sind, soll nachfolgend untersucht werden. Dabei ist das stärkere letzte Argument zuerst zu prüfen.

a) Die Pflicht zur Zusammenarbeit

Ausführungen des Schweizer Autors *Müller*, der an der Ausarbeitung der Avis de droit führend beteiligt war, zur Bedeutung und Tragweite des Grundsatzes der Einheit des Rheinregimes, rufen den Eindruck hervor, als wolle die Schweiz das Rheinschiffahrtsrecht im Sinne einer „konkurrierenden Gesetzgebung“ verstanden wissen[25]. Demzufolge wären die Uferstaaten in ihrer die Rheinschiffahrt betreffenden Gesetzgebungsbefugnis nur unter der Bedingung autonom, als nicht ein Anliegerstaat eine nationale Regelung auf dem Rhein in der Zentralkommission zur Rheinschiffahrtsangelegenheit erklärt. Die Zentralkommission würde gewissermaßen in den Stand einer supranationalen Institution mit umfassenden Kompetenzen auf dem Rhein gehoben.

Eine solch weitgehende Verpflichtung der Uferstaaten kann jedoch aus dem Grundsatz der Einheit des Rheinregimes nicht hergeleitet werden.

---

[23] Siehe Anm. 47 unter Teil 1, Kapitel 1, III.

[24] Siehe Anm. 14 unter Einleitung.

[25] Vgl. dieAusführungen in Verordnung, S. 206: „Selbst wenn die Mannheimer Akte solche Vorschriften (die Eingriffe in die Schiffahrtsfreiheit enthalten) gestatten würde, wären diese gemeinsam von allen Rheinuferstaaten zu erlassen“; und weiter auf S. 207: „Nachdem bis heute die Zentralkommission die Form und den Inhalt der Frachturkunden nicht als eine Rheinschiffahrtsangelegenheit betrachtet hat, die d'un commun accord zu behandeln ist, kann den Uferstaaten nicht die Kompetenz bestritten werden, in diesem Punkt autonom oder zusammen mit anderen Uferstaaten zu legiferieren.“

Sie verkennt in entscheidender Weise die rein vermittelnde Funktion der Zentralkommission, wie sie auf dem Wiener Kongreß grundlegend bestimmt worden ist und dort insbesondere in der Diskussion um die Anerkennung von verbindlichen Mehrheitsbeschlüssen ihren Niederschlag gefunden hat.

Der preußische Delegierte *v. Humboldt* hat schon auf der fünften Sitzung der Wiener Flußkommission in einem schriftlichen Entwurf klar zwei Möglichkeiten zur Bestimmung der Rechtsnatur eines zukünftigen zentralen Organs für den Rhein herausgearbeitet. Die erste Alternative sah die Bildung einer diplomatischen Konferenz vor, die sich aus Vertretern der Uferstaaten zusammensetzte, und bei der die Mitglieder bei gleichem Stimmrecht nicht der Gefahr ausgesetzt waren, als Minderheit von der Mehrheit gebunden zu werden. Zum anderen bestand die Möglichkeit, eine Zentralgewalt — une véritable autorité centrale — zu schaffen, in der die Mehrheit Beschlüsse mit verbindlicher Wirkung für die Minderheit fassen könnte[26]. Während v. Humboldt die Verwirklichung der zweiten Alternative anstrebte[27], schreckten insbesondere die deutschen Kleinuferstaaten vor einer mit diesem Plan verbundenen potentiellen Einbuße ihrer Souveränitätsrechte zurück[28]. Der badische Delegierte *v. Berckheim* hat dabei in Erinnerung an die Erfahrungen mit der Octroiverwaltung[29] den Bedenken dieser Staaten so plastisch Ausdruck verliehen, daß seine Ausführungen zitiert werden sollen: „D'après une expérience de 20 et quelques années, dont le résultat n'a été que des tombeaux et de la misère, on a éprouvé tous les effets des luttes inégales et de la prépondérance du fort sur le faible; et on a acquis au moins cette expérience pratique, que toutes ces autorités factices, à l'édification desquelles les grands et les petits états concourent, ne sont, sous le rapport de leur pouvoir exécutif, que des mannequins dont les grands états se jouent et qui peuvent devenir d'un effet pénible pour les autres[30]." In Anbetracht dieses Widerstandes mußte *v. Humboldt* sich auf der Konferenz der geschlossenen Front der anderen Staaten beugen, und so kam man schließlich im Sinne des ersten Planes überein, daß die Zentralkommission „eine kleine semi-permanente Diplomatenkonferenz (sein sollte), wo alle Uferstaaten, kleine und große, gleichberechtigt sind, und wo etwas nur zustande gebracht werden kann mit Genehmigung aller Uferregierungen"[31]. Die Furcht der Kleinuferstaaten vor einer Einschränkung ihrer vollen staatlichen Souveränität hat sich aber nicht nur in der

[26] Rheinurk. I, S. 93, Ziff. 99.

[27] Vgl. *Hostie*, S. 200.

[28] Vgl. *v. Eysinga*, Evolution, S. 9: "... les petits Etats allemands riverains qui étaient à cheval sur leur souverainité."

[29] Vgl. *Telders*, S. 6; *Fuhrmann*, S. 104.

[30] Rheinurk. I, S. 91, Ziff. 96.

[31] *v. Eysinga*, Oorsprong, S. 10 in der Übersetzung von Telders, S. 7.

Ablehnung der Schaffung einer starken Zentralgewalt manifestiert. Sie fand ferner auch in dem Bestreben dieser Staaten ihren Niederschlag, nur in ganz beschränktem Maße internationale vertragliche Bindungen einzugehen. So bestimmten sie auf dem Wiener Kongreß unmittelbar selbst die Bereiche, innerhalb derer sie sich zur Einführung gemeinsamer Regeln in einer zukünftigen Rheinschiffahrtsakte bereit erklärten. Alle weiteren Übereinkommen, die dem gemeinsamen Anliegen an einer weiteren Vereinheitlichung der internationalen Rechtsordnung auf dem Rhein hätten dienen können, überließ man dagegen grundsätzlich der freien Vereinbarung zwischen den Uferstaaten.

Zur Förderung der Ausarbeitung solcher Übereinkommen kamen die Delegierten allerdings überein, sich über die jeweiligen Belange der Rheinschiffahrt im Schoße der Zentralkommission zu konsultieren. Die Funktion der Zentralkommission, als „Beratungsgremium“[32] zu dienen, ist von *v. Humboldt* treffend mit der Bezeichnung „caractère consultatif“[33] beschrieben worden. Diese Kennzeichnung der Rechtsnatur der Zentralkommission bringt klar zum Ausdruck, daß die Uferstaaten bis auf die in einer späteren Akte nebst der zu dieser ergehenden Zusatzvereinbarungen übernommenen Verpflichtungen autonom in ihrer die Rheinschiffahrt betreffenden Gesetzgebung bleiben sollten. Eine Charakterisierung der Zentralkommission als eine der ersten supranationalen Institutionen in Europa[34] trägt nicht genügend dem Streben der Staaten nach Wahrung ihrer nationalen Souveränität im vorigen Jahrhundert Rechnung[35].

Trotz dieses grundsätzlichen Bekenntnisses der Wiener Flußkommission zur vollen Souveränität der Uferstaaten ist jedoch nicht zu verkennen, daß die Bildung einer Interessengemeinschaft der Anliegerstaaten mit ihrer institutionellen Verankerung in der Zentralkommission eine gewisse Bindung dieser Länder in der Ausübung ihrer Hoheitsrechte mit sich brachte. So überließen die Mitglieder der Kommission die Verwirklichung und weitere Ausgestaltung einer einheitlichen internationalen Rechtsordnung auf dem Rhein nicht dem Zufall von bilateralen Vereinbarungen. Über den Auftrag zur Realisierung einer definitiven Rheinschiffahrtsregelung hinaus beauftragten sie die Uferstaaten in Artikel 17 Annexe 16 B WSA, auch nach dem Zustandekommen einer Rheinschiffahrtsakte „de se concerter sur les intérêts communs“. Diesen Auf-

[32] Vgl. den Text von Artikel 10 Annexe 16 B WSA: "... une autorité qui puisse servir d'un moyen de communication entre les Etats riverains sur tout ce qui regarde la navigation."

[33] Rheinurk. I, S. 86.

[34] So *Garnon*, S. 3 Anm. 6.

[35] Vgl. *Hertoghe*, S. 37; *Scheuner*, Rechtsfragen, S. 97: „Es entspricht der allgemeinen Anschauung der Epoche des Wiener Kongresses, daß Ausgangspunkt der Regelung der internationalen Flüsse der Grundsatz der staatlichen Souveränität war.“

trag zu einer verpflichtenden Zusammenarbeit hat die Mainzer Akte in Artikel 94 Abs. 1 wörtlich übernommen, während er in der Mannheimer Akte in den Artikeln 43 und 45 sinnentsprechend seinen Niederschlag gefunden hat[36].

Von dieser Pflicht zur Zusammenarbeit sind ihre Methoden abzugrenzen. Über letztere enthält die Wiener Schlußakte keinerlei Vorschriften. Es oblag damit den Uferstaaten selber, Wege dafür zu finden, wie sie ihr Verlangen nach möglichst weitgehender Wahrung der staatlichen Souveränität mit der Verpflichtung zu einer wirkungsvollen Zusammenarbeit zur Förderung des Rheinschiffahrtshandels verbinden konnten. Sie haben zur Lösung dieser Problematik auf der Basis des commun accord recht effektive Arten des gemeinschaftlichen Handelns entwickelt. Durch die geschmeidige Form der „Koordinierung" von nationalen Vorschriften war es ihnen z. B. möglich, weitere einheitliche Regeln zu schaffen, ohne zugleich weitere internationale Verpflichtungen eingehen zu müssen[37]. Daneben hat alsbald die Zusammenarbeit in Form der schon angeführten „gemeinsamen Verordnungen" an Bedeutung gewonnen. Sie werden in der Zentralkommission beschlossen und dann in den Mitgliedstaaten als nationales Recht erlassen[38].

Die letzt genannte Methode wird in Artikel 45 der Mannheimer Akte ausdrücklich erwähnt. Dies ist in zweierlei Hinsicht bedeutsam. Die Verfasser der Akte von 1868 beabsichtigen damit einmal aus den oben genannten Gründen[39], die Zulässigkeit dieser Form der Fortentwicklung des Abkommens selbst vertraglich festzulegen[40]. Zum anderen brachten sie auf diese Weise zum Ausdruck, daß die vereinbarten Verordnungen einen integrierenden Bestandteil der Akte selbst darstellen. Dies wird besonders deutlich, wenn man berücksichtigt, daß schon zugleich mit der Vereinbarung der Mannheimer Konvention deren Unterzeichnerstaaten am 17. Oktober 1868 zwei gemeinsame Verordnungen beschlossen, die noch heute von wesentlicher Bedeutung für die Rheinschiffahrt sind. Dies waren die Schiffahrts-, Polizei- und Floßordnung betreffend den Transport entzündlicher, ätzender und giftiger Stoffe, die in Ausführung und mit Bezug zu den Artikeln 1 und 32 der Mannheimer Akte ergingen[41]. Indem auf diese Weise die vereinbarten Verordnungen in Artikel 45 der Mannheimer Akte den engen Zusammenhang zwischen ihnen und der Akte selbst herauskehren, stellen sie zugleich ein Sinnbild der weiteren

[36] Zum Zusammenhang dieser Vorschriften vgl. *Ferrier*, S. 92.

[37] Vgl. *v. Eysinga*, CCR, S. 97.

[38] Vgl. *Kiss*, S. 509.

[39] Vgl. die Ausführungen unter Teil 1, Kapitel 1, III. 1. a E.

[40] Vgl. *v. Eysinga*, CCR, S. 99.

[41] Rheinurk. II, S. 118 ff. und 148 ff. Zur Fortentwicklung dieser Verordnungen siehe *Schluckebier*, S. 40 - 44 und 50/51.

Vereinheitlichung der internationalen Rechtsordnung auf dem Rhein dar, wie sie sich im Laufe der Zeit vollzogen hat.

An diese Kennzeichnungsfunktion der vereinbarten Verordnungen knüpft das *Rheinmemorandum* der EWG-Kommission seine Definition des Grundsatzes der Einheit des Rheinregimes an[42]. Danach soll dieser Grundsatz *„eine einfache Bezeichnung* der Rechtslage (beinhalten), die sich daraus ergibt, daß im Rahmen der Mannheimer Akte oder durch ein späteres Abkommen einige Vorschriften für den gesamten Rhein vereinheitlicht worden sind“[43]. Die Kommission verbindet mit dem Grundsatz der Einheit des Rheinregimes also nur die Kennzeichnung einer „geschaffenen Rechtslage“.

Diese Auffassung übersieht, daß der Kerngehalt des Artikels 45 Ziff. b der Mannheimer Akte in der *„Pflicht zur Zusammenarbeit* mit dem Ziel einer weiteren Vereinheitlichung der auf dem Rhein geltenden Regeln besteht“. Der in den Artikeln 45 Ziff. b und 43 der Mannheimer Akte angesprochene Grundsatz der Einheit des Rheinregimes enthält also mehr als nur die bloße Kennzeichnung oder Klarstellung des engen Zusammenhanges zwischen den gemeinsam vereinbarten Verordnungen und der Akte selbst. Er stellt keinen statischen sondern einen dynamischen Begriff dar[44]. Er ist ein Ausdruck, der sich aus der Interessengemeinschaft der Partnerstaaten der Mannheimer Akte ergebenden Verpflichtung, ständig zum Zwecke einer weiteren Vereinheitlichung der auf dem Rhein geltenden internationalen Rechtsordnung zusammenzuarbeiten und damit der Förderung des Rheinschiffahrtshandels zu dienen.

Trägt man der aufgezeigten Unterscheidung zwischen der zweckgerichteten Verpflichtung zur Zusammenarbeit einerseits und der Freiheit in der Methode zur Zusammenarbeit gebührend Rechnung, so kann festgestellt werden, daß zwar aus dem Gedanken der Zweckgemeinschaft heraus für die Uferstaaten *keine unmittelbare Verpflichtung* zur Koordinierung ihrer nationalen Vorschriften oder zur Ausarbeitung von gemeinsamen Vereinbarungen in allen die Rheinschiffahrt betreffenden Angelegenheiten hergeleitet werden kann. Sie zeigt aber andererseits, daß *eine Verpflichtung der Signatarstaaten zur Zusammenarbeit mit dem Zweck* der Koordinierung ihrer nationalen Vorschriften oder zur Ausarbeitung von gemeinsamen Verordnungen besteht. Aus dieser zweckgerichteten Pflicht zur Zusammenarbeit darf gefolgert werden, daß jeder in der Zentralkommission vertretene Staat:

— bei seiner die Rheinschiffahrt betreffenden Gesetzgebung das gemeinsame Interesse aller Uferstaaten an einer weiteren Vereinheitlichung

[42] Vgl. Teil II, S. 28.

[43] *Rheinmemorandum,* Teil II, S. 29.

[44] Vgl. *Walter,* Statut, S. 16.

der auf dem Rhein geltenden internationalen Rechtsordnung zu berücksichtigen hat;

— den Bedenken Rechnung zu tragen hat, die ein Vertragsstaat in bezug auf die die Rheinschiffahrt betreffende nationale Gesetzgebung eines anderen Mitgliedstaates im Schoße der Zentralkommission vorbringt;

— Vorschläge zur Ausarbeitung von gemeinsamen Verordnungen ernsthaft zu prüfen und zu fördern hat.

b) Das Gebot zur Gleichbehandlung

Das Gebot zur Gleichbehandlung findet in der Mannheimer Akte seine rechtliche Grundlage insbesondere in den Bestimmungen der Artikel 4 und 14[45]. Diese Vorschriften sind nach den Wirtschaftsanschauungen des vorigen Jahrhunderts im Sinne einer Verpflichtung der Uferstaaten zur Gleichbehandlung von Ausländern und Inländern zu verstehen; also als ein Verbot der nationalen Diskrimination[46]. Fraglich ist allerdings, ob entsprechend der Auffassung einer Anzahl von Schweizer Autoren[47], sowie des Wirtschaftsausschusses der Zentralkommission[48] dieses Gleichbehandlungsgebot auch die gesamte moderne Wirtschaftsgesetzgebung der Uferstaaten erfaßt. Anlaß dazu hat die Formulierung „in jeder Hinsicht" in der Vorschrift des Artikels 4 der Mannheimer Akte gegeben, die lautet:

> „Die vertragenden Staaten werden gegenseitig die zur Rheinschiffahrt gehörigen Schiffe und deren Ladungen auf den im ersten Abschnitt des Artikels 3 bezeichneten Wasserstraßen in jeder Hinsicht ebenso behandeln, wie die eigenen Rheinschiffe und deren Ladungen."

In neuerer Zeit ist die EWG-Kommission in ihrem Rheinmemorandum einer solch weiten Auslegung dieser Bestimmung entgegengetreten. Sie begründet ihre Auffassung dahingehend, daß mit der Abfassung dieser Vorschrift die Staaten nicht daran gedacht hätten, auf wirtschaftliche Interventionen im nationalen wie internationalen Verkehr zu verzichten, und dies in der Tat auch niemals der Fall gewesen sei[49]. Ihren Ausführungen liegt im wesentlichen der Gedanke zugrunde, daß die Mannheimer Akte überhaupt nicht ein Gleichbehandlungsgebot beinhalte, das sich auf Wirtschaftsvorschriften — zumindest in ihrer modernen Form — er-

---

[45] Siehe ferner die Artikel 6, 11 und 12.

[46] Vgl. *Hostie*, S. 154.

[47] Vgl. stellv. *Chiesa*, S. 21; *Ferrier*, S. 44; neuerdings auch *Rittstieg*, S. 51.

[48] Stellungnahme des Wirtschaftsausschusses der Zentralkommission, zitiert in: *Rheinmemorandum*, Teil II, S. 23.

[49] *Rheinmemorandum*, Teil II, S. 21/22 und 25/26.

strecke[50]. In Anbetracht dieser konträren Auffassungen erscheint es für eine nähere Bestimmung von Inhalt und Tragweite des Gleichbehandlungsgebotes nach der Rheinschiffahrtsakte notwendig und zweckdienlich, die Vorschrift des Artikels 4 der Mannheimer Akte in Relation zu den Gleichbehandlungsbestimmungen eines anderen Flußregimes aus der gleichen Zeit — der Kongo-Akte — zu setzen, sowie auf die Entstehungsgeschichte des Artikels 4 der Mannheimer Akte zurückzugreifen.

Die Bestimmungen über die Gleichbehandlung der auf dem Kongo und Niger verkehrenden Schiffe nach der General Act of Berlin aus dem Jahre 1885[51] sind im wesentlichen von den Interessen der „Offenen-Tür-Politik"[52] der damaligen Kolonialstaaten geprägt. Ziel dieser Politik war es, den Unterzeichnerstaaten der Kongo-Akte gleiche Chancen bei dem Wettbewerb in der wirtschaftlichen Erschließung des Kongo- und Nigerbeckens zu sichern[53]. Der Grundsatz der „völligen wirtschaftlichen Gleichheit" hat dementsprechend deutlich auch in einer Anzahl von Vorschriften dieser Konvention seinen Niederschlag gefunden. So besagen unter anderem[54] die Artikel 5 Abs. I und 13 Abs. II dieses Vertrages:

„Toute Puissance qui exerce ou exercera des droits de souveraineté dans les territoires susvisés ne pourra y concéder ni monopole ni privilège d'aucune espèce en matière commerciale."

„Dans l'exercise de cette navigation les sujets et les pavillons de toutes les nations seront traités, sous tous les rapports, sur le pied d'une parfaite égalité tant pour la navigation directe de pleine mer vers les ports intérieurs du Congo; et vice versa, que pour le grand et le petit cabotage ainsi que pour la batellerie sur le parcours de ce fleuve".

Ein Textvergleich dieser Bestimmungen mit der des Artikels 4 der Mannheimer Akte macht schon ersichtlich, daß in der Rheinschiffahrtskonvention eine entsprechende ausdrückliche Formulierung des Gleichbehandlungsgebotes, das den gesamten Wirtschaftssektor umfaßt, fehlt. Gegen die Annahme eines solchen Gebotes in der Mannheimer Akte spricht ferner, daß im Unterschied zu den weitgehend gleichgelagerten Interessen der Kolonialstaaten im Kongo-Regime die Rheinuferstaaten

---

[50] Vgl. wie unter Anm. 49. Das Memorandum weist in dieser Problematik allerdings gewisse Widersprüche auf, wenn es in seinem Teil I auf S. 16 heißt: „Eine formale Differenzierung zwischen dem ökonomischen Regime für die Rheinschiffahrt im Gemeinsamen Markt würde sich auf die Dauer weder mit wirtschaftlichen noch mit sozialen und auch nicht mit politischen Argumenten rechtfertigen lassen; ganz abgesehen davon, daß sie sich nicht mit Artikel 4 der Mannheimer Akte verbinden ließe."

[51] Text: Martens, N.R.G. Serie 2, Bd. X, S. 414 ff.

[52] *Jaenicke,* Gleichbehandlung, S. 690.

[53] Vgl. wie unter Anm. 52.

[54] Vgl. ferner die Artikel 3 Abs. 1 und 26.

stark auf die Wahrung ihrer Souveränitätsrechte und die Verfolgung ihrer jeweiligen spezifischen wirtschaftlichen Interessen bedacht waren. Die völlig unterschiedlichen politischen Konstellationen, unter denen diese beiden Vertragswerke entstanden sind, sprechen demzufolge dagegen, das Gleichbehandlungsgebot nach der Mannheimer Akte an dem der Kongo-Akte zu orientieren.

Im allgemeinen Völkerrecht läßt sich ferner auch keine gewohnheitsrechtlich anerkannte Norm nachweisen, auf Grund deren die Uferstaaten eines internationalen Stromes generell verpflichtet wären, die Angehörigen zumindest der anderen Uferstaaten im Sinne einer völligen wirtschaftlichen Gleichheit zu behandeln[55]. Auch für den Rhein speziell kann die Herausbildung eines solchen Gewohnheitsrechtes nicht behauptet werden. Dagegen sprechen eine Fülle von nationalen wirtschaftlichen Interventionen im Rheinschiffsverkehr im Laufe der letzten hundert Jahre, worauf das *Rheinmemorandum* treffend hingewiesen hat[56] Zur näheren Bestimmung von Inhalt und Tragweite des Gleichbehandlungsgebotes nach der Mannheimer Akte wird man eher auf seine Entstehungsgeschichte selbst zurückzugreifen haben.

Die preußische Denkschrift zur revidierten Rheinschiffahrtsakte vom 17. Oktober 1868 enthält dazu aufschlußreiche Anhaltspunkte, indem sie in ihren Erläuterungen zu Artikel 4 der Mannheimer Akte auf eine Anzahl von bilateralen Handels- und Schiffahrtsverträgen zwischen den Rheinuferstaaten aus den Jahren 1851 bis 1865 Bezug nimmt[57]. Es fällt jedoch auf, daß sie nicht pauschal auf diese Vereinbarungen verweist, sondern nur ganz bestimmte Vorschriften aus diesen Verträgen anführt. *Scheuner* hat daraus gefolgert, daß mit dieser Selektion bewußt eine totale Inkorporation des gesamten Inhaltes dieser Verträge vermieden werden sollte[58]. Er ist damit der Ansicht entgegengetreten, daß die Vorschriften der Mannheimer Akte im Lichte des gesamten Inhaltes dieser Verträge zu interpretieren seien, wie dies *Müller* scheinbar zu vertreten sucht[59]. Dieser Auffassung ist grundsätzlich zuzustimmen. Andererseits wecken jedoch die Aussagen zum Umfang des Gleichbehandlungsgebotes

---

[55] Vgl. in diesem Sinne auch *Kewenig*, der im einzelnen dargelegt hat, daß im Völkerrecht für den Bereich der internationalen Handels- und Wirtschaftsbeziehungen ein Anspruch auf nichtdiskriminierende Behandlung nur bestehe, wenn eine entsprechend eindeutige vertragliche Grundlage vorhanden sei, S. 49.

[56] Teil II, S. 26.

[57] Siehe Rheinurk. II, S. 108.

[58] Rechtsfragen, S. 151 und153.

[59] Vgl. Freiheit, S. 61. Zu einer solchen Interpretation gibt die Erwähnung in der preußischen Denkschrift Anlaß, wonach Artikel 4 den „allgemeinen Grundsatz vollkommen paritätischer Behandlung der zur Rheinschiffahrt gehörigen Schiffe und ihrer Ladungen in sämtlichen Uferstaaten proklamiert“. Rheinurk. II, S. 108.

in der Rheinschiffahrtsakte, zu denen *Scheuner* mit einer sehr engen Auslegung des Artikels 4 gelangt, Bedenken[60].

Die Erläuterungen in der preußischen Denkschrift zu Artikel 4 der Mannheimer Akte nehmen mit Ausnahme des Vertrages zwischen dem Zollverein und den Niederlanden vom 31. Dezember 1851[61] in auffälliger Weise auf Vorschriften in den bilateralen Verträgen Bezug, die als auf die „Handels-Schiffahrt beschränkte Meistbegünstigungsklauseln" klassifiziert werden können[62]. Sie sind ebensowenig wie die Vorschrift des Artikels 4 der Mannheimer Akte selbst geeignet, eine nähere Bestimmung des Inhaltes des Gleichbehandlungsgebotes in der Rheinschiffahrtskonvention zu geben. So werden die in Artikel 9 des Vertrages zwischen dem Zollverein und Frankreich genannten „faveur quelquonque de droits de navigation (et) de douane" nur in Verbindung mit den vorangehenden Bestimmungen desselben Vertrages verständlich. Die Vorschrift des Artikels 27 des Abkommens zwischen Frankreich und den Niederlanden befindet sich völlig isoliert in einem rein als Handelsvertrag zu klassifizierenden Übereinkommen. Der Handels- und Schiffahrtsvertrag zwischen diesen beiden Staaten vom 27. Juli 1840[63] befaßte sich dagegen in den Artikeln 1 bis 10 noch eingehend mit Fragen der Handelsschiffahrt. Man wird daher die Meistbegünstigungsklausel des Artikels 27 in Bezug zu diesen Vorschriften zu setzen haben.

Bei der Beantwortung der Frage, ob und inwieweit auf dem Wege über diese Meistbegünstigungsklauseln Vereinbarungen kommerzieller Natur aus den genannten Verträgen über Artikel 4 der Mannheimer Akte in das Gleichbehandlungsgebot der Mannheimer Akte miteinbezogen werden sollten, wird man auch die Erläuterungen des preußischen Delegierten, dessen Land die Mannheimer Akte federführend ausgearbeitet

---

[60] Vgl. Rechtsfragen, S. 155 und 157.

[61] Text: Rheinurk. I, S. 521 ff.

[62] Vgl. Artikel 9 des Vertrages Zollv.-Frankr. vom 2. August 1862 in Rheinurk. II, S. 19/20 und Martens N.R.G. Bd. 19, S. 286 ff., der besagt: „Les bateaux respectifs ainsi que leurs chargements jouiront sur le Rhin et la Moselle de toute exemption, reduction et faveur quelquonque de droits de navigation, de douane qui sont ou seront accordés soit aux bateaux et chargements nationaux, soit à ceux de tout autre Etat coriverain"; Artikel 27 des Vertrages Frankreich-Niederlande vom 7. Juli 1865 in Rheinurk. II, S. 70 und De Clerque Bd. 9, S. 337 ff., der lautet: "Les sujets respectifs des deux H.P.C. jouiront dans les deux pays, pour tout ce qui concerne la navigation, du traitement de la nation la plus favorisée"; Artikel 15 des Zollvereinsvertrages vom 10. Mai 1865 in Rheinurk. II, S. 70 und Preußische Gesetzessammlung 1865, S. 659, der bestimmt: „Auf allen diesen Flüssen wird jeder Vereinsstaat die Unterthanen der anderen kontrahierenden Staaten, deren Waaren und Schiffsgefäsze in jeder Beziehung, insbesondere auch hinsichtlich der Binnenschiffahrt, gleich seinen eigenen behandeln."

[63] Text: Rheinurk. I, S. 398 ff. und Martens, N.R.G. Serie 1, Bd. 1 (1840), S. 216 ff.

hat, zu dieser Vorschrift berücksichtigen müssen. Er bemerkte zu Artikel 3 des ersten preußischen Entwurfes — später Artikel 4 der Mannheimer Akte —: „Der Umstand, daß diese Verträge nur auf bestimmte Zeit abgeschlossen sind, während die Akte auf ewige Zeit Geltung erlangen soll, wird keine der beteiligten Regierungen (davon) abhalten, dem mit den Anschauungen einer geläuterten Handelspolitik in Übereinstimmung stehenden Artikel 3 die Zustimmung zu erteilen[64]." Diese Äußerung steht auch im Einklang mit Ausführungen des Berichterstatters im preußischen Herrenhaus[65]. Gegen den Einbezug einer Anzahl von handelsmäßigen Zugeständnissen aus den bilateralen Verträgen in das Gleichbehandlungsgebot der revidierten Rheinschiffahrtsakte sprechen auch nicht Darlegungen des niederländischen Delegierten anläßlich der Revisionsverhandlungen zur Mainzer Akte, wonach „es nicht angemessen erscheine, durch neue Stipulationen, deren Anwendung außerdem mit erheblichen Schwierigkeiten verbunden sein möchte, über die bisherigen Bestimmungen, die sich in der Praxis völlig bewährt haben, hinauszugehen"[66]. Die Inkorporation von bestimmten gegenseitigen Zugeständnissen aus den genannten Verträgen in die revidierte Rheinschiffahrtsakte brachte gerade keine neuen Stipulationen mit sich, sondern stellte nur eine Bestätigung und Kodifikation der bestehenden internationalen Rechtslage auf dem Rhein dar.

Bei der Suche nach geeigneten Kriterien für eine nähere Ausfüllung der angeführten Meistbegünstigungsklauseln ist der Bezugnahme in der preußischen Denkschrift auf die Artikel 1 bis 10 des Vertrages zwischen dem Zollverein und den Niederlanden besondere Beachtung zu widmen. Diese Vorschriften stimmen nämlich weitgehend mit den die Handelsschiffahrt auf Flüssen betreffenden Bestimmungen in den Artikeln 1 bis 8 des Vertrages zwischen dem Zollverein und Frankreich sowie mit den Artikeln 1 bis 10 des Handels- und Schiffahrtsabkommens zwischen Frankreich und den Niederlanden aus dem Jahre 1840 überein. Es erscheint daher geboten, in die Meistbegünstigungsklauseln alle diejenigen Vorschriften aus den entsprechenden Verträgen einzubeziehen, die den genannten Bestimmungen des Vertrages zwischen dem Zollverein und den Niederlanden entsprechen. Danach kann der Inhalt des Gleichbehandlungsgebotes gemäß Artikel 4 der Mannheimer Akte wie folgt bestimmt werden:

— inländergleiche Behandlung der Rheinschiffe in Bezug auf Tonnen-, Lotsen-, Hafen- und andere Abgaben oder Gebühren gleich welcher Art oder Benennung[67];

---

[64] Rev. Pro. Mz. A., S. 20.

[65] Vgl. Stenographische Berichte über die Verhandlungen des Herrenhauses 1868/1869, Bd. I, S. 83.

[66] Rev. Pro. Mz. A., S. 53.

[67] Vgl. Zollv.-Niederl. (1851) Art. 1; Zollv.- Fr. (1862) Art. 1.

— inländergleiche Behandlung in Bezug auf die Unterbringung der Schiffe in den Häfen, die Be- und Entladung, Formalitäten, Lagergebühren etc.[68];

— alle Erzeugnisse und Handelsgegenstände, die nach den Gesetzen des betreffenden Staates von den nationalen Schiffen ein- und ausgeführt werden dürfen, müssen auch von den Schiffen der Rheinschiffahrt in den betreffenden Staat ein- und ausgeführt werden dürfen[69];

— Prämien, Rückzölle oder andere Vorteile dieser Art, die ein Uferstaat in bezug auf die Schiffe mit ihren Waren bei der Ein- oder Ausfuhr von dem Hafen eines Uferstaates in den eines anderen gewährt, müssen gleichmäßig auch den Schiffen der Rheinschiffahrt gewährt werden[70].

Aus dieser Darstellung wird ersichtlich, daß das Gleichbehandlungsgebot nach der Mannheimer Akte in einem engen Rahmen auch die wirtschaftliche Gesetzgebung der Uferstaaten erfaßt. Sie zeigt zugleich, daß den Verfassern der Akte von 1868 durchaus schon die von den *Staaten* hervorgerufenen Störungen des Schiffahrtshandels durch eine protektionistische Handelspolitik bekannt waren, Maßnahmen also, mit denen sie einseitig die nationale Schiffahrt zu begünstigen suchten. Einfuhrsperren für ausländische Schiffe, Zollvorschriften, Subventionen oder sonstige Maßnahmen der gleichen Art, die eine Konkurrenz der Schiffe anderer Staaten abzublocken suchen, stehen daher mit einer „geläuterten ‚liberalen Handelspolitik“ des vorigen Jahrhunderts nicht im Einklang[71]. Die Mannheimer Akte enthält allerdings noch kein den gesamten modernen Wirtschaftssektor einbeschließendes Gleichbehandlungsgebot. Sie kennt noch keine Gleichheit des Wettbewerbs in seiner modernen Ausprägung; also die Bekämpfung von Wettbewerbsverzerrungen und Diskriminierungen, die vom Einzelnen oder privaten Unternehmen selbst ausgehen[72]. Die Vorschrift des Artikels 14 der Mannheimer Akte kann auch nicht in dem

---

[68] Vgl. Zollv.-Niederl. (1851) Art. 2 Abs. 3, Art. 3 und 5; Zollv.-Fr. (1862) Art. 2 und 4 Abs. 2.

[69] Vgl. Zollv.-Niederl. (1851) Art. 2 Abs. 1; Zollv.-Fr. (1862) Art. 4 Abs. 1.

[70] Vgl. Zollv.-Niederl. (1851) Art. 4 Abs. 1; Zollv.-Fr. (1862) Art. 6 Abs. 1 und 8 Abs. 1.

[71] Der Auffassung *Scheuners* ist allerdings zuzustimmen, daß die Mannheimer Akte kein Cabotageverbot enthält. Insofern hat er treffend darauf hingewiesen, daß die Preußische Denkschrift bewußt eine Bezugnahme auf die Cabotagevorschriften vermieden zu haben scheint (vgl. seine Ausführungen in: Cabotage, S. 51 - 54; siehe im gleichen Sinne: *Lupi*, S. 353). Diese Bestimmungen können also entgegen der Auffassung des Holländers *van der Hoeven*, S. 74 - 77, nicht als über Artikel 4 in die Mannheimer Akte inkorporiert angesehen werden. Eine völlige Ausschaltung der ausländischen Schiffe — d. h. also des internationalen Rheinschiffsverkehrs — vom nationalen Markt ist dagegen mit dem Gleichbehandlungsgebot nach der Mannheimer Akte nicht vereinbar.

[72] Vgl. *Scheuner*, Rhein, S. 121.

Sinne interpretiert werden, daß durch diese Bestimmung schon gleiche Wettbewerbsbedingungen zwischen verschiedenen Verkehrsträgern garantiert werden sollten. Das Gleichbehandlungsgebot der Revidierten Rheinschiffahrtsakte erfaßt also nicht die Sektoren des modernen Wirtschaftsrechtes, auf denen eine weitere Vereinheitlichung der internationalen Rechtsordnung auf dem Rhein besonders vordringlich ist. Es vermag daher keinen effektiven Beitrag zu einer weiteren Vereinheitlichung der wirtschaftlichen Rechtsordnung auf dem Rhein zu leisten.

IV. Die Bedeutung der Vorschrift des Artikels 13 der Mannheimer Akte

Wenig Aufmerksamkeit hat bisher in der Literatur die Vorschrift des Artikels 13 der Mannheimer Akte gefunden[1]. Dies ist deshalb erstaunlich, weil die Rheinschiffahrtsakte mit dieser Bestimmung einer Entwicklung — wie dem partiellen Zusammenschluß einiger Rheinuferstaaten in einer Zoll- und Wirtschaftsunion — schon Rechnung getragen hat. Die Vorschrift lautet:

„Wo sich mehrere Uferstaaten zu einem gemeinsamen Zoll- oder Steuersystem vereinigt haben, ist bezüglich der Anwendung der Artikel 6 bis 12 die Grenze des Vereinsgebietes als Landesgrenze anzusehen."

Die Aufnahme dieser Bestimmung in die Mannheimer Konvention ist im Zusammenhang mit der Vereinigung der Staaten Baden, Bayern, Hessen und Preußen im deutschen Zollverein zu sehen. Auf Grund der Verträge aus den Jahren 1833 - 1865 sowie insbesondere durch den Vertrag vom 8. Juli 1867[2] wurde für das Territorium der deutschen Zollvereinsstaaten eine einheitliche Zollgesetzgebung eingeführt[3]. Hierdurch entstand für das Gebiet dieser Staaten ein neuer Binnenmarkt, der seinen sichtbaren Ausdruck in der Beseitigung der Grenzzölle innerhalb des Vereinsgebietes sowie in der Schaffung einheitlicher Außenzölle fand.

Diese Entwicklung hat bei den Revisionsverhandlungen zur Mainzer Akte in den Jahren 1867 und 1868 Anlaß zu längeren Erörterungen über das Verhältnis der Zollverfassung zur Rheinschiffahrt gegeben[4]. Obgleich diese Erörterungen in den Revisionsprotokollen leider nicht schriftlich festgehalten worden sind, erscheint es dennoch möglich, zu ergründen,

---

[1] Siehe neuerdings jedoch die Ausführungen von *Rittstieg* zu dieser Bestimmung, S. 63 - 65.

[2] Zur Bedeutung dieses Abkommens im Verhältnis zu den früheren Zollvereinsverträgen siehe im einzelnen *Henderson*, S. 315 - 319.

[3] Vgl. die Artikel 2 - 5 des Vertrages von 1867 bei Martens, N.R.G. Serie 1, Bd. 19 (1850 - 1873), S. 123 ff.

[4] Vgl. Rev. Pro. Mz. A., S. 39.

was im einzelnen die Signatarstaaten der Mannheimer Akte bewogen hat, die Vorschrift des Artikels 13 in die Rheinschiffahrtsakte einzufügen.

Der englische Autor *Henderson* hat in seiner instruktiven Schrift über den deutschen Zollverein ausführlich dargestellt, mit welcher Abneigung die anderen europäischen Staaten die Entstehung des deutschen Zollvereins anfangs verfolgt haben[5]. Insbesondere die Niederlande und England bedauerten den Verlust des wirtschaftlichen Vorteils, der ihnen bis dahin aus der Aufteilung Deutschlands in eine Vielzahl von Kleinstaaten erwachsen war. Sie sahen zugleich mit Unbehagen dem stetig zunehmenden Wettbewerb mit den expandierenden Industrieunternehmen vornehmlich im Rhein-Ruhrgebiet entgegen[6]. Als jedoch erkennbar wurde, daß die wirtschaftliche Vereinigung der deutschen Staaten nicht mehr aufzuhalten sein würde, haben sie sich dieser Entwicklung nicht mehr weiter widersetzt, sondern ihr vielmehr alsbald durch den Abschluß einer Reihe von Handels- und Schiffahrtsverträgen[7] mit dem deutschen Zollverein Rechnung getragen.

Auf dem Hintergrund der aufgezeigten Entwicklung wird die Bedeutung der Vorschrift des Artikels 13 der Mannheimer Akte einmal dahingehend zu kennzeichnen sein, daß die nicht dem deutschen Zollverein angehörenden Staaten in der ZKR mit dieser Bestimmung die Existenz des neu entstandenen deutschen Binnenmarktes in rechtlich verbindlicher Form anerkannten. Sie haben mit ihrer Zustimmung zur Aufnahme dieser Vorschrift in die Mannheimer Akte zugleich zum Ausdruck gebracht, daß durch die Zollvereinsverfassung Zweck und Ziel — mithin die Funktionsfähigkeit der Mannheimer Rheinschiffahrtsakte nicht in Frage gestellt worden ist. Aus der Bestimmung des Artikels 13 der Mannheimer Akte ist aber auch zu entnehmen, daß die Beseitigung der innerdeutschen Zollgrenzen nicht allein zum Vorteil der dem Zollverein angehörenden deutschen Rheinuferstaaten gereichen sollte. So besagt z. B. die Vorschrift des Artikels 6 i. V. m. Artikel 13 der Mannheimer Akte, daß auf die auf dem Rhein ein- oder ausgehenden Waren keine höheren Eingangs- oder Ausgangsabgaben erhoben werden dürfen als beim Eingange oder Ausgange über die Grenzen des Vereinsgebietes. Artikel 9 i. V. m. Artikel 13 der Mannheimer Akte bestimmt ferner, daß Zollformalitäten für das Gebiet des Zollvereins nur einmal durchzuführen sind.

Die letztgenannte Regelung verdient deshalb besondere Aufmerksamkeit, weil fast genau 100 Jahre nach dem Inkrafttreten der Mannheimer Rheinschiffahrtsakte die Europäischen Gemeinschaften mit der Verord-

---

[5] *Henderson*, S. 127 ff.

[6] Siehe *Henderson*, S. 128.

[7] Siehe zu Einzelheiten die Ausführungen auf den Seiten 54 und 55.

nung über das gemeinschaftliche Versandverfahren vom 18. März 1969[8] eine dem Artikel 9 der Mannheimer Akte weitgehend entsprechende Regelung für die das Gemeinschaftsgebiet durchlaufenden Waren eingeführt haben[9]. Diese Verordnung bezweckt ebenso wie die Vorschrift des Artikels 9 i. V. m. Artikel 13 der Mannheimer Akte, aufeinanderfolgende einzelstaatliche Zollverfahren bei der Beförderung von Waren zu vermeiden, sowie die Förmlichkeiten bei der Überschreitung der Binnengrenzen zu vereinfachen[10].

Aus dem Vergleich dieser beiden Regelungen wird schon ersichtlich, daß die Europäische Wirtschaftsgemeinschaft in ihrer wirtschaftlichen Zielsetzung eine Anzahl von Gemeinsamkeiten mit dem deutschen Zollverein aufweist[11]. So hat sie ebenso — wie der Zollverein für das Gebiet seiner Vertragsstaaten — durch die Einführung eines gemeinsamen Zollsystems einen neuen Binnenmarkt in Westeuropa geschaffen. Die Wesensverwandtschaft dieser beiden Wirtschaftsunionen läßt es daher grundsätzlich gerechtfertigt erscheinen, im Hinblick auf die Vorschrift des Artikels 13 der Mannheimer Akte in der EWG eine Nachfolgerin des Zollvereins zu erblicken[12]. Dieser Feststellung wird bei der Suche nach Lösungen der im nachfolgenden Kapitel aufzuzeigenden Konflikte und Kollisionen zwischen dem Gemeinschafts- und Rheinschiffahrtsrecht noch besondere Aufmerksamkeit zu schenken sein.

---

[8] Verordnung Nr. 542/69 des Rates der E.G.; veröffentlicht in ABl./E.G. 1969, Nr. L 77, vom 29. März 1969, S. 1 ff.

[9] Es ist das Verdienst von *Rittstieg*, in der Literatur als erster diese Parallelität aufgezeigt zu haben. Siehe seine Ausführungen, S. 64. Zu der unter Anm. 8 genannten Verordnung ist darauf hinzuweisen, daß gemäß Art. 7 Ziff. 1 Abs. 1 das gemeinschaftliche Versandverfahren im Schiffsverkehr auf dem Rhein auf Grund des Rheinmanifestes gemäß Art. 9 der Mannheimer Akte nicht anzuwenden ist, sofern die Warenbeförderung außerhalb der Gemeinschaft begonnen hat oder enden soll. Zu weiteren Vorbehalten zugunsten von Vorschriften der Mannheimer Akte siehe die Artikel 7 Ziff. 2 und Art. 43 Ziff. 1 der genannten Verordnung.

[10] Siehe wie Anm. 8, S. 1 sowie *Rittstieg*, S. 64.

[11] Zu weiteren Gemeinsamkeiten in struktureller Hinsicht siehe *Pescatore*, Rel. Ex., S. 75 - 77.

[12] Siehe *Rittstieg*, S. 63.

2. Kapitel

Die zwischen dem Rheinschiffahrtsrecht und dem Recht der Europäischen Wirtschaftsgemeinschaft bestehenden Probleme

I. Die institutionellen Konflikte

1. Die Zusammenarbeit der in der Zentralkommission vertretenen Staaten und die Integration des EWG-Verkehrsmarktes

Die Vertragsstaaten der revidierten Rheinschiffahrtsakte sind gemäß den Artikeln 43 und 45 Ziff. b der Mannheimer Akte innerhalb der Zentralkommission zu einer Zusammenarbeit mit dem Ziel einer weiteren Vereinheitlichung der auf dem Rhein geltenden internationalen Rechtsordnung verpflichtet. Dies setzt ihre Fähigkeit voraus, im Wege des gegenseitigen Nachgebens stets aufs neue einen Ausgleich zwischen den divergierenden nationalen Interessen zu suchen. Dieser Gedanke des *Zusammenwirkens durch Ausgleichen,* auf dem im wesentlichen die Zentralkommission basiert, geht grundsätzlich davon aus, daß jeder Uferstaat in seiner die Rheinschiffahrt betreffenden Gesetzgebung autonom ist. Nur dort, wo die Unterzeichnerstaaten der Mannheimer Akte in der Lage sind, auch *materielle Konzessionen* im Hinblick auf die gemeinschaftlichen Schiffahrtsinteressen zu machen, ist eine *wirkungsvolle Zusammenarbeit* der Uferstaaten denkbar. Diese Fähigkeit kann bei den vier in der Zentralkommission vertretenen EWG-Mitgliedstaaten dadurch stark eingeschränkt worden sein, daß sie der Europäischen Wirtschaftsgemeinschaft auf dem Gebiet des Verkehrs die Befugnis zu einer eigenen überstaatlichen Rechtsetzung eingeräumt haben.

Als Bindeglied zwischen verschiedenen Wirtschaftszweigen stellt der Verkehr ein bedeutsames Instrument zur Integration der Wirtschaft im gemeinsamen Markt dar. Die Volkswirtschaften der Mitgliedstaaten können nämlich nur dann wirksam zusammengeschlossen werden, wenn ein reibungslos funktionierendes Verkehrswesen die Güter zwischen den Mitgliedstaaten befördert und damit eine Verflechtung der Produktions- und Absatzwege mit sich bringt[1]. Der EWG-Vertrag hat aus dieser Erkenntnis die Konsequenz gezogen und für das Gebiet des Verkehrs mit

[1] *Everling,* in: Wohlfarth, Kommentar, Vorbem. 1 zu Art. 74.

der Formulierung „Einführung einer gemeinsamen Verkehrspolitik" in Artikel 3 e EWGV die engste und umfassendste Form der Zusammenarbeit vorgesehen, die das Übereinkommen kennt[2]. Eine ähnlich enge Zusammenarbeit besteht ansonsten nur auf dem Agrarsektor sowie für den Bereich der Handelspolitik[3]. Diesem Bestreben nach möglichst weitgehender Integration entspricht eine umfassende Zuständigkeitsverschiebung auf dem Gebiet der Verkehrspolitik von den Mitgliedstaaten auf die Gemeinschaft gemäß den Artikeln 74 ff EWGV.

Der Rat der EWG hat mittlerweile von dem ihm in den Artikeln 75 ff. EWGV eingeräumten Rechtsetzungskompetenzen Gebrauch gemacht und auch für den Bereich des Binnenschiffsverkehrs eine Anzahl von Vorschriften erlassen[4], die in den Mitgliedstaaten gemäß Artikel 189 Abs. 2 EWGV in allen ihren Teilen unmittelbar verbindliche Geltungskraft erlangt haben. Den Gemeinschaftsgliedern ist damit nach dem Gemeinschaftsrecht für diese Gebiete grundsätzlich jegliche Befugnis zu einer eigenen gesetzlichen Disposition entzogen[5].

Die Mitgliedstaaten sind ferner in der Ausübung ihrer Hoheitsbefugnisse durch sogenannte „Stillhalte-Vorschriften"[6] im EWG-Vertrag, die unmittelbare Anwendung finden[7], beschränkt. Für den Bereich des Verkehrs enthält Artikel 76 EWGV eine solche Bestimmung. Sie besagt, daß die Gemeinschaftsglieder selbst dort, wo sie Rechtsnormen erlassen haben, diese grundsätzlich insoweit nicht abändern dürfen, als dadurch die Verkehrsunternehmer anderer Mitgliedstaaten im Vergleich zu inländischen Transporteuren ungünstiger gestellt werden würden[8].

Aber auch auf den Gebieten, wo die EWG-Staaten mangels entgegenstehender Gemeinschaftsnormen in ihrer nationalen Gesetzgebung grundsätzlich noch frei sind, hat eine Entscheidung des Rates vom 3. April 1962[9] eine wirksame „Hemmung" in der Ausübung der nationalen Hoheitsbefugnisse bewirkt. Diese Entscheidung bezweckt eine gewisse Sicherung der Zusammenarbeit der Mitgliedstaaten auf dem Gebiet des Verkehrs. Zur Erreichung dieses Ziels verpflichtet sie die Staaten, Rechts- oder

---

[2] Vgl. *Rüegg*, S. 26.

[3] Vgl. wie unter Anm. 2.

[4] Eine Zusammenstellung der Texte der bisher erlassenen Gemeinschaftsnormen ist zu finden bei *Wijfels*, S. 361 ff.

[5] Zur Problematik des Vorranges des Gemeinschaftsrechtes gegenüber dem nationalen Recht siehe im einzelnen die Ausführungen in Anm. 54 unter Teil 2, Kapitel 2, I.

[6] Siehe eine Aufzählung der einzelnen Vertragsvorschriften bei *Wohlfarth*, Kommentar, Art. 76, S. 226.

[7] Vgl. *Bülow*, Stillhalteverpflichtungen, S. 164.

[8] Siehe zur Bedeutung dieser Vorschrift im einzelnen *Wägenbaur*, Rechtsfragen, S. 169 ff.

[9] ABl./E.G., 720/1962.

Verwaltungsvorschriften, welche geeignet sind, die Verwirklichung der gemeinsamen Verkehrspolitik wesentlich zu berühren, der Kommission mitzuteilen. Diese prüft die Mitteilungen und gibt eine Empfehlung oder Stellungnahme gegenüber allen Mitgliedstaaten ab und veröffentlicht diese im Amtsblatt. Falls es ein Staat beantragt, oder die Kommission es für zweckdienlich hält, findet eine Beratung von allen Mitgliedstaaten über die betreffende nationale Regelung statt. Erst danach setzt das in Frage kommende Mitglied die Vorschriften in Kraft. Diese Verfahrensvorschrift kann zwar den einzelnen Staat nicht hindern, gegen den Willen der anderen EWG-Mitglieder und der Kommission eine bestimmte nationale Regelung zu erlassen. Sie stellt jedoch ein wirkungsvolles politisches Druckmittel dar, um einen Mitgliedstaat davon abzuhalten, durch einseitige Maßnahmen die von der Kommission in Grundzügen entwickelte gemeinsame Verkehrspolitik wieder in Frage zu stellen[10].

Fraglich ist, ob auch ein Vorschlag der Kommission an den Rat nach Anhörung des Wirtschafts- und Sozialausschusses sowie der Versammlung die Mitgliedstaaten in der Ausübung ihrer Gesetzgebungsbefugnisse einzuengen vermag[11]. Haben also die Mitgliedstaaten bei dem Erlaß einer nationalen Regelung darauf Rücksicht zu nehmen, daß auf dem betreffenden Gebiet bereits ein fortgeschrittener gemeinsamer Entwicklungsprozeß stattgefunden hat?

Das Bundesverfassungsgericht hat für eine ähnlich gelagerte Problematik im nationalen Bereich entschieden, daß auch der Landesgesetzgeber bei dem Ausschöpfen seiner Gesetzgebungskompetenzen auf die Interessen des Bundes und der anderen Länder dann Rücksicht zu nehmen hat, wenn die Auswirkungen einer gesetzlichen Regelung nicht auf den Raum des betreffenden Landes begrenzt bleiben[12]. Es begründet diese Rechtsschranke in der Ausübung von Gesetzgebungsbefugnissen mit dem Hinweis auf den ungeschriebenen Verfassungsgrundsatz des bundesfreundlichen Verhaltens[13].

Ditges und *Ehle* haben diese Rechtsprechung auch für die Gemeinschaftsebene fruchtbar zu machen versucht[14]. Sie sprechen den Mitglied-

---

[10] Der wichtigste Fall dieses Verfahrens war bisher der sogenannte „Leber-Plan", der in vier Gesetzesentwürfen ein verkehrspolitisches Programm der Bundesregierung für die Jahre 1968 - 1972 vorsah; BT, Drs. V/2494; vgl. *Stabenow* bei Groeben-Boeckh, Anm. 9 zu Art. 75; *Krzizankowski*, S. 361.

[11] Dieser Frage kommt für den Verkehrssektor deshalb besondere Bedeutung zu, weil die gemeinschaftliche Verkehrspolitik bisher mehr in einer Fülle von Vorschlägen der Kommission denn in erlassenen Rechtsnormen besteht. Vgl. FAZ vom 12. Oktober 1971 S. 13: „Die EWG-Verkehrspolitik kommt kaum voran."

[12] BVerfGE Bd. 4, S. 140.

[13] Vgl. wie unter Anm. 12.

[14] Vgl. EWG-Kartellrecht, S. 169 ff.

staaten die Befugnis ab, durch nationale Regelungen Recht zu setzen, das die Realisierung eines gemeinschaftlichen Entwicklungsprozesses nachhaltig gefährdet, sei es, daß es ihm direkt widerspricht oder ihn in hinderlicher Weise präjudiziert[15]. Diese Konstellation wird dann als vorliegend erachtet, wenn auf einem bestimmten Sachgebiet bereits konkrete Vorbereitungen zum Erlaß einer Gemeinschaftsregelung getroffen worden sind[16], also wenn z. B. durch einen Vorschlag der Kommission die in Artikel 5 Abs. 1 EWGV allgemein bestimmte Koordinierungspflicht eine Konkretisierung erfahren hat. Rechtlich begründen diese Autoren ihre Auffassung mit dem aus Artikel 5 EWGV für die Mitgliedstaaten sich ergebenden Gebot zur Gemeinschaftstreue und -freundlichkeit[17]. Ihren Darlegungen darf entnommen werden, daß im Einzelfall ein Vorschlag der Kommission nach Anhörung des Wirtschafts- und Sozialausschusses sowie der Versammlung eine *Option* der Gemeinschaft für ihre Gesetzgebungskompetenz darstellen kann, die eine Beschränkung der Gesetzgebungszuständigkeit eines Mitgliedstaates zu bewirken vermag. Einseitige nationale Maßnahmen, die *evident* mit dem Kerngehalt eines Kommissionsvorschlages kollidieren, müßten danach als mit der Verpflichtung gemäß Artikel 5 Abs. 2 EWGV unzulässig angesehen werden. Raum dürfte in diesem Fall für nationale Regelungen nur noch insoweit bestehen, als ein Mitgliedstaat zur Meisterung einer momentanen Notlage Vorschriften mit vorübergehendem Charakter erläßt.

Es erscheint zweifelhaft, ob der Generalklausel des Artikels 5 Abs. 2 EWGV eine solch tiefgreifende Tragweite zuzumessen ist, und ihr solch konkrete Beschränkungen der Mitgliedstaaten in ihren Gesetzgebungsbefugnissen entnommen werden können. Eine Auslegung dieser Vorschrift im oben dargelegten Sinne birgt die Gefahr einer weitgehenden Lähmung für den Gesetzgebungsprozeß der Mitgliedstaaten in sich, ohne zugleich die Gewähr dafür zu bieten, daß notwendigen wirtschaftspolitischen Entwicklungen dadurch Rechnung getragen wird, daß der Rat die Kommissionsvorschläge überhaupt und rechtzeitig in Gemeinschaftsrecht umsetzt. Sie würde ferner für die Kommission eine politische Machtstellung gegenüber den Mitgliedstaaten und dem Rat mit sich bringen, wie sie im Vertrag nicht vorgesehen ist. Außer diesen mehr politischen Erwägungen spricht gegen eine solche Auslegung des Artikels 5 Abs. 2 EWGV, daß nach der Systematik des EWG-Vertrages diese Bestimmung nur eine generelle Norm im Verhältnis zu einer Anzahl von speziellen Vorschriften darstellt, die ebenfalls eine Sicherung des gemeinschaft-

---

[15] Vgl. wie unter Anm. 14, S. 169 und 171.

[16] Vgl. *Ehle*, Kommentar, Anm. 12 zu Art. 5.

[17] Vgl. wie unter Anm. 14, S. 170.

lichen Integrationsprozesses bezwecken, wie z. B. die Bestimmungen in den Artikeln 93 Abs. 3 und 102 EWGV[18].

Nach dieser Auffassung werden daher die vier in der Zentralkommission vertretenen Mitgliedstaaten durch Vorschläge der Kommission an den Rat in ihrer Gesetzgebungsbefugnis grundsätzlich nicht so eingeschränkt, daß sie ihrer Pflicht zu einer wirkungsvollen Zusammenarbeit mit den Drittstaaten Schweiz und Großbritannien nicht mehr nachkommen könnten.

Trotz dieser Feststellung erscheint es jedoch nicht ausgeschlossen, daß aus einem anderen Grunde Vorschläge der Kommission an den Rat Auswirkungen auf die Zusammenarbeit der Partnerstaaten der Mannheimer Akte zu zeitigen vermögen. So erhebt sich die Frage, ob die Mitgliedstaaten im Hinblick auf konkrete Vorbereitungen zum Erlaß einer Gemeinschaftsregelung im Bereich des Binnenschiffsverkehrs noch in anderen multilateralen Organisationen — wie der Zentralkommission — Vereinbarungen über dieselbe Materie treffen können. Es handelt sich also um die Problematik der Konkurrenz in der Bildung von multilateralem bzw. supranationalem Recht zwischen zwei internationalen Organisationen[19].

Die EWG-Mitgliedstaaten haben mit dem Vertrag von Rom der Gemeinschaft die Zuständigkeit übertragen, alle zweckdienlichen Bestimmungen für die Einführung und Verwirklichung einer gemeinsamen Verkehrspolitik zu erlassen. Sie sind ferner in Artikel 116 EWGV die Verpflichtung eingegangen, das Ziel der Schaffung einer gemeinsamen Verkehrspolitik im Rahmen von anderen internationalen Organisationen, in denen sie vertreten sind, weiter zu verfolgen und zu verteidigen. Sie haben damit der Rechtsbildung innerhalb der Europäischen Wirtschaftsgemeinschaft als einer im Verhältnis zur Zentralkommission engeren Integrationsgemeinschaft einen Vorrang eingeräumt. Daraus folgt, daß für die EWG-Mitgliedstaaten die Bildung einer einheitlichen Rechtsordnung auf dem Rhein *primär* in dem im EWG-Vertrag vorgesehenen institutionellen Rahmen vonstatten zu gehen hat[20] und sich nur sekundär im Rahmen der Zentralkommission vollziehen kann. Nimmt danach die Gestaltung einer gemeinschaftlichen Verkehrspolitik durch Vorschläge der Kommission an den Rat konkrete Formen an, so haben die Mitgliedstaaten dieser Entwicklung bei ihren Verhandlungen mit den Drittstaaten in der Zentralkommission sowohl im Hinblick auf die Vorschrift des Arti-

---

[18] Zu weiteren Vorschriften in diesem Sinne auch in den Verträgen zur Gründung der EGKS und EAG siehe *Schulze-Eggert*, S. 40/41.

[19] Vgl. ansatzweise zu dieser Problematik, die auch in dieser Arbeit nicht eingehend behandelt werden kann, *Reaux*, S. 724 - 726.

[20] Vgl. in diesem Sinne die Kommission der EWG in Sonderbeilage zum Bulletin 11-1966, S. 6.

kels 116 wie die des Artikels 5 Abs. 2 EWGV Rechnung zu tragen, d. h., daß sie bei materiellen Konzessionen, die den Kommissionsvorschlag wesentlich abändern würden, sich mit der Gemeinschaft abzustimmen haben. Darüberhinaus muß es ihnen verwehrt sein, mit den Drittstaaten eine Vereinbarung zu schließen, die in wesentlichen Punkten von dem Entwurf für eine gemeinschaftliche Regelung abweicht und damit den Entwurf entweder ganz zerstört oder die gemeinschaftliche Integration auf nicht absehbare Zeit blockiert. Dieses Ergebnis ergibt sich aus den unterschiedlich starken Bindungen der Mitgliedstaaten an den Vertrag zur Gründung der Europäischen Wirtschaftsgemeinschaft im Verhältnis zu denen an die Rheinschiffahrtsakte. Es folgt ferner daraus, daß durch eine vertragliche Bindung zwischen den vier EWG-Mitgliedstaaten und den Drittstaaten die Verwirklichung des gemeinschaftlichen Rechtsetzungsvorhabens auf unabsehbare Zeit an den Willen von außerhalb der Gemeinschaft stehender Staaten gekoppelt würde. Aus diesen Gründen ist auch die Beschränkung der Mitgliedstaaten in der Ausübung ihrer Hoheitsbefugnisse in internationalen Organisationen im Unterschied zum nationalen Bereich zu rechtfertigen[21].

Es wird somit ersichtlich, daß die Fähigkeit der in der Zentralkommission repräsentierten EWG-Mitgliedstaaten zu einer wirkungsvollen Zusammenarbeit mit den Drittstaaten Schweiz und Großbritannien in dem Maße abnimmt, als durch Entscheidungen des Rates und Vorschläge der Kommission an den Rat die Politik der Gemeinschaft sich zu einer gemeinschaftlichen Verkehrspolitik zunehmend verdichtet. Im Falle des Artikels 76 EWGV, und dort, wo der Rat bereits normatives Recht gesetzt hat, ist für die Mitgliedstaaten nach dem Gemeinschaftsrecht heute bereits kein Raum mehr, ihrer Verpflichtung gegenüber den Drittstaaten in der Zentralkommission zu einer wirksamen Zusammenarbeit Folge zu leisten.

---

[21] Die hier vertretene Auffassung, derzufolge die Gestaltung einer einheitlichen Verkehrspolitik primär in dem im EWG-Vertrag vorgesehenen Rahmen stattzufinden hat, steht im Widerspruch zu einer Entschließung des Rates der EWG vom 27. Februar 1970 (Doc.R./210/70 Trans. 25). Darin werden die Mitgliedstaaten aufgefordert, sich unter Beteiligung der Kommission mit den Drittländern, die Unterzeichner der Mannheimer Akte sind, ins Benehmen zu setzen, um die Einzelheiten eines Systems zeitweiliger Stillegungen von Schiffsraum für die von der Mannheimer Akte erfaßten Wasserwege festzulegen. Diese Entschließung erging, obwohl dem Rat ein mehrfach überarbeiteter Vorschlag der Kommission über den Zugang zum Markt im Binnenschiffsgüterverkehr vorlag. (Vgl. dazu im einzelnen die Ausführungen auf S. 75, 76 und auch *Reaux*, S. 724 - 726.) Das Vorgehen des Rates wirft neben den schon angeführten Bedenken eine Reihe von gemeinschaftsinternen, institutionellen Problemen auf. So stellt sich schon die Frage, ob der Rat mit dieser Entschließung nicht die Grenzen der ihm durch Art. 149 EWGV erteilten Abänderungsbefugnisse überschritten hat. Selbst wenn man diese Ansicht aber verneint, so droht ein solches Verfahren jedoch die Rechtsstellung der Kommission gefährlich auszuhöhlen, da ihr Vorschlagsrecht praktisch in die Hände der Mitgliedstaaten übergeht.

2. Das Beschlußfassungssystem nach der Mannheimer Akte und die Blockbildung der EWG-Mitgliedstaaten in der Zentralkommission

Der Integration einer gemeinschaftlichen Verkehrspolitik im EWG-internen Bereich entspricht eine Zusammenarbeit der Mitgliedstaaten im Außenbereich der Gemeinschaft. Eine Verschmelzung des EWG-Verkehrsmarktes kann nämlich — wie oben schon angedeutet — nur erreicht werden, wenn die Mitgliedstaaten nicht zugleich Vereinbarungen mit Drittstaaten eingehen, die den Grundsätzen einer gemeinschaftlichen Verkehrspolitik widersprechen.

Dementsprechend sieht Artikel 116 EWGV ein koordiniertes Vorgehen der Mitgliedstaaten in internationalen Organisationen mit wirtschaftlichem Charakter vor. Dazu kann heute auch die Zentralkommission für die Rheinschiffahrt gezählt werden. Sie stellt eine auf einem multilateralen, völkerrechtlichen Vertrag basierende Institution dar, die sich auch auf wirtschaftlichem Gebiet betätigt[22]. Die Zentralkommission ist zwar keine Organisation mit ausschließlich wirtschaftlichem Charakter. Entscheidendes Kriterium dafür, ob eine Institution als eine internationale Organisation im Sinne von Artikel 116 EWGV klassifiziert werden kann, ist aber allein, daß in ihr Fragen behandelt werden, „die für den gemeinsamen Markt von besonderem Interesse sind"[23]. Dazu zählen insbesondere die im Vertrag ausdrücklich geregelten Gebiete, wie das der Verkehrspolitik[24]. Der Anwendungsbereich der Vorschrift des Artikels 116 EWGV ist trotz der Stellung dieser Bestimmung im Dritten Teil des Vertrages nicht auf die Angelegenheiten der Handelspolitik beschränkt, sondern erfaßt vielmehr alle Gebiete, die zum Begriff der Wirtschaft im weitesten Sinne gehören[25]. Da die Erörterung von verkehrspolitischen Fragen der Rheinschiffahrt zu den zentralen Themen der Beratungen innerhalb der Zentralkommission zu zählen ist, wird man in ihr daher eine internationale Organisation im Sinne von Artikel 116 EWGV zu sehen haben. Dieser Auffassung kommt in der Praxis auch ein Beschluß des Rates gleich, der auf einen Vorschlag der Kommission hin am 9. März 1965 erging[26]. Danach sollen die EWG-Staaten sich untereinander absprechen, bevor sie Fragen des UIR-Planes im Rahmen der Zentralkommission prüfen. Dieses Vorgehen entspricht völlig dem in Artikel 116 Abs. 2 EWGV für die Übergangszeit vorgesehenen Verfahren, an das sich die EWG-Mitgliedstaaten bei ihrem Auftreten in internationalen Organisationen halten sollten.

---

[22] Vgl. die Ausführungen unter Teil 1, Kapitel 1, II. 2. b) a. E.

[23] Vgl. *Everling*, in: Wohlfarth, Kommentar, Anm. 1 zu Art. 116.

[24] Vgl. *Ernst*, in: Groeben-Boeckh, IA 55, S. 37, Anm. 1 zu Art. 116.

[25] Vgl. wie unter Anm. 23 und 24; EuGH in der Rechtssache 22/70, Bd. XVII, S. 263 ff., Ziff. 73 - 76; a. A. der Generalanwalt *Dutheille de Lamothe* in der Rechtssache 22/70, EuGH, Bd. XVII, S. 289.

[26] Siehe die Kommission der EWG in Sonderbeilage zum Bulletin 11-66, S. 3.

Nach dem Ablauf der Übergangszeit — also seit dem 1. Januar 1970 — sieht aber der EWG-Vertrag auf den Gebieten, für die zwar noch keine Gemeinschaftsregelung erlassen worden ist, welche aber dennoch von besonderem Interesse für den gemeinsamen Markt sind[27], nicht mehr die schwache Regelung[28] eines lockeren Zusammenwirkens der Mitgliedstaaten vor[29]. Artikel 116 Abs. 1 EWGV bestimmt vielmehr, daß die Mitgliedstaaten in den internationalen Organisationen „nur noch gemeinsam" vorgehen. Der Rat legt dazu auf Vorschlag der Kommission den Verhandlungsspielraum für die Mitgliedstaaten fest[30]. Die innergemeinschaftliche Integration schlägt also wirksam auch nach außen durch, indem die Mitglieder bei ihren Verhandlungen mit Drittstaaten an die gemeinschaftliche Haltung gebunden werden. Der Zwang zu einer einheitlichen Haltung, der von der Vorschrift des Artikels 116 Abs. 1 EWGV ausgeht[31], bewirkt damit, daß die vier in der Zentralkommission vertretenen EWG-Staaten den Drittstaaten gegenüber einen gemeinschaftlichen Block[32] in allen Fragen bilden, die für den gemeinsamen Markt von besonderem Interesse sind. Dazu wird man sämtliche Vorschläge der Kommission an den Rat zählen müssen, die den Binnenschiffsverkehr betreffen.

Es erscheint fraglich, ob die durch Artikel 116 Abs. 1 EWGV bedingte *Blockbildung* mit dem Beschlußfassungsmodus gemäß Artikel 46 der Mannheimer Akte vereinbar ist. Dieses System sucht jedem Partnerstaat der Rheinschiffahrtsakte einen Einfluß auf die Willensbildung innerhalb der Zentralkommission zu sichern. Nur auf diese Weise ist es möglich, die divergierenden nationalen Interessen zu einem gemeinsamen Ausgleich zu bringen und damit zu einer wirkungsvollen Integrationsarbeit innerhalb der Zentralkomission zu gelangen.

Das Beschlußfassungssystem nach der Mannheimer Akte baut wesentlich auf den in Artikel 46 Abs. 4 vorgesehenen Empfehlungen auf. Sie folgen aus Mehrheitsentscheidungen innerhalb der Zentralkommission[33].

---

[27] Die Bestimmung des Artikels 116 ist grundsätzlich subsidiärer Natur, d. h., daß sie nur dort zum Tragen kommt, wo noch keine Gemeinschaftsnorm besteht. Vgl. im einzelnen die Ausführungen zu dem Urteil des EuGH in der Rechtssache 22/70 unter Teil 2, Kapitel 2, III. 1. c.

[28] *Everling*, in: Wohlfarth, Kommentar, Anm. 6 zu Art. 116.

[29] Vgl. die Formulierung „soweit wie möglich" in Art. 116 Abs. 2 EWGV.

[30] Art. 116 Abs. 1 S. 2 EWGV bestimmt: „Zu diesem Zweck unterbreitet die Kommission dem Rat Vorschläge über das Ausmaß und die Durchführung des gemeinsamen Vorgehens."

[31] Vgl. *Pescatore*, Politique, Anm. 2337.

[32] Vgl. *Dupuy*, S. 780.

[33] Diese wird man als auch für die Mehrheit *unverbindliche* völkerrechtliche Vereinbarungen zu kennzeichnen haben. Sie sind insofern von den als völkerrechtliche Schlichtungsvereinbarungen zu klassifizierenden Beschlüssen gemäß Art. 45 Ziff. a der Mannheimer Akte zu unterscheiden, als letzteren ein judizieller Charakter zukommt. Vgl. *v. Koeppen*, Rheinregime, S. 351.

Sinn und Zweck dieser Empfehlungen ist es, eine etwaige Ausweglosigkeit, wie sie dem System der Einstimmigkeit in der Rheinschiffahrtsakte anhaftet, zu überwinden[34]. Damit wird sowohl der Mehrheit wie der Minderheit bei einer Abstimmung die Möglichkeit geboten, unter Berücksichtigung erkennbar gewordener neuer Gesichtspunkte, wie auch unter dem Eindruck der Bekundung eines Mehrheitswillens, eine Frage nochmals in völliger Unabhängigkeit zu überprüfen[35]. Diese Lösung bietet eine Möglichkeit, um im Wege des gegenseitigen Nachgebens zu einem einstimmigen Beschluß zu kommen, oder eine Minderheit zu veranlassen, ihre nationalen Vorschriften unter Wahrung der jeweiligen besonderen nationalen Belange dem in dem Mehrheitsbeschluß sich niederschlagenden Mehrheitsinteresse anzupassen.

Dieses System bot bis zum 1. Januar 1970 der Schweiz und Großbritannien noch die Möglichkeit, trotz der weitgehenden Interessenübereinstimmung zwischen den EWG-Mitgliedstaaten ihre nationalen Anliegen innerhalb der Zentralkommission wirksam zur Geltung zu bringen. So lag es mit in ihren Händen, das Zustandekommen eines Mehrheitsbeschlusses dadurch zu verhindern, daß sie andere Staaten von ihrer Auffassung zu überzeugen versuchten. Umgekehrt hatten sie auf demselben Wege die Chance, andere Gemeinschaftsglieder zu einem Mehrheitsbeschluß zu gewinnen. Nach dem Ablauf der Übergangszeit ist durch die starke interne Bindung der EWG-Mitglieder für die Drittstaaten diese Möglichkeit grundsätzlich ausgeschlossen. Die durch Artikel 116 EWGV bedingte *rechtliche* Blockbildung der EWG-Mitgliedstaaten verhindert, daß die Schweiz und Großbritannien einige EWG-Staaten zu einem Mehrheitsbeschluß auf ihre Seite ziehen können. Damit ist es den Drittstaaten praktisch unmöglich, entsprechend dem Beschlußfassungssystem nach der Mannheimer Akte ihre nationalen Interessen innerhalb der Zentralkommission wirksam zur Geltung zu bringen. Die Blockbildung der EWG-Mitgliedstaaten stellt damit grundsätzlich die Funktionsfähigkeit der Zentralkommission in Frage, im Wege eines auf einen Ausgleich der divergierenden nationalen Interessen bedachten Prozesses die Voraussetzungen für eine weitere Vereinheitlichung der auf dem Rhein geltenden internationalen Rechtsordnung zu schaffen.

Die institutionellen Konflikte, die heute zwischen dem Rheinschiffahrtsrecht und dem Recht der Europäischen Wirtschaftsgemeinschaft bestehen, lassen sich nach diesen Darlegungen wie folgt zusammenfassen:

---

[34] Vgl. *Deutsche Denkschrift*, S. 12.

[35] Vgl. wie unter Anm. 34,wo es auf S. 13 heißt: „Diese Lösung gestattet es den Delegationen, die Lage in voller Unabhängigkeit zu würdigen, ohne durch die zuvor im zustimmenden oder ablehnenden Sinne abgegebene Stimme gebunden zu sein.“

Der „Abschließungseffekt“[36], den der Erlaß von Gemeinschaftsvorschriften mit sich bringt, sowie die durch Artikel 116 Abs. 1 EWGV hervorgerufene „Blockbildung“ der EWG-Staaten innerhalb der Zentralkommission hat dazu geführt, daß der EWG-Vertrag keine Intensivierung in der Zusammenarbeit aller Rheinuferstaaten bewirkt, sondern eher das Auseinanderbrechen des Rheinregimes nach sich zieht. Während das Vertragssystem der Mannheimer Akte primär darauf ausgerichtet ist, einheitliche Regeln *für den gesamten Rhein* durch einen Ausgleich der nationalen Interessen *aller Uferstaaten* und in Form einer *lockeren Zusammenarbeit* zu erreichen, ist es vordringliches Ziel des auf *Integration* gerichteten EWG-Vertrages, vorerst *unter Abschließung gegenüber Drittstaaten* einheitliche Regeln *allein für sein Vertragsgebiet* herbeizuführen. Die Vertragssystematik stemmt sich dagegen, Drittstaaten, die von Gemeinschaftsnormen unmittelbar oder mittelbar betroffen werden, einen unmittelbaren Einfluß auf die Gestaltung der Gemeinschaftsvorschriften einzuräumen. Sie will damit eine „Verwässerung“ ihrer Politik von außen unterbinden.

II. Die materiell-rechtlichen Kollisionen

1. Die unterschiedlichen Wirtschaftskonzeptionen in den beiden Vertragswerken

Die Probleme, die heute zwischen den beiden Vertragssystemen bestehen, liegen aber nicht nur im institutionellen Bereich. Sie resultieren im wesentlichen auch aus den unterschiedlichen Wirtschaftskonzeptionen, die diese beiden Verträge geprägt haben.

Eine Auslegung der Ge- und Verbotsnormen der Rheinschiffahrtsakte kann grundsätzlich nur auf dem Hintergrund der liberalen Wirtschaftspolitik des 19. Jahrhunderts erfolgen. Ihr Ziel war es, unter Abbau aller staatlichen Hindernisse dem Einzelnen einen möglichst weiten Bewegungsspielraum zu verschaffen[1]. Im innerstaatlichen Bereich war dieses Bestreben dadurch gekennzeichnet, daß die Staaten weitgehend auf eine planerische Gestaltung des eigentlichen Wirtschaftslebens verzichteten[2]. Im Bereich des Außenhandels verfolgten sie dieses Ziel durch ein ganz Mittel- und Westeuropa überziehendes Netz von Handels- und Schiffahrtsverträgen. Diese bewirkten eine Kodifikation des Freihandels, indem sie im wesentlichen auf drei Prinzipien aufbauten: der Inländergleichbehandlung, dem Verzicht auf Einfuhr-, Ausfuhr- und Durchfuhr-

---

[36] *Rüegg*, S. 64.

[1] Vgl. *Dahm*, Völkerrecht, Bd. II, S. 587.

[2] Vgl. wie unter Anm. 1.

verbote sowie auf möglichst eindeutigen Meistbegünstigungsklauseln[3]. Anders als die Wirtschaftsprinzipien des Merkantilismus und der zunehmend dirigistischen Wirtschaftspolitik in der zweiten Hälfte des 20. Jahrhunderts lag damit im 19. Jahrhundert der Schwerpunkt der Wirtschaftspolitik nicht beim Staat sondern bei dem Einzelnen[4]. Der Staat vertraute primär auf den gesunden, freien Wettbewerb der Kaufleute und Unternehmer. Staatswirtschaftliche Erwägungen folgten erst in zweiter Linie[5]. Er bekämpfte noch nicht die Verzerrungen des freien Wettbewerbs, wie sie von privater Machtbildung ausgehen können[6]. Die Diskriminierungsverbote in den Handels- und Schiffahrtsverträgen richteten sich daher auch noch nicht an Einzelpersonen und private Verbindungen. Sie wandten sich vielmehr allein an die Staaten zum Schutz vor einer protektionistischen Handelspolitik[7].

Diese Wirtschaftskonzeption bleibt hinter der Entwicklung des neueren Wirtschaftsrechts in der Europäischen Wirtschaftsgemeinschaft zurück[8]. Angesichts der veränderten ökonomischen und sozialen Verhältnisse haben sich intensivere und andersartige hoheitliche Eingriffe als im vorigen Jahrhundert für die Gestaltung des Wirtschaftslebens als notwendig erwiesen[9]. Da die wirtschaftliche Freiheit sich durch private Abreden und Machtbildungen sowie Diskrimierungen selbst zu zerstören droht[10], sieht das moderne Wirtschaftsrecht eine Anzahl von Beschränkungen der Freiheit vor, um sie letztlich selber zu erhalten und zu schützen[11]. Diese Entwicklung hat eine gewisse Zurückverlagerung des Schwerpunktes der Wirtschaftspolitik aus den Händen des Einzelnen auf die staatliche Ebene bewirkt. Dementsprechend sieht der EWG-Vertrag in einer Anzahl von Bestimmungen Maßnahmen zur Beschränkung der wirtschaftlichen Freiheit des Einzelnen vor[12]. Dadurch können Kollisionen mit den von der liberalen Epoche des vorigen Jahrhunderts geprägten Vorschriften der Mannheimer Rheinschiffahrtsakte entstehen. Dies gilt

---

[3] *Erler*, Grundprobleme, S. 74; siehe auch die Ausführungen auf den Seiten 55 - 57.

[4] Vgl. *Dahm*, wie unter Anm. 1.

[5] Vgl. *Rüegg*, S. 143.

[6] Vgl. *Scheuner*, Rhein, S. 121.

[7] Siehe die Ausführungen unter Teil 2, Kapitel 1, III. 2. b) a. E.

[8] Vgl. *Scheuner*, Rhein, S. 121.

[9] Vgl. *Stabenow*, Konventionen, S. 551.

[10] Vgl. *Walther*, Statut, S. 26.

[11] Vgl. *Stabenow*, wie unter Anm. 9.

[12] Vgl. für den Bereich der Verkehrspolitik insbesondere die Artikel 79, 80, 81 sowie die Wettbewerbsregeln gemäß den Artikeln 85 ff., die auch für den Bereich des Verkehrs anwendbar sind. Siehe ferner die Denkschrift der EWG-Kommission vom 10. April 1961 über die Grundausrichtung der gemeinsamen Verkehrspolitik, sowie das Aktionsprogramm für die gemeinsame Verkehrspolitik vom 23. Mai 1962.

insbesondere im Hinblick auf die in Artikel 1 der Mannheimer Akte verankerte Schiffahrtsfreiheit auf dem Rhein, da fraglich ist, ob sie nicht nur die technische Verkehrsfreiheit garantiert, sondern auch die Handelsfreiheit gegenüber staatlichen Eingriffen einbeschließt.

2. Die Schiffahrtsfreiheit nach der Mannheimer Akte und das sekundäre Gemeinschaftsrecht im Bereich des Binnenschiffverkehrs

Diese Frage ist spätestens seit der Entscheidung des STIGH im *Oscar-Chinn-Fall*[13] heftig umstritten. Sie kann hier im einzelnen nicht eingehend behandelt werden. Die Arbeit muß sich darauf beschränken, die extremen Auffassungen aufzuzeigen und die am meisten überzeugende Ansicht zu dieser Problematik herauszustellen.

Eine restriktive Interpretation des Schiffahrtsfreiheitsbegriffes ist insbesondere von *Herbert Kraus* vertreten worden[14]. Er grenzt die Schiffahrtsfreiheit scharf von der Handels- und Gewerbefreiheit ab. Nach seiner Ansicht knüpfen Handels- und Gewerbefreiheit an die Person an. Ihre Substanz sei es daher, die Voraussetzungen festzulegen, unter denen jemand zu Handel und Gewerbe zugelassen werde. Demgegenüber knüpften die Normen des Binnenschiffahrtsrechts speziell an das Schiff an. Ihre Substanz sei es, den eigentlichen Verkehrsvorgang zu regeln. Auf Grund dieser Unterscheidung gelangt der Autor zu dem Ergebnis, daß Artikel 1 der Mannheimer Akte allein die technische Freiheit, im Stromgebiet des Rheins zu verkehren, garantiere[15].

Für den gegenteiligen Standpunkt hat sich vor allem *Walter Müller* ausgesprochen[16]. Nach seiner Ansicht schließt der Schiffahrtsfreiheitsbegriff gemäß Artikel 1 der Mannheimer Akte die Handels- und Gewerbefreiheit in umfassendem Sinne mit ein. Er stützt seine Meinung im wesentlichen auf die Erwähnung der Worte „sous le rapport du commerce" in der Präambel der Mannheimer Akte sowie auf die Bezugnahme der preußischen Denkschrift auf die Handels- und Schiffahrtsverträge zwischen den Rheinuferstaaten in der Mitte des vorigen Jahrhunderts[17].

Gegenüber diesen beiden extremen Auffassungen hat *Ulrich Scheuner* eine vermittelnde Meinung eingenommen. Nach seiner Ansicht garantiert die Schiffahrtsfreiheit gemäß Artikel 1 der Mannheimer Akte in einem beschränkten Umfang auch die Freiheit des Handels. Sie ermächtigt „zur

---

[13] Entscheidungssammlung, Reihe A/B, Nr. 63, S. 65 - 152.

[14] *Kraus*, S. 71; vgl. in diesem Sinne auch das *Rheinmemorandum*, Teil II, S. 14.

[15] *Kraus*, S. 35 ff.und 39 ff.

[16] Freiheit, S. 60 ff.; vgl. in diesem Sinne auch *v. Eysinga*, Brief, S. 156.

[17] *Müller*, W., Freiheit, S. 61.

Vornahme von Transporten von Gütern und Personen im internationalen Verkehr und zu denjenigen Handelsgeschäften, die diese Transportfunktion mit sich bringt"[18]. Scheuner hat überzeugend nachgewiesen, daß die Worte „sous le rapport du commerce" nach ihrer Entstehungsgeschichte auf dem Wiener Kongreß allein bezweckten, die „Gegenseitigkeit des Zugeständnisses einer Schiffahrtsfreiheit auf dem Rhein zu unterstreichen"[19]. Er hat ferner eingehend dargelegt, daß eine Auslegung der Vorschriften der Rheinschiffahrtsakte auch nicht im Lichte des gesamten Inhaltes der in der preußischen Denkschrift angeführten Handels- und Schiffahrtsverträge erfolgen kann[20]. Andererseits erscheint die Auffassung von *Kraus* schon im Hinblick auf den Wortlaut von Artikel 1 der Mannheimer Akte zu eng. Diese Vorschrift bezieht sich bereits selbst ausdrücklich auf die Beförderung von Gütern und Personen. Sie kann daher nicht auf den isolierten technischen Vorgang der Schiffsbewegung beschränkt werden[21]. Die Ansicht von *Scheuner* vermag danach am besten zu überzeugen. Demzufolge erstreckt sich der Umfang der in der Schiffahrtsfreiheit inbegriffenen Handelsbefugnisse „auf Befrachtungen, Anstellung von Personal, Lagerung und Abfuhr von Ladungsgütern, Einsammlung von Ladungsaufträgen, Bevorratung an Treibstoffen und andere derartige mit dem Schiffahrtsbetriebe unmittelbar zusammenhängende Betätigungen"[22].

Eine eingehende Untersuchung zu der Frage, ob das erlassene bzw. geplante Gemeinschaftsrecht mit der Schiffahrtsfreiheit oder anderen Vorschriften der Rheinschiffahrtsakte kollidiert, würde den Rahmen dieser Arbeit in Anbetracht der Fülle von Verordnungsvorschlägen für den Binnenschiffsverkehr sprengen. Es sollen daher nur einige Gemeinschaftsregelungen herausgegriffen werden, um die materiell-rechtliche Kollisionsproblematik aufzuzeigen. Dabei ist es möglich, auf die Ergebnisse einer Anzahl von Einzeluntersuchungen Bezug zu nehmen.

Im Jahre 1963 legte die Kommission dem Rat einen Vorschlag über die Einführung eines Margentarifsystems im Güterverkehr der Eisenbahnen und der Binnenschiffahrt vor[23]. Das darin vorgesehene System bezweckt,

---

[18] Rechtsfragen, S. 135.

[19] Rechtsfragen, S. 135; vgl. neben der von *Scheuner* in Fußnote 37 angegebenen Literatur: *Dupuis*, S. 229; *Matschl*, S. 34. Nach der Auffassung von *Chiesa*, S. 154, soll die genannte Formulierung die Unterscheidung zwischen der kommerziellen Schiffahrt und der Fischerei, den Fähren und öffentlichen Fahrzeugen kennzeichnen.

[20] *Scheuner*, Rechtsfragen, S. 155.

[21] Vgl. *Stabenow*, Konventionen, S. 550.

[22] *Scheuner*, Rechtsfragen, S. 131.

[23] Dok. II/KOM. (63) 168, vom 10. Mai 1963, und Änderungsvorschlag vom 27. Oktober 1965, Dok. KOM. (65) 415 rev.; siehe auch die Sonderbeilage zum Bulletin der EWG Nr. 6-1963, S. 8.

den Verkehrsunternehmen eine Preisbildung nur innerhalb des Rahmens von Mindest- und Höchstpreisen zu gestatten. Die Festlegung einer unteren Grenze soll einem runiösen Wettbewerb vorbeugen. Die Bestimmung einer oberen Grenze hat zum Ziel, einen Mißbrauch marktbeherrschender Positionen sowie Preisübersteigerungen in Zeiten der Hochkonjunktur zu verhindern[24]. Problematisch ist, ob dieser Vorschlag mit der Freiheit der Frachtenbildung vereinbar ist. Sie wird von zahlreichen Autoren als durch Artikel 1 der Mannheimer Akte gewährleistet angesehen[25]. Dieser Auffassung widersprechen auch grundsätzlich nicht eine Anzahl von Urteilen des Hooge Rad der Niederlande[26]. Diese Rechtsprechung unterscheidet deutlich zwischen zulässigen staatlichen Eingriffen in die Schiffahrtsfreiheit gemäß Artikel 1 der Mannheimer Akte, die auf die nationale Schiffahrt beschränkt sind, und Maßnahmen, die die internationale Schiffahrt betreffen[27]. Die Freiheit der Frachtenbildung gemäß Artikel 1 der Mannheimer Akte steht nach dieser Rechtsprechung nur für die nationale Schiffahrt unter dem Vorbehalt der allgemeinen Wirtschaftsgesetzgebung. Sie besagt nichts über den internationalen Rheinschiffsverkehr. In neuerer Zeit wird allerdings namentlich von *Rittstieg* die Auffassung vertreten, daß die EWG als neuer *Rheinuferstaat* angesehen werden müsse[28]. Nach dieser Ansicht entfällt dann für den gesamten gemeinschaftsinternen Raum grundsätzlich ein internationaler Rheinschiffsverkehr mit der Konsequenz, daß die Schiffahrtsfreiheit gem. Artikel 1 der Mannheimer Akte zumindest für die Gemeinschaftsangehörigen unter dem Vorbehalt der allgemeinen Wirtschaftsgesetzgebung der Gemeinschaft stände[29]. Die Vereinbarkeit dieser Betrachtungsweise mit der

---

[24] Vgl. Artikel 3 des Verordnungsvorschlages; siehe auch Denkschrift wie unter Anm. 12, Nr. 144.

[25] Vgl. stellv. *Müller*, H., S. 158; *Reaux*, S. 719; *Müller-Hermann*, S. 50, *Wetering*, Anm. 1627.

[26] Vgl.die Entscheidungen vom 28. März 1950; 25. Januar 1952 (Stop von Lobith) und vom 4. Mai 1954, in: Nederlandse Jurisprudentie 1950, S. 1060 (Nr. 633), 1952, S. 289 (Nr. 125), 1954, S. 769 (Nr. 382); auszugsweise in deutscher Übersetzung wiedergegeben bei *Rittstieg*, S. 79 - 83.

[27] In allen Entscheidungen, wo das Gericht einen unzulässigen Eingriff in die Schiffahrtsfreiheit als gegeben erachtete, handelte es sich um den grenzüberschreitenden internationalen Rheinschiffsverkehr. Zwar enthält das Urteil vom 25. Januar 1952 Anklänge dafür, daß Beschränkungen der nationalen Schiffahrt in ihren Auswirkungen auch die Rheinschiffahrt treffen könnten. In seinem letzten Urteil vom 5. Mai 1954 stellt dann aber der Hooge Rad ausdrücklich fest: „Nach dem vorstehenden wollte die Akte die Möglichkeit einer Beschränkung der freien Fahrt hier insoweit offen lassen, *als sie durch eigene Untertanen innerhalb der Landesgrenzen ausgeführt wird.* Artikel 2 Abs. 1 der Binnenschiffahrtsverordnung 1947, *der durch seine allgemeine Formulierung diese Grenze überschreitet,* muß insoweit die bindende Kraft versagt werden."

[28] *Rittstieg*, S. 67.

[29] Vgl. *Rittstieg*, S. 64 - 67.

Rheinschiffahrtsakte sieht Rittstieg im Hinblick auf die Vorschrift des Artikels 13 der Mannheimer Konvention als gegeben.

Selbst wenn man dieser Auffassung zustimmte — daß also der Anwendungsbereich des Artikels 13 der Mannheimer Akte nicht auf die Artikel 6 - 12 beschränkt angesehen wird[30] —, würden dadurch aber Kollisionsmöglichkeiten zwischen dem gemeinschaftlichen Margentarifsystem und Artikel 1 der Mannheimer Akte nicht gänzlich ausgeräumt. Der Schiffsverkehr zwischen der Schweiz und den EWG-Mitgliedstaaten bleibt auch bei dieser Auffassung weiterhin internationaler Rheinschiffsverkehr. Legt man Artikel 1 der Mannheimer Akte in dem Sinne aus, daß diese Vorschrift auch die Freiheit der Frachtenbildung garantiert, so steht der Kommissionsvorschlag insoweit nicht im Einklang mit dieser Bestimmung, als er den internationalen Rheinschiffsverkehr innerhalb des Gemeinschaftsraumes erfaßt. Diese Auffassung mag mit ausschlaggebend dafür gewesen sein, daß der Verordnungsvorschlag bisher noch keine Aussicht auf Verabschiedung durch den Rat gehabt hat[31]. Eine Übereinkunft des Rates vom 22. Juni 1965 sieht bisher nur die Einführung von Referenztarifen vor[32], d. h. Frachtenempfehlungen mit gewissen Mitteilungspflichten im Falle des Abweichens. Allerdings wird auch diese Regelung in der Rheinschiffahrt in der Praxis nicht angewandt[33].

Besondere Aufmerksamkeit widmet die Gemeinschaft seit geraumer Zeit der Frage einer Kapazitätsregelung im Binnenschiffsgüterverkehr. Dazu unterbreitete die Kommission dem Rat im Jahre 1968 einen Vorschlag über den Zugang zum Markt im Binnenschiffsgüterverkehr[34]. Dieser Verordnungsvorschlag ist inhaltlich umfassender als der UIR-Plan[35]. Eine gute zusammenfassende Darstellung dieses Entwurfs gibt *Rittstieg*[36]. Nach diesem Vorschlag sollen Binnenschiffe in der Gemeinschaft nur gegen eine jährlich zu zahlende Lizenzgebühr betrieben werden dürfen. Die Gebühren stellen in Wirklichkeit eine Art Fahrzeugsteuer dar, aus deren Aufkommen Stilliegeprämien in Zeiten des Überangebotes an Frachtraum zu zahlen sind. Bei strukturellem Kapazitätsüberhang soll die Kommission für Neuzulassungen stark erhöhte Gebühren festsetzen

---

[30] So *Rittstieg*, S. 65; a. A. *Zuleeg*, Rheinregime, S. 38.

[31] Vgl. *Wulf*, S. 108.

[32] Vgl. Bulletin der EWG Nr. 8-1965, S. 90.

[33] Vgl. *Watermann*, S. 75; *Schedel*, S. 338.

[34] ABl./E.G., Nr. C 95, S. 1 ff., vom 21. September 1968; siehe dazu den Bericht des Verkehrsausschusses des E.P. *(De Gryse)*, Sitzungsdokumente 1968/69, Dok. 116, vom 27. September 1968; Stellungnahme des E.P., ABl./E.G., Nr. C 108, vom 19. Oktober 1968; Stellungnahme des Wirtschafts- und Sozialausschusses, ABl./E.G., Nr. C 100, vom 5. Oktober 1968.

[35] Vgl. *Wulf*, S. 111.

[36] *Rittstieg*, S. 19.

können oder sie ganz verbieten dürfen. Gleichzeitig sind Abwrackprämien vorgesehen. Da dieses System grundsätzlich nur innerhalb eines abgeschlossenen gemeinsamen Marktes realisierbar ist, werden gemäß Artikel 49 i. V. m. Artikel 2 dieses Verordnungsentwurfes die nicht von der See herkommenden Schiffe aller Drittstaaten von der Möglichkeit zu innergemeinschaftlichen Beförderungsleistungen ausgeschlossen.

Der Inhalt dieses Vorschlages kann nicht als mit Artikel 1 der Mannheimer Akte im Einklang stehend erachtet werden. Aus den Darlegungen von *Scheuner* zum Umfang des Schiffahrtsfreiheitsbegriffes ist zu folgern, daß Artikel 1 der Mannheimer Akte auch die Freiheit zum Abschluß von Beförderungsverträgen einbeschließt. Dieses Recht wird aber Schweizer Schiffern praktisch für die gesamte Rheinstrecke verwehrt. Die Vereinbarkeit des Kommissionsvorschlages mit dem Rheinschiffahrtsrecht kann auch nicht darauf gestützt werden, daß ein Cabotagevorbehalt mit der Rheinschiffahrtsakte vereinbar wäre. Wollte man mit der Begründung, daß die Gemeinschaft als ein neuer Rheinuferstaat anzusehen sei, die Annahme einer *„Gemeinschaftscabotage"* rechtfertigen, so würde der Umfang des Schiffahrtsfreiheitsbegriffes nach der Mannheimer Akte praktisch für den gesamten Rhein auf die Garantie allein der technischen Verkehrsfreiheit beschränkt. Schon aus diesen Gründen kann daher der Kommissionsentwurf nicht als mit dem Rheinschiffahrtsrecht im Einklang stehend erachtet werden[37].

Die Gemeinschaft plant ferner die Einführung einer Wegekostenregelung[38]. Danach sollen die Benutzer die Kosten der Verkehrswege tragen, um Wettbewerbsverzerrrungen zwischen den verschiedenen Verkehrsträgern zu vermeiden[39]. Die Mannheimer Akte verbietet in Artikel 3 ausdrücklich die Erhebung von Abgaben, die allein an die Tatsache der Beschiffung anknüpfen. Das Schlußprotokoll der revidierten Rheinschiffahrtsakte bestimmt allerdings unter Ziffer 2 A mit Bezug auf Artikel 3 der Mannheimer Akte:

---

[37] Vgl. im Ergebnis ebenso *Stabenow*, Konventionen, S. 547 und 551; *Maout*, S. 74; *Rittstieg*, S. 58/59 und 69; *Müller-Hermann*, S. 50. Die Problematik einer Kapazitätsregelung zeigt beispielhaft, daß der Rhein auch in wirtschaftlicher Hinsicht eine Einheit bildet. Eine Kapazitätsregelung ohne die in Artikel 49 des Kommissionsvorschlages vorgesehene Regelung könnte nämlich eine Fluchtbewegung der Gemeinschaftsschiffe unter fremde Flaggen auslösen. Diesem Umstand trägt denn auch der Änderungsvorschlag der Kommission vom 25. April 1969 — Dok. KOM (69) 311 endg. — Rechnung, wenn er in Artikel 52a Abs. 1 bestimmt: „Die Gemeinschaft nimmt mit den Unterzeichnerstaaten der revidierten Rheinschiffahrtsakte, die nicht Mitglieder der Europäischen Wirtschaftsgemeinschaft sind, die Verhandlungen auf, die für die Ausdehnung der Bestimmungen dieser Verordnung auf die in diesen Drittstaaten niedergelassenen Unternehmen nützlich sind."

[38] Vgl. Sonderbeilage zum Bulletin der EWG Nr. 6 — 1963, S. 3 ff.; zu weiteren Dokumenten und Literaturangaben siehe *Reaux*, S. 717.

[39] Vgl. *Wulf*, S. 110.

„Es wird allseitig anerkannt, dasz unter die Bestimmung im ersten Absatze dieses Artikels Brückengelder, die auf anderen Wasserstraszen als auf dem Rheine erhoben werden, und die für die Benutzung künstlicher Wasserstraszen oder Anlagen, wie Schleusen und dgl., zu entrichtenden Gebühren nicht zu subsumieren sind[40]."

Dieses Übereinkommen nimmt die EWG-Kommission in ihrem Rheinmemorandum zum Anlaß, um die Vereinbarkeit einer Wegekostenregelung mit der Mannheimer Akte zu begründen[41]. Sie ist der Meinung: „Der moderne Verkehr (habe) dazu geführt, daß der Zustand des Stromes weitgehend dem einer künstlichen Wasserstraße (entspreche), für die eine Erhebung von Wegekosten nicht verboten ist[42]." Dieser Auffassung kann nicht zugestimmt werden. Der Rhein bildet heute bis auf ganz geringe Stromabschnitte eine *„natürliche Wasserstraße"*[43]. Auch für die absehbare Zukunft zeichnet sich für diesen Fluß in seiner ganzen Ausdehnung keine Regulierung wie z. B. auf der Mosel ab, die einem Kanalbau gleich käme. Den Artikeln 28 und 30 der Mannheimer Akte ist eindeutig zu entnehmen, daß die Instandhaltungskosten für den konventionellen Rheinstrom den Uferstaaten zur Last fallen sollen. Eine gemeinschaftliche Wegekostenregelung kollidiert daher mit Artikel 3 der Mannheimer Akte[44].

Fraglich kann eines Tages werden, ob die Verordnung 1017/68 des Rates über die Anwendung von Wettbewerbsregeln auf dem Gebiet des Eisenbahn-, Straßen- und Binnenschiffsverkehrs[45] mit Artikel 1 der Mannheimer Akte vereinbar ist. Im Augenblick bietet die Ausnahmeregelung des Artikels 4, wonach von dem generellen Verbot gemäß Artikel 2 die Bildung und Tätigkeit von Unternehmensgemeinschaften, die 500 000 Tonnen bei Beförderungen im Binnenschiffsverkehr nicht überschreiten, ausgenommen sind, noch viel Raum zur Entwicklung von Unternehmensvereinigungen im Rheinschiffsverkehr[46]. Weiterhin kann gemäß Artikel 5 Alinea 5 dieser Verordnung das Verbot von Preis- und Mengenabsprachen für Vereinigungen als nicht anwendbar erklärt werden, „die zur Förderung einer größeren Kontinuität und Stabilität, der Befriedigung des Verkehrsbedarfs auf den Märkten, auf denen Angebot und Nachfrage starken zeitlichen Schwankungen unterliegen, beitragen". Aus

---

[40] Rheinurk. II, S. 100.

[41] *Rheinmemorandum*, Teil II, S. 9 Anm. 3.

[42] *Rheinmemorandum*, Teil I, S. 11. *Stabenow*, Konventionen, S. 555, sieht in der Bestimmung des Schlußprotokolls einen Anknüpfungspunkt für die Fortentwicklung des geltenden Rechts.

[43] Vgl. *Rittstieg*, S. 70.

[44] Vgl. *Wulf*, S. 110; *Rittstieg*, S. 71; letztlich auch *Stabenow*, Konvenitonen, S. 555.

[45] ABl./E.G., Nr. L. 175, S. 1 ff., vom 23. Juli 1968.

[46] Vgl. *Wulf*, S. 110.

einer Erläuterung des Rates vom 11. Juli 1968[47] zu dieser Vorschrift geht eindeutig hervor, daß mit ihr den Empfehlungen der Wirtschaftskonferenzen der Rheinschiffahrt zur Bildung von Pools und Konventionen Rechnung getragen werden sollte. Daß die Gemeinschaft ferner selbst eine zukünftige Kollision zwischen dem Inhalte dieser Verordnung und Artikel 1 der Mannheimer Akte nicht für ausgeschlossen hält, wird schon aus dem Wortlaut der Bestimmung des Artikels 31 dieser Verordnung ersichtlich, die in Absatz 1 besagt:

„Der Rat nimmt binnen sechs Monaten nach Abschluß der Erörterungen, die mit den dritten Unterzeichnerstaaten der revidierten Rheinschiffahrtsakte stattfinden, auf Vorschlag der Kommission an dieser Verordnung in ihrer Gesamtheit die Änderungen vor, *die unter Berücksichtigung der Verpflichtungen aus der revidierten Rheinschiffahrtsakte erforderlich werden könnten*[48]."

Die Gemeinschaft plant ferner, eine Reihe von Vorschriften zur Harmonisierung der Sozialvorschriften im Binnenschiffsverkehr einzuführen[49]. Sie wird dabei zu beachten haben, daß diese Maßnahmen nicht mit den Bestimmungen der von allen Partnerstaaten der Mannheimer Konvention auf diesem Gebiet vereinbarten Abkommen kollidieren[50].

Diese Beispiele lassen im einzelnen die materiell-rechtlichen Kollisionen erkennen, die sich aus der Inkongruenz des Wirtschaftssystems nach der Mannheimer Akte und dem des EWG-Vertrages ergeben. Sie können ebenso wie die institutionellen Konflikte dazu führen, daß die Fortentwicklung einer einheitlichen Rechtsordnung für den Rhein zum Nachteil des Rheinschiffahrtshandels gänzlich zum Erliegen kommt. Darüberhinaus sind Auswirkungen auf die gesamte Verkehrspolitik der EWG im Bereich des Binnenschiffverkehrs zu befürchten, weil der Rhein in ihr einen zentralen Platz einnimmt. So wurden auf ihm im Jahre 1968 mehr als die Hälfte der gesamten Güterbeförderung in der EWG-Binnenschiff-

---

[47] "Le conseil et la commission prennent note, que la disposition de l'article 5, cinquième tiret (Text folgt) vise en particulier à permettre la continuation de la pratique de pools, conventions et associations telle qu'elle existe dans la navigation rhenane", zitiert bei *Blonk*, S. 459/460.

[48] Eine Vereinbarkeit der Wettbewerbsverordnung mit Artikel 1 der Mannheimer Akte wird mit der Begründung angenommen, daß die Schiffahrtsfreiheit unter dem Vorbehalte der allgemeinen Gesetzgebung stehe, von: *Stabenow*, Konventionen, S. 551; *Rittstieg*, S. 68; *Blonk*, S. 464. Aus ähnlichen Erwägungen wird auch meist eine Vereinbarkeit der Verordnung 11/60 mit Artikel 1 der Mannheimer Akte angenommen; vgl. *Rittstieg*, S. 68; im Ergebnis ebenso *Wägenbaur*, Rechtmäßigkeit, S. 431; *Klimmeck*, S. 96/97; *Matschl*, S. 64; a. A. *Müller*, W., Verordnung, S. 207.

[49] Siehe zu Einzelheiten *Reaux*, S. 717; *Wulf*, S. 112; *Rittstieg*, S. 18/19.

[50] Vgl. die Ausführungen auf S. 36.

fahrt geleistet[51]. Gelingt es nicht, die genannten Kollisionen und Konflikte zu beheben, so ist eine Lähmung der gesamten Binnenschiffsverkehrspolitik der EWG nicht auszuschließen.

[51] Vgl. *Rittstieg*, S. 10. Im Jahre 1969 wurden von dem internationalen Rheinschiffsverkehr 142 Millionen Tonnen transportiert. Diese Zahl wurde von dem Straßen- und Eisenbahnverkehr zwischen den Mitgliedstaaten insgesamt nicht erreicht. Siehe *Coppé*, in: ABl./E.G. (Versammlung), Sitzungsperiode 1972-1973, Juli 1972, Nr. 152, S. 50.

Zweiter Teil

Die Vereinbarkeit des Gemeinschaftsrechts mit der Mannheimer Akte

1. Kapitel

Die Lösung der zwischen dem Rheinschiffahrts- und Gemeinschaftsrecht bestehenden Probleme an Hand der im Völkervertragsrecht entwickelten Methoden und Prinzipien

Zur Lösung von Widersprüchen zwischen dem Gemeinschaftsrecht und früheren internationalen Vertragsbeziehungen der Mitgliedstaaten sieht der EWG-Vertrag in Artikel 234 Abs. 2 eine Kollisionsregel vor. Durch sie werden die Mitglieder der Gemeinschaft verpflichtet, alle geeigneten Mittel anzuwenden, um Widersprüche zwischen dem EWG-Vertrag und früheren Übereinkünften zu beheben. Dazu wird man die Ausnützung aller rechtlichen Möglichkeiten zu zählen haben, die es den Mitgliedstaaten gestatten, sich ordnungsgemäß aus ihren vertraglichen Bindungen zu lösen[1].

Der Wortlaut des Artikels 234 Abs. 2 EWGV gibt zwar Anlaß zu der Annahme, daß die Kollisionsregel nur auf Konflikte mit dem primären Gemeinschaftsrecht Anwendung finde. Ein solcher Schluß erscheint je-

---

[1] Vgl. *Wohlfarth*, Kommentar, Anm. 2 zu Artikel 234 sowie die Ausführungen des Generalanwaltes *Lagrange* in der Rechtssache 10/61, EuGH, Bd. VIII, S. 38. Die Mitgliedstaaten sind ferner verpflichtet, sich auf dem rechtlich nicht erfaßbaren Verhandlungswege aus den mit dem Gemeinschaftsrecht im Widerspruch befindlichen internationalen Vertragspflichten zu lösen. Führen die Verhandlungen nicht zu einem erfolgreichen Abschluß, so sind sie zu einer gemeinsamen Haltung gegenüber dem oder den betreffenden Drittstaaten verpflichtet. Wie weit diese Verpflichtung reicht, kann besonders deutlich den Vorschriften des Abkommens über die Übergangsbestimmungen zum EGKS-Vertrag entnommen werden. Die §§ 16 und 20 dieses Abkommens, welche die Grundlagen für die in Artikel 234 Abs. 2 und 3 EWGV getroffenen Regelungen bilden, bestimmen, daß eine Aufhebung der internationalen Abkommen nach Maßgabe der in ihnen festgelegten Bedingungen zu erfolgen hat; gegebenenfalls alle Mitgliedstaaten sich zu einer wirksamen Unterstützung verpflichten, die sich bis zur Kündigung der mit dem in Betracht kommenden Land abgeschlossenen Abkommen durch alle Mitgliedstaaten steigern kann. Ob dieses Verfahren mit dem Grundsatz in Einklang steht, nach dem Verträge „bona fide" auszuführen sind, erscheint fraglich. Vgl. zu diesem Grundsatz im einzelnen Artikel 26 WVK; *Oppenheim-Lauterpacht*, § 519, S. 829; *Bernhardt*, S. 23 - 25.

doch aus folgenden Gründen nicht gerechtfertigt. In Artikel 234 Abs. 1 EWGV ist ebenso wie im Absatz 2 dieser Vorschrift allein von den Beziehungen der früheren Übereinkünfte zu diesem „Vertrag“ die Rede. Dennoch unterfällt nach herrschender Auffassung in der Literatur auch das sekundäre Gemeinschaftsrecht der Regelung des Artikels 234 Abs. 1 EWGV[2]. Denn es kann nicht angehen, daß das sekundäre Gemeinschaftsrecht im Unterschied zu dem stärkeren, gemeinschaftlichen Verfassungsrecht die völkervertraglichen Bindungen der Mitgliedstaaten sollte verdrängen können[3]. Erfaßt aber die Vorschrift des Artikels 234 Abs. 1 EWGV auch das sekundäre Gemeinschaftsrecht, so ist grundsätzlich davon auszugehen, daß dies auch für die Bestimmung des Artikels 234 Abs. 2 EWGV zutrifft[4]. Denn es muß angenommen werden, daß anderenfalls die gleichlautende Formulierung „Vertrag“ in den beiden ersten Absätzen des Artikels 234 EWGV vermieden worden wäre.

Die Kollisionsregel des Artikels 234 Abs. 2 EWGV könnte zur Lösung der im ersten Teil dieser Arbeit aufgezeigten Probleme dann unmittelbar zum Tragen kommen, wenn die Rheinschiffahrtsakte spezielle Vorschriften z. B. zu ihrer Kündigung oder einer vorzeitigen Beendigung des Vertragsverhältnisses enthielte. Da dies jedoch nicht zutrifft, ist zu prüfen, welche allgemeinen rechtlichen Möglichkeiten zur Lösung der im ersten Teil dieser Arbeit aufgezeigten Probleme bestehen. Dabei ist zunächst daran zu denken, ob die Konflikte zwischen den beiden Vertragswerken mit Hilfe eines klassischen Mittels des Völkervertragsrechts — einer harmonisierenden Vertragsauslegung — ausgeräumt werden können[5]. Daneben ist in Betracht zu ziehen, ob das gleiche Ziel unter Anwendung der allgemeinen Prinzipien des Völkervertragsrechts[6] erreicht werden kann. Dabei ist jedoch zu beachten, daß ein solches Vorgehen eine Reihe von Gefahren in sich birgt[7]. Die Spannbreite der Konfliktsmöglichkeiten gerade zwischen zwei multilateralen Vertragswerken ist nämlich häufig zu groß, als daß sie sich an Hand nur einiger abstrakter Normen beheben

---

[2] Vgl. *Wohlfarth*, Kommentar, Anm. 7 zu Art. 228; *Bülow*, Anwendung, S. 52; *Pescatore*, Rel. Ex., S. 163.

[3] Siehe dazu im einzelnen die Ausführungen unter Teil 2, Kapitel 2, II. 2.

[4] Vgl. *Pescatore*, Rel. Ex., S. 163; *Werbke*, S. 2107 i. V. m. S. 2106. Im Ergebnis ebenso ferner: *Zuleeg*, Rheinregime, S. 29 i. V. m. S. 38 ff.; *Rittstieg*, S. 75; EWG-Kommission, *Rheinmemorandum*, Teil II, S. 6; *Panhuys*, S. 433 i. V. m. S. 429; *Riphagen*, S. 318; *Hamel*, S. 598 i. V. m. S. 595.

[5] Vgl. in diesem Sinne schon die Klassiker des Völkerrechtes *De Vattel*, S. 331; *Grotius*, S. 290; für die neuere Literatur stellv. *Reuter*, Principes, S. 483/484.

[6] Siehe die Bestimmungen der Wiener Konvention „On the Law of Treaties“ vom 23. Mai 1969, in: AJIL 1969, S. 875 ff.

[7] Darauf hat insbesondere *Rousseau* in seiner Studie „Compatibilité des Traités“, S. 150 - 153 hingewiesen.

ließen[8]. Auch erscheinen die entwickelten Rechtsgrundsätze nicht selten zu wenig elastisch, um der eminent politischen Natur einer ganzen Anzahl von Verträgen ausreichend Rechnung tragen zu können[9]. Man wird daher im Völkervertragsrecht die Lösung von Konflikten zuvorderst im Wege einer harmonisierenden Vertragsauslegung zu suchen haben. Erst wenn durch eine restriktive oder extensive Interpretation eines auslegungsfähigen Vertragstextes das angestrebte Ziel nicht erreicht werden kann, wird auf die im Völkervertragsrecht entwickelten Prinzipien zurückzugreifen sein.

I. Die harmonisierende Vertragsinterpretation

Diese klassische Auslegungsmethode darf jedoch nicht zum Anlaß genommen werden, um allein den älteren Vertrag restriktiv zugunsten des neueren Vertrages auszulegen, wie dies die Kommission der EWG in ihrem *Rheinmemorandum* getan hat. Sie hat dort dem Gedanken Ausdruck verliehen, daß der kombinierte Effekt von Artikel 234 Abs. 2 und 3 EWGV den Mitgliedstaaten die Verpflichtung auferlege, den Drittstaaten in der Zentralkommission gegenüber die Auffassung zu vertreten und zu verteidigen, daß die Vorschriften der Mannheimer Akte in einem für den EWG-Vertrag vorteilhaften Sinne auszulegen seien[10]. Sie legt dementsprechend auch allein die Bestimmungen der Rheinschiffahrtsakte restriktiv zugunsten des EWG-Vertrages aus. Dieser Auslegungsmethode kann bei einer objektiven Betrachtungsweise deshalb nicht gefolgt werden, weil sie stillschweigend eine harmonisierende Auslegung allein bei der Mannheimer Akte voraussetzt und damit verdeckt, daß auch der EWG-Vertrag dafür grundsätzlich offen sein muß[11]. Auch die Kennzeichnung des EWG-Vertrages als ein der Mannheimer Akte gegenüber engerer Integrationsvertrag berechtigt nicht zu der Annahme, daß allein der weitere Vertrag restriktiv zugunsten des engeren Vertrages zu interpretieren sei[12]. Im Falle von Kollisionen zwischen Normen von zwei Verträgen kann grundsätzlich kein Abkommen eine Vorrangstellung vor dem anderen beanspruchen, sondern es ist von einer objektiven Gleich-

---

[8] Vgl. *Panhuys*, S. 420.

[9] Vgl. *Rousseau*, wie unter Anm. 7, S. 153.

[10] Vgl. *Rheinmemorandum*, Teil II, S. 6 und 7. Zu diesem Ergebnis gelangt letztlich auch *Zuleeg*, Rheinregime, S. 34: „Läßt sich eine Regelung der EWG nach allen vertretbaren Auslegungsregeln nicht mit der Mannheimer Akte in Einklang bringen, geht diese auf Grund der Prioritätsklausel des Art. 234 EWG-Vertrag vor. Andernfalls ist die Mannheimer Akte so auszulegen, daß sie der EWG-Regelung nicht im Wege steht, es sei denn, Lebensinteressen der Schweiz sind bedroht.“

[11] Vgl. im Ergebnis ebenso *Panhuys*, S. 433.

[12] Zum gegenteiligen Standpunkt siehe *Pescatore*, Rel. Ex., S. 173.

wertigkeit der Verträge auszugehen[13]. Bei einer harmonisierenden Vertragsauslegung ist weiter zu berücksichtigen, daß Ziel und Zweck — mithin das Funktionieren beider Verträge — nicht in Frage gestellt wird. Ferner muß der Kerngehalt der vertraglichen Rechte und Pflichten unangetastet bleiben. Auf dem Hintergrund dieser Regeln bleibt zu prüfen, ob die Probleme zwischen dem Rheinschiffahrts- und Gemeinschaftsrecht behoben werden können.

1. Die Auslegung der Vorschriften der Mannheimer Akte im Lichte der Wirtschaftskonzeption des EWG-Vertrages

Es ist aufgezeigt worden, daß die Vorschrift des Artikels 1 der Mannheimer Akte von der liberalen Wirtschaftspolitik des vorigen Jahrhunderts geprägt ist[14]. Die daraus resultierenden Kollisionen mit dem Recht der Europäischen Wirtschaftsgemeinschaft ließen sich zum Teil ausräumen, wenn man — wie *Stabenow* — die Auffassung verträte, daß der Schiffahrtsfreiheitsbegriff nach der Mannheimer Akte in die sich wandelnden Vorstellungen von den Grenzen wirtschaftlicher Freiheit jeweils einzuordnen sei[15]. Der Autor sucht damit die moderne Wirtschaftsgesetzgebung mit der Geltung des Schiffahrtsfreiheitsbegriffes nach der Rheinschiffahrtsakte in Einklang zu bringen, indem er ihn im Lichte der Wirtschaftskonzeption des EWG-Vertrages auslegt und nicht etwa unter Berufung auf die clausula rebus sic stantibus derselben anpaßt. Dieser beeindruckenden Argumentation scheint im Ergebnis neuerdings auch *Rittstieg* in Anbetracht der Rechtsprechung des Hooge Rad der Niederlande zu Artikel 1 der Mannheimer Akte zuzuneigen[16].

Gerade die von diesem Gericht vorgenommene Differenzierung zwischen dem nationalen und internationalen Rheinschiffsverkehr[17] läßt jedoch Zweifel an der These von *Stabenow* aufkommen. Eine veränderte Wirtschaftskonzeption mag es als gerechtfertigt erscheinen lassen, allein im nationalen Bereich eine Norm im Lichte der grundlegend gewandelten Vorstellungen von den Grenzen wirtschaftlicher Freiheit auszulegen. Dies gilt insbesondere dann, wenn der älteren Wirtschaftskonzeption Eingriffe der öffentlichen Gewalt in den Marktablauf grundsätzlich nicht unbekannt waren, und sich im Laufe der Zeit nur die Intensität sowie die Art und Weise der Interventionen geändert haben[18]. Diese Überlegungen können zur Auslegung von Vorschriften eines *internationalen Vertrages* aber

---

[13] Vgl. *Guggenheim*, Traité Bd. I, S. 144; *Schulze-Eggert*, S. 36.

[14] Vgl. die Ausführungen auf den Seiten 70 und 72 ff.

[15] Vgl. *Stabenow*, Konventionen, S. 550; siehe auch *Blonk*, S. 464.

[16] Vgl. *Rittstieg*, S. 61 und 62.

[17] Siehe Anm. 27 unter Teil 1, Kapitel 2, II.

[18] Vgl. *Stabenow*, Konventionen, S. 551.

nur dann fruchtbar gemacht werden, wenn bei allen Vertragsstaaten eine übereinstimmende Wandlung in den Vorstellungen von den Grenzen wirtschaftlicher Freiheit des Einzelnen stattgefunden hat. Die Veränderungen müssen also bei allen Partnern deckungsgleich sein. Ist dies nicht der Fall — wird also die Wirtschaftspolitik auch nur eines Staates noch stark von der liberalen Wirtschaftskonzeption des vorigen Jahrhunderts bestimmt — so erscheint die *geläuterte Auslegung* einer internationalen Vertragsbestimmung wegen ihrer Einseitigkeit grundsätzlich nicht möglich. Dies zeigt besonders augenscheinlich ein Vergleich der Kartellgesetzgebung nach dem Recht der EWG und dem der Schweiz. Dem Wettbewerbsrecht der Europäischen Wirtschaftsgemeinschaft liegt grundsätzlich eine Verbot-Ausnahme-Regelung zugrunde[19]. Artikel 31 Abs. 3 Ziff. d der schweizerischen Bundesverfassung gestattet dem Bund dagegen nur dann, „wenn das Gesamtinteresse es rechtfertigt — nötigenfalls in Abweichung von der Handels- und Gewerbefreiheit — Vorschriften gegen volkswirtschaftlich oder sozial schädliche *Auswirkungen* von Kartellen und ähnlichen Organisationen zu erlassen"[20]. Die Schweizer Rechtsordnung hält in ihrer Kartellgesetzgebung dementsprechend auch nur an einer *Mißbrauchsaufsicht* fest[21].

Eine Auslegung des Schiffahrtsfreiheitsbegriffes gemäß Artikel 1 der Mannheimer Akte im Lichte der Wirtschaftskonzeption des EWG-Vertrages läßt sich auch nicht aus einem „erneuerten Vertragswillen" der Parteien herleiten, wie dies *Rittstieg* versucht[22]. Nach seiner Auffassung soll „es gerade die wiederholte Vertragserneuerung (rechtfertigen), von den Erfordernissen der Gegenwart auszugehen und im Sinne einer objektiven Auslegungsmethode danach zu fragen, welcher Sinn einer Vertragsvorschrift unter den gegenwärtigen sozial-ökonomischen Verhältnissen und nach der gegenwärtig vorherrschenden Volkswirtschaftspolitik zukommen kann, wenn der ursprüngliche Zweck sich durch die Änderungen dieser Prämissen erledigt hat"[23]. Diese Ansicht vermag kaum zu überzeugen. Eine Vertragserneuerung kann nicht in den Bestimmungen des Versailler Friedensvertrages[24] sondern höchstens in der Revisionsübereinkunft aus dem Jahre 1963 gesehen werden. Zu diesem Zeitpunkt waren aber die materiell-rechtlichen Kollisionen zwischen den beiden Vertragswerken schon deutlich zutage getreten. Dennoch haben die Ver-

---

[19] Vgl. schon den Text der Artikel 85 ff. des EWG-Vertrages.

[20] Text: siehe bei *Franz*, S. 594 und 595.

[21] Vgl. insbesondere die Artikelg 4 - 6 des Bundesgesetzes über Kartelle und ähnliche Organisationen vom 20. Dezember 1962 in Bundesblatt der Schweizerischen Eidgenossenschaften, 115. Jahrgang (1963), Bd. I, S. 1 ff.

[22] Vgl. *Rittstieg*, S. 44.

[23] *Rittstieg*, S. 44.

[24] Vgl. die Ausführungen auf S. 21, 22.

tragsstaaten *bewußt* von einer umfassenden Revision der Rheinschifffahrtsakte Abstand genommen. Ziel dieses Abkommens war es allein, einige die deutschen Interessen benachteiligende Bestimmungen des Versailler Friedensvertrages zu beseitigen und die Rechtsprechungsbefugnisse der Rheinschiffahrtsgerichte zu erweitern[25]. Aus dieser begrenzten Zielsetzung und der Feststellung, daß durch die Revisionsübereinkunft eine Lösung der zwischen dem Rheinschiffahrts- und Gemeinschaftsrecht bestehenden Kollisionen nicht präjudiziert werden sollte[26], kann daher der Auffassung von *Rittstieg* von einem „erneuerten Vertragswillen" der grundlegenden Vorschriften der Rheinschiffahrtsakte nicht zugestimmt werden.

Lassen sich danach die im ersten Teil dieser Arbeit aufgezeigten materiell-rechtlichen Kollisionen nicht im Wege einer harmonisierenden Auslegung beider Vertragswerke beheben[27], so trifft dies ebenso für einen Teil der institutionellen Konflikte zu.

2. Die Lösung eines Teiles der institutionellen Konflikte

Es ist oben dargelegt worden, daß sie zum Teil aus der Übertragung rechtsetzender Gewalt auf die Gemeinschaft folgen, wodurch die EWG-Mitgliedstaaten nur noch beschränkt ihrer Pflicht zu einer wirkungsvollen Zusammenarbeit mit den Drittstaaten in der Zentralkommission nachkommen können. Diese Konflikte ließen sich dann ausräumen, wenn man — wie die EWG-Kommission — die Auffassung verträte, daß die Zentralkommission auf dem Wirtschaftssektor überhaupt keine Kompetenz besitze, und damit in diesem Bereich auch keine Pflicht der 4 EWG-Mitgliedstaaten zu einer Zusammenarbeit innerhalb der Zentralkommission mit den Drittländern bestehe. Dieser Ansicht kann aber deshalb nicht gefolgt werden, weil sie mit Sinn und Zweck der Artikel 43 und 45 der Mannheimer Akte nicht zu vereinbaren ist und auch nicht mit der von allen in der Zentralkommission vereinigten Staaten gehandhabten Praxis von nun über fünfzig Jahren in Einklang gebracht werden kann.

Es erscheint dagegen aber nicht ausgeschlossen, die Konflikte, die sich aus der EWG-intern bedingten Blockbildung in der Zentralkommission mit dem Beschlußfassungssystem nach der Mannheimer Akte ergeben, im Wege einer harmonisierenden Auslegung beider Verträge zu beheben.

Durch dieses System wird — wie oben aufgezeigt — vornehmlich der Anspruch eines jeden Vertragspartners geschützt, bei der Ausarbeitung

[25] Vgl. *Deutsche Denkschrift*, S. 11.

[26] Vgl. wie unter Anm. 25.

[27] Im Hinblick auf die Vorschläge der Kommission zu einer Kapazitäts- und Wegekostenregelung gelangen auch *Rittstieg* und *Stabenow* zu diesem Ergebnis. Siehe die Anmerkungen 37 und 44 unter Teil 1, Kapitel 2, II.

einheitlicher Regeln für den Rheinschiffsverkehr innerhalb der Zentralkommission seine nationalen Interessen wirksam zur Geltung zu bringen[28]. Die Gewährleistung dieses Anspruches wird grundsätzlich durch vorherige interne Absprachen einiger Uferstaaten untereinander nicht beeinträchtigt; es sei denn, daß sie in der Absicht geschehen, die Einführung gemeinsamer Regeln überhaupt zu blockieren oder einer Minderheit bestimmte Ansichten aufzuoktroyieren. Sie darf also nicht gegen die Zielsetzung des Vertrages verstoßen. Zweifel bestehen daher nur, ob die durch eine *rechtliche Bindung* hervorgerufene Blockbildung den Anspruch der Drittstaaten in der Zentralkommission auf Einflußnahme bei der Ausarbeitung von Regeln für den Rheinschiffsverkehr in unzulässiger Weise beeinträchtigt.

Eine nähere Untersuchung der Geschichte der Zentralkommission läßt dies zweifelhaft erscheinen. Solche Blockbildungen sind nämlich schon in der Frühzeit der Zentralkommission aufgetreten, ohne daß sie mit den Beschlußfassungssystemen der Rheinschiffahrtsakten als grundsätzlich unvereinbar angesehen worden wären. Es ist oben bereits der Zusammenschluß der deutschen Rheinuferstaaten im Zollverein und die Einführung einer einheitlichen Zollgesetzgebung für das Gebiet dieses Vereins dargestellt worden[29]. Diese Vorgänge hatten zur Folge, daß die Delegierten der deutschen Uferstaaten sich zu Verhandlungen — wie z. B. der Herabsetzung des Octroi — mit Frankreich und den Niederlanden erst bereit fanden, nachdem sie vereinsintern — unter Berücksichtigung auch der Interessen der anderen Vereinsstaaten — eine gemeinsame Haltung gefunden hatten[30]. Dieser aus der Zollvereinsverfassung resultierenden überstaatlichen Bindung der deutschen Staaten[31] ist in der Mannheimer Rheinschiffahrtsakte mit der Vorschrift des Artikels 13 Rechnung getragen worden[32]. Die Bestimmung bringt damit zum Ausdruck, daß die damaligen Drittstaaten in der Zentralkommission, Frankreich und die Niederlande, die überstaatliche, rechtliche Bindung der deutschen Rheinuferstaaten in Zoll- und Steuerfragen als grundsätzlich mit dem auf einzelstaatlicher Autonomie aufbauenden System der Mannheimer Akte vereinbar angesehen haben.

Weder die Verfassung des Zollvereins wie später die des Deutschen Reiches von 1871 haben jedoch bewirkt, daß Preußen oder das Reich in der Zentralkommission auch nach außen sichtbar als Mandatar für die übrigen deutschen Staaten aufgetreten wären. Obwohl der Krone Preu-

---

[28] Vgl. die Ausführungen unter Teil 1, Kapitel 2, I. 2.

[29] Vgl. die Ausführungen unter Teil 1, Kapitel 1, IV.

[30] Vgl. die Verhandlungsprotokolle der Zentralkommission aus den Jahren 1847 - 1849, wie sie auszugsweise wiedergegeben sind in *Exposé*, S. 423.

[31] Vgl. dazu *Kordt*, S. 99 und 100.

[32] Vgl. die Ausführungen unter Teil 1, Kapitel 1, IV.

ßens nach dem Zollvereinsvertrag von 1867 das Recht zustand, im Namen der vertragenden Theile Handels- und Schiffahrtsverträge mit fremden Staaten einzugehen[33] und dem Deutschen Reich neben der Gesetzgebungskompetenz für die Binnenschiffahrt auch die völkerrechtliche Vertretung der Länder oblag[34], sind die Delegierten der deutschen Uferstaaten bis zum Jahre 1914 nach außen in der Zentralkommission völlig eigenständig aufgetreten[35]. Erst durch die Weimarer Reichsverfassung wurde die bis 1914 noch partielle Blockbildung nun in umfassendem Maße auch nach außen sichtbar. So traten nach dem ersten Weltkrieg die Delegierten der deutschen Länder in der Zentralkommission als eine Delegation für die deutschen Uferstaaten und das deutsche Reich mit einem Sprecher auf[36].

Diese Beispiele zeigen, daß Blockbildungen innerhalb der Zentralkommission grundsätzlich nicht als mit dem Beschlußfassungssystem nach der Mannheimer Akte unvereinbar anzusehen sind, *auch wenn sie auf Grund einer internen rechtlichen Bindung entstehen, und in ihnen Interessen von Staaten außerhalb der Zentralkommission eine Berücksichtigung finden*[37]. Führen Blockbildungen in der Zentralkommission aber dazu, daß der durch den Beschlußfassungsmodus geschützte Anspruch auf Einflußnahme völlig ausgeschaltet wird, so ist darin eine Verletzung der durch die Mannheimer Akte geschützten Rechtsposition der Drittstaaten zu sehen. Eine solche Beeinträchtigung läßt sich dann ausschalten, wenn Artikel 116 Abs. 1 EWGV nicht im Sinne einer Verpflichtung zu einer *starren* gemeinsamen Haltung ausgelegt wird, sondern innerhalb des EWG-Blockes den Vorschlägen und Bedenken *gemeinschaftsintern* Rechnung getragen werden kann. Innerhalb dieses Blockes muß also im Hinblick auf die Interessen der Drittstaaten Raum zu einer Überprüfung der gemeinschaftlichen Verhandlungsposition sein. Demzufolge wird das Recht der Drittstaaten, Einfluß zu nehmen auf die Verkehrsregelungen für den Rhein, nur dann in rechtlich unzulässiger Weise beeinträchtigt,

---

[33] Siehe Artikel 8 § 6 des Zollvereinsvertrages von 1867 wie unter Anm. 3, Teil 1, Kapitel 1, IV.

[34] Siehe Artikel 4 Ziff. 7 und 9 sowie Artikel 11 Abs. 1 S. 2 der Verfassung des Deutschen Reiches vom 16. April 1871 bei *Huber*, Dokumente, Bd. II, S. 291 und 293.

[35] Vgl. *v. Eysinga*, CCR, S. 58. Siehe auch die Abkommen zur Änderung der Mannheimer Akte vom 18. September 1895 und 4. Juni 1898, die von Baden, Bayern, Elsaß-Lothringen, Hessen, den Niederlanden und Preußen beschlossen, unterzeichnet und ratifiziert wurden. Rheinurk. II, S. 379 und 437.

[36] Hierüber wurde zwischen dem Deutschen Reich und den übrigen damals in der Zentralkommission vertretenen Staaten durch ein Abkommen aus dem Jahre 1924 Übereinstimmung erzielt. Siehe Journal Officiel, Societé des Nations, XVI 2e année (1935), S. 166 Ziff. 13 b.

[37] Das Beschlußfassungssystem der Mannheimer Akte kann insoweit wohl kaum für die Drittstaaten in der Zentralkommission den Erhalt der vollen staatlichen Autonomie der EWG-Mitgliedstaaten gewährleisten.

wenn die gemeinschaftliche Blockbildung zu einer *mißbräuchlichen Ausnutzung ihrer Machtstellung* ausartet. Die starke gemeinschaftliche Position innerhalb der Zentralkommission darf also nicht dazu führen, eine bestimmte Ansicht der Schweiz und Großbritannien aufzuoktroyieren. Nur so kann es entsprechend der Zielsetzung der Mannheimer Akte gelingen, unter Berücksichtigung auch der Interessen der Drittstaaten für den gesamten Rheinschiffsverkehr einheitliche Regeln aufzustellen.

II. Wege zur einseitigen Vertragsänderung oder Vertragsbeendigung im Widerstreit mit dem Einstimmigkeitsprinzip

Einige Autoren haben erwogen, ob die Kollisionen zwischen dem Rheinschiffahrts- und Gemeinschaftsrecht dadurch gelöst werden können, daß in den EWG-Verordnungen „inter-se-Abkommen" erblickt werden[1]. Darunter sind Vereinbarungen zu verstehen, durch die der ältere Vertrag *absichtlich* von nur einigen diesem Vertrag angehörenden Partnern durch ein neues Übereinkommen abgeändert wird, und welches Wirkungen nur zwischen den Parteien des neuen Vertrages zeitigt, ohne die Rechte der übrigen Partner aus dem älteren Vertrag zu beeinträchtigen[2]. Da die sekundären Gemeinschaftsnormen Rechtsetzungsakte einer eigenständigen Institution darstellen und auch nur in ihren *Auswirkungen* auf Abänderungen von früheren Verträgen, an denen EWG-Mitgliedstaaten beteiligt sind, hinauslaufen, ist diese Betrachtungsweise für Gemeinschaftsverordnungen nur *analog* anwendbar[3]. Sie kann den Drittstaaten in der Zentralkommission allerdings nur entgegengehalten werden, wenn Vertragsrevisionen der Mannheimer Akte nicht einstimmig zu erfolgen haben. Diese Auffassung wird insbesondere von Schweizer Autoren mit der Begründung vertreten, daß der Rheinschiffahrtsakte der in Artikel 116 WSA enthaltene Gedanke des commun accord zugrunde liege[4]. Sie vermögen ihre Ansicht zudem auf eine in der Völkervertragsrechtslehre — im Anschluß an die bekannte Declaration of London[5] — vertretene Auffassung zu stützen, nach der Verträge, die — wie die Mannheimer

---

[1] Vgl. *Matschl*, S. 72 ff.; *Riphagen*, S. 320.

[2] Vgl. die Vorschrift des Artikels 41 WVK betreffend „Agreements to modify multilateral treaties between certain of the parties only". Zur Intention bei inter-se-Abkommen siehe im einzelnen Y.I.L.C. 1966 II, S. 235.

[3] Ähnlich *Panhuys*, S. 439.

[4] Vgl. stellv. *Müller*, W., Verordnung, S. 206; zu weiteren Literaturhinweisen siehe *Matschl*, S. 67/68, Fußnote 1.

[5] Sie besagt: "(Les Puissances) reconnaissent que c'est un principe essentiel du droit des gens qu'aucune Puissance ne peut se délier des engagements d'un Traité, ni en modifier les stipulations, qu'à la suite de l'assentiment des Parties Contractantes, au moyen d'une entente amicale." Zitiert in: Y.I.L.C. 1963 II, S. 64.

Akte — keine besonderen Revisionsklauseln enthalten, nur mit der Zustimmung aller Parteien sollen modifiziert werden können[6].

Dem damit angesprochenen Grundsatz der Einstimmigkeit wird im Völkervertragsrecht aber nicht nur im Hinblick auf einseitige Vertragsänderungen Beachtung geschenkt. Eine besondere Bedeutung kommt ihm auch im Zusammenhang mit Verträgen zu, die — wie die Rheinschifffahrtsakte — keinerlei Vorschriften zu ihrer Kündigung oder Beendigung vorsehen und damit ihre Parteien auf unabsehbare Zeit an vertragliche Bindungen ketten[7]. Gerade bei solchen Abkommen wird von einem Teil der Völkervertragsrechtslehre die Geltung eines Einstimmigkeitsprinzips überhaupt geleugnet und eine einseitige Vertragskündigung als zulässig erachtet[8]. Nach dieser Ansicht würde den EWG-Mitgliedstaaten dann also gerade im Hinblick auf die spezifischen Eigenschaften der Mannheimer Akte die Möglichkeit zu einer einseitigen Vertragslösung eröffnet.

Die dargelegeten Auffassungen zu den Fragen, ob den EWG-Mitgliedstaaten die Möglichkeit offen steht, die Rheinschiffahrtsakte im Wege eines inter-se-Abkommens einseitig zu modifizieren oder gar zu kündigen, geben zwar nur einen Teil der in der Völkervertragsrechtslehre zu diesen Problemkreisen vertretenen Meinungen wieder. Sie zeigen jedoch deutlich, daß die Beantwortung dieser Fragen entscheidend davon abhängt, welche Bedeutung und Tragweite dem Grundsatz der Einstimmigkeit jeweils zuzumessen ist.

1. Der Einstimmigkeitsgrundsatz im Oscar-Chinn-Fall

Auf diese Problematik ist die Aufmerksamkeit der Völkerrechtslehre im Anschluß an die abweichenden Voten der Richter *v. Eysinga*[9] und *Schücking*[10] im Oscar-Chinn-Fall gelenkt worden. In diesem Fall hatten einige Unterzeichnerstaaten der General Act of Berlin vom 26. Februar 1885 im Abkommen von Saint-Germain-en Laye einige Vorschriften der Kongo-Akte mit Wirkung „inter-se" abgeändert. Dies geschah, obwohl die Akte weder eine Kündigungs- oder Beendigungsklausel noch eine Ermächtigung zur Revision des Übereinkommens nur durch einige Mitgliedstaaten mit „inter-se" Wirkung enthielt. Sie bestimmte im Gegenteil in Artikel 36 von Kapitel VII: „Les Puissances signataires du présent Acte général se réservent d'y introduire ultérieurement et d'un commun

---

[6] Vgl. stellv. *Stabreith,* S. 204.

[7] Siehe dazu die Bestimmung des Artikels 56 WVK betreffend „Denunciation of or withdrawal from a treaty containing no provision regarding termination, denunciation or withdrawal".

[8] Vgl. *Giraud,* S. 74.

[9] STIGH, Entscheidungssammlung, Serie A/B, Nr. 63, S. 131 ff.

[10] Wie unter Anm. 9, S. 148 ff.

accord les modifications ou améliorations dont l'utilité serait demontrée par l'experience". Dennoch entschied der STIGH auf den Antrag beider Parteien — Englands und Belgiens — hin auf der Grundlage des Abkommens von Saint-Germain-en Laye, ohne auf die Frage nach einer Anerkennung des Einstimmigkeitsprinzips näher einzugehen[11]. Der Gerichtshof hat diese Problematik bewußt unberührt gelassen und damit die Frage auch nicht implicite entschieden[12].

v. Eysinga stellte daher gerade diese Problematik mit in den Vordergrund seiner dissenting opinion. Er wandte sich gegen die Zulässigkeit eines „inter-se-Abkommens" insbesondere deshalb, weil ein multilateraler Vertrag — wie die Kongo-Akte — ein zusammenhängendes, integrales Vertragswerk bilde, das durch ein inter-se-Abkommen nicht aufgesplittert werden könne. Er führte dazu im einzelnen aus: „L'Acte général de Berlin ne crée pas un certain nombre des relations conventionelles entre un certain nombre d'États, relations qui peuvent être remplacées pour quelques-uns de ces États par d'autre relations conventionelles; il n'établit pas un ensemble des normes dites „dispositives", mais il dote le bassin du Congo d'un régime, d'un statut, d'une constitution. Ce régime, qui forme une unité, peut être modifié; mais pour cela, l'accord de toutes les Puissances contractantes est requis"[13]. Der Richter stellte damit im Hinblick auf das Einstimmigkeitsprinzip nicht die Zulässigkeit eines inter-se-Abkommens überhaupt in Frage. Seine Ausführungen beziehen sich vielmehr in erster Linie auf Verträge, die auf Grund ihres *verfassungsgebenden Charakters* eine Einheit bilden, wie dies auch für die Mannheimer Akte anzunehmen ist. Den Grund für die durch das Einstimmigkeitsprinzip in diesen Verträgen bedingte Starrheit wird man in dem Bestreben der Vertragsparteien zu sehen haben, ihr auf Dauer angelegtes Übereinkommen dem durch eine Veränderung der politischen Verhältnisse bedingten Wandel zu entziehen. Dies ist z. B. bei Handelsverträgen, Abkommen mit technischem oder sozialem Charakter, meist nicht der Fall. Sie erfordern schon ihrer Natur nach immer einer möglichen Anpassung an sich verändernde wirtschaftliche und politische Verhältnisse. Bei ihnen ist dementsprechend auch die Einfügung von Beendigungs- und Revisionsklauseln im 20. Jahrhundert zur stehenden Praxis geworden[14].

---

[11] Vgl. wie unter Anm. 9, S. 80.

[12] Vgl. *Stabreith*, S. 34/35; a. A. *Guggenheim*, Traité, Bd. I, S. 114.

[13] STIGH, Entscheidungssammlung, Serie A/B, Nr. 63, S. 133.

[14] Vgl. Y.I.L.C. 1963 II, S. 65, 67 und 68.

2. Das Einstimmigkeitsprinzip in der Völkervertragsrechtslehre

In der Völkervertragsrechtslehre sind Anerkennung und Tragweite des Einstimmigkeitsprinzips heftig umstritten. Eine Anzahl von Autoren hat mit Hilfe von Untersuchungen der Staatenpraxis darzulegen versucht, daß ein derartiger Grundsatz im Völkerrecht keine allgemeine Anwendung finden könne[15]. So kommt denn auch der amerikanische Autor *Hoyt* am Ende seiner Untersuchungen, die äußerst wertvolles Anschauungsmaterial enthalten, zu der Feststellung: „Where a rule is so little regarded in practice we must doubt its existence as law. It therefore seems evident that the principles governing treaty revision must be found elsewhere than in the concept of unanimity[16]." Nach seiner Auffassung hat die Völkerrechtspraxis eine Reihe von Methoden entwickelt, um das angenommene Erfordernis der Einstimmigkeit zu umgehen. Dazu zählt er insbesondere den Abschluß von inter-se-Abkommen[17]. Die Gründe für diese Praxis erblickt *Hoyt* unter anderem in dem unterschiedlich starken Interesse der Vertragsparteien an dem weiteren Bestand von Vertragsvorschriften und folgert daraus: „No useful purpose is served by granting to a state regardless of the extent of its interest in a given treaty regime, a purely formal veto power over revision, which may incline it to set an unreasonable price upon its consent to changes desired by the other parties[18]." Nur für Verträge, die ein spezielles Regime mit einem territorialen Bezug geschaffen haben — wie z. B. einem Flußregime — läßt der Autor eine Ausnahme gelten. Er sieht im Unterschied zu der Auffassung *v. Eysingas* die Besonderheit dieser Verträge jedoch weniger in ihrer verfassungsmäßig gegebenen Einheit begründet. Sie ergibt sich nach seiner Ansicht vielmehr aus der Tatsache, daß diese Verträge zu ihrem Funktionieren immer der Mitwirkung und Zustimmung der Anliegerstaaten bedürften[19]. Diese Auffassung, nach der die Geltung des Einstimmigkeitsprinzips hier nicht rechtlich sondern rein praktisch begründet sei, vermag nicht ganz zu überzeugen.

Während *Hoyt* die Geltung des Einstimmigkeitsprinzips im wesentlichen als Hindernis bei *Vertragsrevisionen* in Frage stellt, hat *Giraud* eingehend dargelegt, daß ein solcher Grundsatz auch einer *einseitigen Aufkündigung* des Vertrages durch eine Partei nicht im Wege stehen könne. Seine Auffassung gründet sich dabei mehr auf rechtspolitische Überlegungen, wenn er ausführt: „La participation aux conventions

---

[15] Eine Zusammenfassung der einschlägigen Literatur ist zu finden bei *Stabreith*, S. 121-149.

[16] *Hoyt*, S. 246.

[17] Vgl. *Hoyt*, S. 249.

[18] *Hoyt*, S. 246.

[19] Vgl. *Hoyt*, S. 250.

générales, est essentiellement volontaire. Nul État n'est obligé d'y devenir partie. Logiquement, si les États ne sont pas obligés d'entrer, ils ne doivent pas être empêchés de sortir. Pratiquement, il n'y a aucun avantage à faire des conventions générales qui sont fondamentalement volontaires et libres des sortes de prison dans lesquelles une fois entré il ne serait plus possible de sortir. Les États sachants qu'ils peuvent régulièrement se dégager au bout d'un temps relativement bref hésiteront beaucoup moins à s'engager[20]." Er weist ferner darauf hin, daß ein völkerrechtlicher Vertrag mit einem Gesetzgebungsakt im innerstaatlichen Bereich zu vergleichen sei. Wenn dieser Akt aber jederzeit durch eine Majorität aufgehoben oder geändert werden könne, so müßte den Staaten auch das Mittel zur Verfügung stehen, sich von den vertraglichen Pflichten zu befreien, die ihre Interessen beeinträchtigten[21].

Die das Einstimmigkeitsprinzip befürwortende Auffassung anderer Autoren[22] hat unter anderem in der Vorschrift des Artikels 34 des Harvard Research Draft ihren Niederschlag gefunden, die besagt: „A treaty may be denounced by a party only when such a denunciation is provided for in the treaty or consented to by all other parties[23]." Dieser gegenteiligen Meinung liegt im wesentlichen die Auffassung zugrunde, daß ohne eine Anerkennung des Einstimmigkeitsprinzips in der Völkerrechtslehre Bedeutung und Tragweite des Grundsatzes pacta sunt servanda eine gefährliche Aufweichung erfahren könnten[24].

Insbesondere *Stabreith* hat darüber hinaus — im Hinblick auf Vertragsrevisionen — dargelegt, daß aus der Staatenpraxis deshalb keine Leugnung des Einstimmigkeitsprinzips hergeleitet werden könne, weil den Vertragspartnern bei der einseitigen Revision von Verträgen die Überzeugung von der Rechtlichkeit ihres Verfahrens gefehlt habe[25]. In dem gleichen Sinne hat *McNair* darauf aufmerksam gemacht, daß es eine Anzahl von Beispielen gebe, in denen gerade die diplomatischen Reaktionen gegenüber einer Verletzung des Einstimmigkeitsprinzips die Rechtlosigkeit dieses Vorgehens herausgestrichen hätten[26].

---

[20] *Giraud*, S. 74 und 75.

[21] Vgl. *Giraud*, S. 74.

[22] Vgl. stellv. *McNair*, Terminaison, S. 531.

[23] Zitiert in Y.I.L.C. 1963 II, S. 65.

[24] Vgl. Y.I.L.C. 1963 II, S. 65.

[25] Vgl. *Stabreith*, S. 204.

[26] Vgl. *McNair*, Treaties, S. 514. Dies trifft insbesondere auch für die Rheinschiffahrtsakte zu. Als bekannt wurde, daß durch den V.F.V. Vorschriften der Mannheimer Akte geändert werden sollten, haben die Niederlande gegen ein solch einseitiges Vorgehen sogleich Protest erhoben (vgl. im einzelnen *Hoyt*, S. 130). Diesem Protest ist mit der Bestimmung in Artikel 354 Abs. 6 V.F.V. Rechnung getragen worden. Sie sah vor, daß die Siegermächte sich mit den Niederlanden über die Abänderungen der Mannheimer Akte verständigen

3. Der Grundsatz der Einstimmigkeit in der Wiener Vertragsrechtskonvention

Die heftigen Kontroversen in der Völkerrechtslehre um Anerkennung und Tragweite des Einstimmigkeitsprinzips im Völkervertragsrecht sind auch Gegenstand eingehender Erörterungen in den Vorarbeiten der International Law Commission zur Erstellung einer Völkervertragsrechtskonvention gewesen.

Die sich über siebzehn Jahre hinweg erstreckenden Arbeiten dieser Kommission haben in den 85 Artikeln der Wiener Vertragsrechtskonvention vom 23. Mai 1969 einen erfolgreichen Abschluß gefunden[27]. Diese Konvention ist ohne Übertreibung als ein Markstein in der Kodifikation und fortschreitenden Entwicklung des Völkervertragsrechts bezeichnet worden[28]. Ihre Bedeutung liegt mit in der breiten Zustimmung, die sie von weiten Teilen der Völkergemeinschaft erfahren hat. Sie ist mit einer Mehrheit von 79 Stimmen bei einer Gegenstimme und 19 Enthaltungen angenommen worden[29]. Auch wenn sie noch lange nicht in Kraft treten sollte und sich in der Praxis noch bewähren muß, bleibt jedoch zu erwarten, daß die Signatarstaaten sich in Zukunft in ihren Vertragsbeziehungen und in der Vertragsgestaltung von den Normen dieser Konvention werden leiten lassen. Dies wird einer nicht geringen Anzahl von Völkerrechtsprinzipien, die in der Lehre umstritten sind, und die durch die internationale Rechtsprechung noch keine Anerkennung gefunden haben, in der Staatenpraxis eine stärkere Geltungskraft als bisher verleihen.

Die International Law Commission hat in dem Streit um die Anerkennung des Einstimmigkeitsprinzips im Völkervertragsrecht — soweit eine einseitige Vertragsbeendigung in Frage steht — wesentliche Bedeutung der Erkenntnis zugemessen, daß in der Staatenpraxis die Parteien ihr einseitiges Vorgehen meist mit der Berufung auf die clausula rebus sic stantibus oder den Vertragsbruch durch eine andere Partei zu rechtfertigen gesucht haben, nicht dagegen ihre Begehren damit begründeten, daß im Völkerrecht kein Grundsatz der Einstimmigkeit zur Beendigung eines Vertragsverhältnisses bestehe[30]. Diese Feststellung ist deshalb be-

---

werden. Mit den Beitrittsprotokollen vom 21. Januar 1921 und vom 29. März 1923 fand dieses Vorhaben einen erfolgreichen Abschluß. Zu Einzelheiten siehe *v. Eysinga*, CCR, S. 112 ff.

[27] Textquelle siehe wie unter Anm. 6, Teil 2, Kapitel 1, I.

[28] Vgl. *Sinclair*, S. 47; *Verosta*, S. 709.

[29] Gegen die Konvention hat als einziges Land Frankreich gestimmt. Enthalten haben sich unter anderem die UdSSR und die osteuropäischen Staaten, einige afrikanische Staaten und Südafrika sowie die Schweiz, die Türkei und die Vereinigte Arabische Union. Zu Einzelheiten siehe *Colard*, S. 296.

[30] Vgl. Y.I.L.C. 1963 II, S. 69, Ziff. 22.

deutsam, weil es einen wesentlichen Unterschied macht, ob ein Vertragspartner seine Willenserklärung beim Vertragsschluß — die Vereinbarung nur mit allseitiger Übereinstimmung aufzuheben — später einseitig widerrufen kann, oder ob er unter Berufung auf eine wesentliche Veränderung von Umständen, die nicht notwendigerweise aus seinem Verhalten folgen müssen, die Aufhebung eines Vertrages verlangen kann. Artikel 56 § 1 Buchst. a WVK gesteht dementsprechend einer Partei auch nur dann das Recht zu, sich einseitig von einem Vertrag loszusagen: „unless it is established that the parties intended to admit the possibility of denunciation or withdrawal". Aus dieser Formulierung geht eindeutig hervor, daß der Vorschrift des Artikels 56 WVK das Einstimmigkeitsprinzip als Regel zugrunde liegt. Eine Partei vermag sich daher von ihren vertraglichen Bindungen nur zu befreien, wenn ihr der Nachweis gelingt, daß *ausnahmsweise* nach der Vorstellung aller vertragschließenden Parteien ein solches einseitiges Vorgehen zulässig sein sollte[31]. Anderenfalls besteht für sie allein die Möglichkeit, sich unter Berufung auf die clausula rebus sic stantibus von ihren Verpflichtungen zu lösen[32].

Aus den Vorarbeiten der I. L. C. zu dem späteren Artikel 56 WVK darf ferner entnommen werden, daß der oben genannte Nachweis im Falle der Rheinschiffahrtsakte nur äußerst schwer zu erbringen ist. So hat *Waldock* in seinem second report on the law of treaties dargelegt, es bestände bei bestimmten Vertragswerken eine Vermutung dafür, daß sie nach der Vorstellung aller vertragschließenden Parteien nicht sollten einseitig beendigt werden dürfen[33]. Zu diesen Vertragswerken wird man auch die Rheinschiffahrtsakte zu zählen haben. Dies kann der Bestimmung des § 17 Ziff. 4 Buchst. b des Entwurfes der I. L. C. für eine Völkervertragsrechtskonvention aus dem Jahre 1963 entnommen werden, welche lautet: „A treaty shall continue in force indefinitely with respect to each party where the treaty — is one establishing a special international régime for a particular area, territory, river, waterway, or airspace[34]." Aus

---

[31] Zur Intention der Vertragspartner der Mannheimer Akte siehe im einzelnen die Ausführungen unter Teil 2, Kapitel 1, II. 4.

[32] Dieses Ergebnis ist besonders deutlich den Vorarbeiten der I.L.C. zum Verhältnis von Artikel 56 und 62 (fundamental change of circumstances) zu entnehmen. Vgl. Y.I.L.C. 1963 II, S. 67, Ziff. 10. Während die Regelung des Artikels 56 an den Willen der Parteien bei *Vertragsabschluß* anknüpft, stellt die des Artikels 62 allein auf die Sachlage danach ab. Artikel 56 geht also von der Fragestellung aus, ob die Parteien bei Vertragsabschluß die Vorstellung und Intention hatten, daß die Vereinbarung einseitig beendbar sei. Artikel 62 — als eine Ausnahmeregelung von dem in Artikel 26 niedergelegten Grundsatz pacta sunt servanda — setzt dagegen *nach dem pactum* eine wesentliche Veränderung der Umstände voraus. Wird danach also der Wille der Vertragspartner richtig ermittelt, so steht eine einseitige Vertragsbeendigung nicht im Widerspruch, sondern in Übereinstimmung mit Artikel 26.

[33] Siehe Y.I.L.C. 1963 II, S. 69, Ziff. 22.

[34] Siehe Y.I.L.C. 1963 II, S. 64.

dieser Vorschrift geht ferner hervor, daß die Rheinschiffahrtsakte nicht als ein Abkommen angesehen werden kann, bei dem gemäß Artikel 56 § 1 Buchst. b WVK „a right of denunciation or withdrawal may be implied by the nature of the treaty".

Bei der Redaktion der Vorschrift des Artikels 41 WVK, welche die Frage der Zulässigkeit von einseitigen Vertragsänderungen behandelt, hat die I. L. C. dem Grundsatz der Einstimmigkeit nicht in dem gleichen Maße die Bedeutung zugemessen, wie sie dies bei der Regelung des Artikels 56 WVK getan hat. Ausschlaggebend dafür ist das aus der Staatenpraxis ersichtliche Bedürfnis nach einer elastischen Lösung in dieser Frage gewesen[35]. Die Wiener Vertragskonvention hat dementsprechend in Artikel 41 die Technik der einseitigen Vertragsänderung im Wege eines inter-se-Abkommens als grundsätzlich zulässig anerkannt. Zugleich sind in dieser Bestimmung jedoch die Bedingungen für ein solches Vorgehen festgelegt worden, um den Gefahren einer mißbräuchlichen Handhabung dieser Vorschrift zu begegnen. Gemäß Artikel 41 WVK ist daher eine einseitige Vertragsänderung verboten, wenn durch sie die Rechte der nicht dem neuen Übereinkommen angehörigen Parteien aus dem alten Vertrag beeinträchtigt werden, bzw. die neue Übereinkunft das Funktionieren des älteren Abkommens in Frage stellt. Ferner wird der Abschluß eines inter-se-Abkommens dann als unzulässig erachtet, wenn ein solches Vorgehen eindeutig dem Willen der vertragschließenden Parteien der älteren Übereinkunft widerspricht[36]. Der einseitigen Vertragsänderung steht also gemäß Artikel 41 WVK im Unterschied zu der in Artikel 56 WVK getroffenen Regelung das Einstimmigkeitsprinzip nur *ausnahmsweise* entgegen. Fraglich ist allerdings, ob der Wille der Parteien, nach dem jegliche einseitige, spätere Vertragsänderung ausgeschlossen sein sollte, ausdrücklich im Vertragstext seinen Niederschlag gefunden haben muß. Für eine solche Annahme spricht zwar die Formulierung in Artikel 41 § 1 Buchstabe b WVK, wonach der Abschluß eines inter-se-Ab-

---

[35] Vgl. Y.I.L.C. 1964 II, S. 49 - 51, die Ziffern 7 - 9 und 13 und 14; Y.I.L.C. 1966 II, S. 235, Ziff. 1.

[36] Das Wort „and" in Artikel 41 § 1 Buchst. b erweckt zwar den Anschein, als ob ein vertragliches Verbot allein nicht ausreiche, sondern zusätzlich noch Verstöße gegen die beiden nachfolgenden Buchstaben (i) und (ii) vorliegen müßten. Die Erläuterungen der I.L.C. zu der Vorschrift des Artikels 37 des Vertragsentwurfes aus dem Jahre 1966, die wörtlich mit der Bestimmung des Artikels 41 WVK übereinstimmt, zeigen jedoch, daß dies nicht zutrifft. Siehe Y.I.L.C. 1966 II, S. 233, Ziff. 2: "The second and third conditions (gemeint sind Artikel 41 § 1 Buchst. b (ii) und Buchst. b), it is true, overlap to some extent since an inter-se-agreement incompatible with the object and purpose of the treaty may be said to be impliedly prohibited, by the treaty. Nevertheless, the Commission thought it desirable for the principle contained in the second condition to be stated separately; and it is always possible that the parties might explicitly forbid any inter se modifications; thus excluding even minor modifications not caught by the second condition."

kommens nur dann als zulässig erachtet wird, „if the modification in question is not prohibited by the treaty“, wie auch der beispielhafte Verweis in den Erläuterungen der I. L. C. auf die Vorschrift des Artikels 20 der Berliner Konvention zum Schutze von Werken der Literatur und Kunst vom 13. November 1908[37]. Dennoch bestehen Zweifel, ob diese Auffassung ohne jegliche Differenzierung auf alle vor der Unterzeichnung der Wiener Konvention abgeschlossenen Verträge angewandt werden kann[38]. In Anbetracht der herausragenden Bedeutung, welche dem Einstimmigkeitsprinzip bei Vertragsabschlüssen noch im vorigen Jahrhundert zugemessen wurde, wird man zu berücksichtigen haben, daß in diesen Abkommen Vorschriften zum Verbot einseitiger Vertragsänderungen häufig als selbstverständlich weggelassen worden sind. Es erscheint daher geboten, der in Artikel 41 WVK vorgesehenen Verbotsregelung auch dann Rechnung zu tragen, wenn aus dem Willen der Parteien einer im vorigen Jahrhundert abgeschlossenen Übereinkunft zwingend zu folgern ist, daß jegliche einseitige Vertragsänderung ausgeschlossen sein sollte.

4. Das Einstimmigkeitsprinzip in der Rheinschiffahrtsakte

Eine Ermittlung des Willens der Signatarstaaten der Mannheimer Akte zeigt, daß eine Abänderung oder Beendigung dieses Übereinkommens nur mit dem Einverständnis aller Vertragspartner erfolgen sollte. Schon Artikel 116 S. 2 WSA sah vor, daß ein Übereinkommen — einmal eingeführt — nur mit Zustimmung aller Vertragspartner sollte geändert werden können. Die Mainzer Akte bestimmte dementsprechend in Artikel 109: „Diese Rheinschiffahrts-Ordnung gilt als ein Vertrag, der nur mit allseitiger Bewilligung eine Abänderung erleiden kann.“ Das *Revisionsabkommen,* das 1868 mit der Zustimmung aller Vertragsparteien zustande kam, enthält diese Vorschrift nicht mehr. Die Revisionsprotokolle geben auch keinen Aufschluß für das Fehlen dieser Bestimmung. Eine Erklärung dafür wird man jedoch in dem Bestreben der Revision von 1868 zu suchen haben, den Vertragstext zu straffen[39]. Keineswegs kann aus dem Weglassen dieser Vorschrift in der Mannheimer Akte der Schluß gezogen werden, daß dieser essentielle Grundsatz der zu revidierenden Rheinschiffahrtsordnung von Mainz aufgegeben werden sollte. Dagegen spricht insbesondere die begrenzte Zielsetzung der Revision[40].

---

[37] Siehe Y.I.L.C. 1966 II, S. 235, Ziff. 2. Den Text der Vorschrift siehe bei Martens, N.R.G., Serie 3, Bd. IV (1911), S. 604.

[38] Bedenken dieser Art trägt die Wiener Vertragsrechtskonvention selbst schon in Artikel 4 Rechnung.

[39] Vgl. Stenographische Berichte über die Verhandlungen des Preußischen Herrenhauses 1868 - 1869, Bd. I, S. 83.

[40] Vgl. die Ausführungen unter Teil 1, Kapitel 1, II. 1.

Die Aufgabe des Einstimmigkeitsprinzips bei Vertragsänderungen hätte eine revolutionäre Umgestaltung eines Eckpfeilers der Wiener Grundsätze wie auch der Mainzer Akte bedeutet und mit Sicherheit als eine neue Stipulation in den Revisionsprotokollen Erwähnung gefunden. Da dies nicht der Fall ist, wird man davon ausgehen müssen, daß nach dem Willen der Verfasser der Akte von 1868 auf Grund dieses als selbstverständlich angenommenen Prinzips die Akte *selbst* nur mit Zustimmung aller Vertragspartner sollte abgeändert oder gekündigt werden können. Es ist daher festzustellen, daß die Rheinschiffahrtsakte von Mannheim ein Vertragswerk darstellt, welches die in der Zentralkommission vertretenen EWG-Mitgliedstaaten nicht gemäß Artikel 41 WVK im Wege eines inter-se-Abkommens zu modifizieren vermögen, und das von ihnen auch nicht gemäß Artikel 56 WVK gekündigt werden kann[41].

III. Die clausula rebus sic stantibus

Dieses Ergebnis gibt Anlaß zu der Frage, ob die EWG-Mitgliedstaaten sich unter Berufung auf eine „wesentliche Veränderung der Umstände“ von ihren Verpflichtungen aus der Mannheimer Akte lösen können.

Die Wiener Konvention hat den Bestrebungen nach einer Anerkennung des Grundsatzes der clausula rebus sic stantibus in Artikel 62[42] unter der Überschrift „fundamental change of circumstances“[43] Rechnung getragen[44]. Diese Vorschrift stellt im Verhältnis zu anderen Bestimmun-

---

[41] Selbst wenn man im Unterschied zu der hier dargelegten Auffassung die Meinung vertritt, daß die Mannheimer Akte kein Verbot zu ihrer einseitigen Modifikation enthält, so könnten dennoch zumindest in der Margentarif-, Kapazitäts- und Wegekostenregelung keine gemäß Artikel 41 WVK zulässigen inter-se-Abkommen erblickt werden, da die in diesen gemeinschaftlichen Vorschlägen vorgesehenen Maßnahmen die Rechte der Drittstaaten in der Zentralkommission gemäß den Artikeln 1 und 3 der Mannheimer Akte beeinträchtigen würden. Vgl. die Ausführungen auf den Seiten 73 - 77.

[42] Artikel 62 bestimmt in § 1:

1. A fundamental change of circumstances which has occurred with regard to those existing at the time of the conclusion of a treaty, and which was not foreseen by the parties, may not be invoked as a ground for terminating or withdrawing from the treaty unless:
   (a) the existence of those circumstances constituted an essential basis of the consent of the parties to be bound by the treaty; and
   (b) the effect of the change is radically to transform the extent of obligations still to be performed under the treaty.

[43] Die Formulierung „clausula rebus sic stantibus“ ist bewußt vermieden worden, um die der Vorschrift des Artikels 62 zugrunde liegende Regelung von der Theorie der „implied terms“ abzugrenzen. Siehe dazu im einzelnen Y.I.L.C. 1966 II, S. 258, Ziff. 7.

[44] Auf die Problematik der Anerkennung dieser Doktrin in der Völkerrechtslehre und in der internationalen Rechtsprechung sowie auf das Verhältnis dieser Doktrin zu dem Grundsatz pacta sunt servanda wird hier nicht eingegangen. Zum Stand der Lehre siehe Y.I.L.C. 1963 II, S. 207, Ziff. 1 und Fußnote 59 auf

gen der Konvention einen Auffangtatbestand dar[45]. Selbst wenn den Parteien z. B. die Abänderung oder Kündigung eines Vertrages gemäß den Artikeln 41 und 56 WVK verwehrt ist, so kann dennoch gemäß Artikel 62 die einseitige Beendigung oder Kündigung des Vertrages auf Grund einer fundamentalen Veränderung der Verhältnisse als gerechtfertigt angesehen werden.

Solche Schritte sind jedoch nur im Rahmen der in Artikel 62 WVK statuierten Ausnahmen von dem für das Völkervertragsrecht grundlegenden Grundsatz pacta sunt servanda (Artikel 26 WVK) möglich. Schon aus den Vorarbeiten der I. L. C. zu dem späteren Artikel 62 WVK ist ebenso deutlich wie aus der negativen Formulierung dieser Vorschrift selbst zu entnehmen, daß diese Ausnahmen ganz eng auszulegen sind[46]. Dies geht auch klar aus den Stellungnahmen einer Reihe von Regierungen zu dieser Bestimmung hervor[47]. Es bestehen daher Bedenken, ob in der veränderten Wirtschaftskonzeption im EWG-Vertrag bzw. in dem Zusammenschluß einiger Rheinuferstaaten in einer der Mannheimer Akte gegenüber engeren Integrationsgemeinschaft Entwicklungen gesehen werden können, die den in Artikel 62 WVK genannten Bedingungen entsprechen und damit ausnahmsweise ein Abweichen von dem Grundsatz pacta sunt servanda rechtfertigen.

1. Zur Lösung der institutionellen Konflikte

Artikel 62 WVK kommt gemäß § 1 nur zur Anwendung, wenn bei dem Abschluß der Mannheimer Akte das mögliche Zusammengehen einiger Partnerstaaten in einer engeren Integrationsgemeinschaft nicht vorausgesehen worden ist. Die Vorschrift des Artikels 13 der Mannheimer Akte läßt jedoch erkennen, daß die Verfasser der Akte eine solche Entwicklung durchaus in Betracht gezogen haben[48]. Diese Bestimmung ist auf dem Hintergrund der Gründung des deutschen Zollvereins zu sehen, der — wie bereits aufgezeigt[49] — mit dem Vertrag zur Gründung der Europäischen Wirtschaftsgemeinschaft eine ganze Anzahl von Übereinstimmungen aufweist[50]. Der Aufbau der Gemeinschaft ist noch nicht einmal bis

---

derselben Seite. Zum Stand der internationalen und nationalen Rechtsprechung siehe Y.I.L.C. 1963 II, S. 207 - 209, die Ziffern 2 - 4 sowie die Fußnoten 60 - 75 auf denselben Seiten. Zum Verhältnis der beiden Prinzipien zueinander siehe Y.I.L.C. 1963 II, S. 258, Ziff. 7.

[45] Vgl. auch *Dahm*, Völkerrecht, Bd. III, S. 150, der in der clausula rebus sic stantibus ein allgemeines subsidiäres Prinzip sieht.

[46] Vgl. *Schwelb*, S. 45 - 48.

[47] Vgl. Y.I.L.C. 1966 II, S. 258, Ziff. 5.

[48] Vgl. *Krzizanowski*, S. 369.

[49] Vgl. die Ausführungen unter Teil 1, Kapitel 1, IV.

[50] Vgl. *Krzizanowski*, S. 369.

zur Einführung eines weitgehend einheitlichen Steuersystems gediehen, wie es schon in Artikel 13 der Mannheimer Akte vorgesehen ist. Es muß dementsprechend schon aus diesem Grund den EWG-Mitgliedstaaten verwehrt sein, sich unter Berufung auf eine fundamentale Veränderung der Umstände von den Verpflichtungen aus der Mannheimer Akte loszusagen. Dieses Ergebnis folgt ferner aus der Feststellung, daß die institutionellen Konflikte zwischen dem Rheinschiffahrts- und Gemeinschaftsrecht aus einem Wandel der von den EWG-Mitgliedstaaten mit Gründung der Europäischen Wirtschaftsgemeinschaft verfolgten Politik resultieren. Solche von einigen Vertragsparteien selbst herbeigeführten und damit auch selbst zu verantwortenden politischen Veränderungen stellen nämlich grundsätzlich keinen Grund dar, sich unter Berufung auf Artikel 62 von ihren vertraglichen Pflichten einseitig loszusagen. Diese Ansicht ist eindeutig den Vorarbeiten der I. L. C. zu Artikel 62 WVK zu entnehmen und steht in Übereinstimmung mit einer in der Völkerrechtslehre weithin vertretenen Auffassung[51].

2. Zur Lösung der materiell-rechtlichen Kollisionen

Es bestehen auch Zweifel, ob die der Mannheimer Akte gegenüber gewandelte Wirtschaftskonzeption im EWG-Vertrag als so grundlegend anzusehen ist, daß den EWG-Mitgliedstaaten die unveränderte Fortsetzung ihrer Vertragspflichten nach Billigkeit und Treu und Glauben nicht zugemutet werden könnte[52]. Die Vorstellungen von den Grenzen wirtschaftlicher Freiheit des Einzelnen im EWG-Vertrag sind grundsätzlich vom Wirtschaftsfreiheitsbegriff nach der Mannheimer Akte nicht so verschieden, daß z. B. nur alles erlaubt wäre, was nicht verboten ist. Die Wirtschaftskonzeption im EWG-Vertrag beinhaltet grundsätzlich nur eine „Verfeinerung"[53] der schon im 19. Jahrhundert bestehenden Möglichkeiten der Staaten, in die Wirtschaftsfreiheit der Rheinschiffahrttreibenden einzugreifen und sie zu beschränken. In einer solchen Verfeinerung wird man jedoch nur schwerlich eine grundlegende, „umstürzende"[54] Veränderung im Sinne von Artikel 62 WVK erblicken können.

Die von der Wirtschaftskonferenz der Rheinschiffahrt empfohlenen Maßnahmen der Förderung internationaler Frachtenvereinbarungen auf privatrechtlicher Basis oder der Bildung freiwilliger Organisationen der Anbieter von Transportleistungen[55] zeigen z. B. im Vergleich zu den Ge-

---

[51] Vgl. Artikel 22 Abs. 3 des second report on the law of treaties, in: Y.I.L.C. 1963 II, S. 84; Y.I.L.C. 1966 II, S. 259, Ziff. 10; *Verdross*, Völkerrecht, S. 181 und 182; *Dahm*, Völkerrecht, Bd. III, S. 150.

[52] Vgl. *Berber*, Völkerrecht, Bd. I, S. 463.

[53] Vgl. *Scheuner* wie unter Anm. 106, Teil 1, Kapitel 1, II.

[54] *Berber*, Völkerrecht, Bd. 1, S. 463.

[55] Vgl. die Ausführungen auf S. 40.

meinschaftsregelungen, daß letztere nur andere Möglichkeiten zur Behebung der wirtschaftlichen Notlage im Rheinschiffahrtshandel darstellen. Wenn daher bestimmte Arten von Gemeinschaftsmaßnahmen im Hinblick auf Vorschriften der Mannheimer Akte ausgeschlossen sind, so mag dies für die verkehrswirtschaftliche Politik der Gemeinschaft lästig und unbequem sein, jedoch nicht im Sinne von Artikel 62 WVK unzumutbar. Die der Rheinschiffahrtsakte gegenüber gewandelte Wirtschaftskonzeption im EWG-Vertrag stellt daher eine der Veränderungen dar, die *Fitzmaurice* treffend mit den Sätzen charakterisiert hat: „As a rule they do not render the execution of the treaty either impossible or materially difficult, or its objects impossible of realization, or destroy its value or raison d'être. What they may tend to influence is the willingness of one or the other of the parties, on ideological or political grounds — often of an internal character — to continue to carry it out[56]."

Es ist daher festzustellen, daß die EWG-Mitgliedstaaten sich nicht unter Berufung auf eine wesentliche Veränderung der Umstände aus ihren vertraglichen Verpflichtungen nach der Mannheimer Akte lösen können.

IV. Die Vorrangregelung gemäß Artikel 30 der Wiener Vertragsrechtskonvention

Es ist oben aufgezeigt worden, daß Vorschriften der Mannheimer Akte auch nicht mit Wirkung allein für die EWG-Mitgliedstaaten abänderbar sind und folglich in den Gemeinschaftsverordnungen keine völkerrechtlich zulässigen inter-se-Abkommen erblickt werden können. Es erhebt sich damit die Frage, welche Rechtsfolgen eintreten, wenn dennoch mit dem Rheinschiffahrtsrecht kollidierende Gemeinschaftsnormen in Kraft gesetzt werden. Es handelt sich also um die Problematik, ob einseitige Vertragsänderungen, die unter Mißachtung des Völkervertragsrechts zustandekommen und damit Vertragskollisionen schaffen, als nichtig anzusehen sind oder nur einen Zustand der Vertragskonkurrenz schaffen. Diese Frage ist Gegenstand eingehender Erörterungen aller drei Berichterstatter der I. L. C. — *Lauterpacht, Fitzmaurice* und *Waldock* — gewesen.

Lauterpacht befürwortete in Anlehnung an die abweichenden Voten der Richter *v. Eysinga* und *Schücking* im Oscar-Chinn-Fall grundsätzlich die Nichtigkeit des jüngeren Vertrages gegenüber dem älteren[57]. *Fitzmaurice* und *Waldock* dagegen lehnten in Übereinstimmung mit einer Anzahl neuerer Autoren[58] die Nichtigkeitsfolge ab[59]. Die „Vertragskon-

---

[56] Zitiert in Y.I.L.C. 1963 II, S. 80.

[57] Vgl. Y.I.L.C. 1963 II, S. 55, Ziff. 7.

[58] Siehe die Literaturangaben in Y.I.L.C. 1963 II, S. 55, Fußnote 52.

[59] Vgl. Y.I.L.C. 1963 II, S. 56 - 58, die Ziffern 13 und 19.

kurrenz" ist nach ihrer Ansicht mit Hilfe eines „Vorranges" des älteren Vertrages und in Anbetracht der „Verantwortlichkeit" der Unterzeichnerstaaten des neueren Abkommens zu lösen[60]. Sie begründen ihre Auffassung im wesentlichen damit, daß die Beseitigung von Vertragskollisionen eher elastische als starre Regeln erfordere[61]. Zwar sei die internationale Rechtsprechung zu dieser Problematik wenig aufschlußreich. Dennoch deute auch die vom Ständigen Internationalen Gerichtshof im European Commission on the Danube —[62] und im Oscar-Chinn-Fall[63] eingenommene Haltung eher auf eine elastische als starre Lösung hin[64]. Sie verweisen ferner auf die in Artikel 103 der Charta der Vereinten Nationen[65] getroffene Regelung[66].

Unterschiede bestehen zwischen den beiden Berichterstattern allerdings in der Frage, ob diese Regelung nur für Verträge „of a mutually reciprocating type" gelten oder sich auch auf Vertragswerke mit einem integralen oder interdependenten Charakter der in ihnen statuierten Verpflichtungen erstrecken soll. *Fitzmaurice* befürwortete für die letzt genannte Art von Verträgen eine besondere Regelung, weil im Falle ihrer Abänderung das gesamte ihnen zugrunde liegende Regime erschüttert werden könne. Der kollidierende neue Vertrag sollte daher nichtig sein[67]. *Waldock* ist dieser Auffassung nicht gefolgt. Nach seiner Ansicht sind Kollisionen auch bei Verträgen mit einem integralen oder interdependenten Charakter ihrer Verpflichtungen grundsätzlich in Anbetracht der oben angegebenen Regeln zu lösen. Er begründet seine Ansicht im wesentlichen damit, daß mit der Rechtsfolge der Nichtigkeit des jüngeren Abkommens den Verträgen mit einer integralen oder interdependenten Natur ihrer Verpflichtungen generell ein ius-cogens-Charakter zugemessen werde. Diese Ansicht habe aber im internationalen Recht noch keine Anerkennung gefunden[68]. Die I. L. C. ist in ihrem Bericht an die Generalversammlung dieser Aufassung gefolgt[69]. Sie hat dementsprechend auch in Artikel 30 WVK § 4 i. V. m. § 3 ihren Niederschlag gefunden[70].

---

[60] Vgl. Y.I.L.C. 1963 II, S. 55 - 58, die Ziffern 9, 19, 20.

[61] Vgl. Y.I.L.C. 1963 II, S. 56, Ziff. 12 und 13.

[62] STIGH, Entscheidungssammlung, Serie B, Nr. 13.

[63] STIGH, Entscheidungssammlung,Serie A/B, Nr. 63.

[64] Vgl. Y.I.L.C. 1963 II, S. 58, 59, Ziff. 18 und 19.

[65] Text: „Widersprechen sich die Verpflichtungen von Mitgliedstaaten der Vereinten Nationen aus dieser Charta und ihre Verpflichtungen aus anderen internationalen Übereinkünften, so haben die Verpflichtungen aus dieser Charta Vorrang."

[66] Vgl. Y.I.L.C. 1963 II, S. 55, 56 und 61, Ziff. 10, 11 und 33.

[67] Vgl. Y.I.L.C. 1963 II, S. 58, 59, Ziff. 22 - 24.

[68] Vgl. Y.I.L.C. 1963 II, S. 59 und 60, Ziff. 25, 26, 30.

[69] Vgl. Y.I.L.C. 1964 II, S. 191, Ziff. 16; Y.I.L.C. 1966 II, S. 217, Ziff. 17.

[70] Artikel 30 WVK bestimmt in den §§ 3 und 4:
§ 3 When all the parties to the earlier treaty are parties also to the later treaty

Danach wird man davon auszugehen haben, daß ein inter-se-Abkommen, das unter Außerachtlassung der in Artikel 41 WVK genannten Bedingungen zustandekommt, grundsätzlich[71] nicht als nichtig im Sinne von Artikel 53 WVK anzusehen ist. Die aus der Mißachtung des Artikels 41 folgenden Kollisionen sind vielmehr in Anbetracht von Artikel 30 WVK zu lösen. Die Artikel 41 und 30 WVK stellen folglich zwei sich ergänzende Vorschriften dar. Dabei enthält Artikel 30 allein Regeln für den gegebenen Konfliktsfall, derweil Artikel 41 das Entstehen von Vertragskonkurrenzen überhaupt verhindern soll[72]. In Artikel 41 ist also eine „präventive" Vorschrift zu sehen, während Artikel 30 eine Art „zweite Verteidigungslinie" enthält, die zur Anwendung gelangt, wenn die Schwelle des Artikels 41 überschritten worden ist[73].

Es erscheint allerdings fraglich, ob mit der Vorrangregelung gemäß Artikel 30 § 4 i. V. m. § 3 WVK die materiellen Kollisionen zwischen dem Rheinschiffahrts- und Gemeinschaftsrecht zu beheben sind[74]. Durch den EWG-Vertrag ist ebenso wie auf Grund der Mannheimer Akte ein Regime mit Verpflichtungen von integraler oder interdependenter Natur geschaffen worden. Es enthält grundsätzlich ebensowenig wie das Rheinschiffahrtsregime ein Bündel von aufspaltbaren Rechten und Pflichten, sondern beide sind eng miteinander verkettet. Artikel 30 WVK mag daher eine praktikable Lösung für aufspaltbare Verträge wie z. B. Handelsabkommen enthalten, wo eine Suspension von Teilbereichen des Vertrages möglich ist. Dagegen bestehen Zweifel, ob diese Regelung auch dort hilfreich sein kann, wo zwei „Regime" aufeinanderprallen, die jeweils

---

but the earlier treaty is not terminated or suspended in operation under Article 59, the earlier treaty applies only to the extent that its provisions are compatible with those of the later treaty.

§ 4 When the parties to the later treaty do not include all the parties to the earlier one:

(a) as between states parties to both treaties the same rules applies as in paragraph 3;

(b) as between a state party to both treaties and a state party to only one of the treaties, the treaty to which both states are parties governs their mutual rights and obligations.

[71] Zu Ausnahmen siehe *Waldock*, wie unter Anm. 68.

[72] Vgl. die Ausführungen des Delegierten von Uruguay, in: United Nations Conference on the law of treaties, official records, first session (März - Mai 1968), S. 206, Ziff. 42 - 44.

[73] Vgl. die Ausführungen des amerikanischen Delegierten wie unter Anm. 72, second session (April - Mai 1969), S. 56, Ziff. 53.

[74] Für die institutionellen Konflikte zwischen den beiden Rechtsordnungen erscheint eine solche Lösung überhaupt ausgeschlossen. Sie ergeben sich nämlich nicht daraus, daß Vorschriften des Gemeinschaftsrechts „unvereinbar" i. S. von Artikel 30 WVK mit Bestimmungen nach der Rheinschiffahrtsakte wären, sondern folgen allein aus der Übertragung von Rechtsetzungsbefugnissen der Mitgliedstaaten auf die Gemeinschaft.

eine integrale Einheit bilden[75]. Selbst wenn man dies annimmt, so bestehen gegen eine Anwendbarkeit des Artikels 30 WVK jedoch insoweit weitere Bedenken, als die Verordnungen der Gemeinschaft keine klassischen völkerrechtlichen Verträge darstellen, sondern Rechtsakte einer den EWG-Mitgliedstaaten gegenüber eigenständigen Institution bilden. Sollte sich allerdings herausstellen, daß die Gemeinschaft an die internationalen Vertragsbeziehungen ihrer Mitglieder gebunden ist, so könnte grundsätzlich auch ihren Rechtsakten gegenüber die Vorrangregelung des Artikels 30 WVK zum Tragen gelangen. Der Gemeinschaft müßte es dann nämlich verwehrt sein, Recht zu setzen, das im Widerspruch zu den früheren internationalen Übereinkünften ihrer Mitgliedstaaten stände. Täte sie es dennoch, so wäre grundsätzlich davon auszugehen, daß über die Brücke der Bindung an die internationalen Vertragsbeziehungen der Mitgliedstaaten die Vorrangregelung des Artikels 30 WVK auch Gemeinschaftsnormen gegenüber zur Entfaltung gelänge.

---

[75] Vgl. zu diesen Bedenken auch *Riphagen*, S. 320: "It is certainly clear that this solution can be applied only with difficulty to the interplay between the Acts of Mannheim and the E.E.C. Treaty, both of which Treaties — be it from different points of view — create an indivisible regime."

2. Kapitel

Die Lösung der Probleme zwischen der Rheinschiffahrtsakte und dem EWG-Vertrag in Anbetracht der besonderen Rechtsnatur des Gemeinschaftsrechts

I. Die Bindung der Gemeinschaft an die internationalen Vertragsbeziehungen ihrer Mitgliedstaaten

1. Die Bindung auf Grund einer analogen Anwendung der Staatensukzessionsregeln

Eine unmittelbare Bindung der Gemeinschaft an die Verpflichtungen ihrer Mitgliedstaaten aus der Mannheimer Akte scheint *Walter Müller* unter Berufung auf eine *analoge* Anwendung der für eine Staatensukzession geltenden allgemeinen Regeln des Völkerrechts befürworten zu wollen[1]. Aus völkerrechtlicher Sicht spricht zwar für seine Auffassung, daß in der Lehre zumindest bei kollektiven und radizierten Verträgen[2] — wie der Mannheimer Akte — insoweit weitgehende Übereinstimmung besteht, als im Falle einer klassischen Staatensukzession der Nachfolgestaat in vollem Umfang in die Rechte und Pflichten dieser Verträge eintritt[3]. Dennoch bestehen Bedenken, mit Hilfe einer analogen Anwendung dieser Regel eine unmittelbare Bindung der Gemeinschaft an die internationalen Vertragspflichten ihrer Mitgliedstaaten zu begründen. Diese Auffassung ist nämlich nur schwerlich mit Wortlaut, Sinn und Zweck einer Reihe von Vorschriften in den Europäischen Gründungsverträgen in Einklang zu bringen.

Der Euratomvertrag hat in den Artikeln 105 und 106 die Beziehungen, die zwischen den außergemeinschaftlichen Abkommen und dem Gemeinschaftsrecht bestehen sollen, vielleicht am klarsten geregelt. Nach diesen Bestimmungen sind drei Stufen zu unterscheiden:

— Soweit Verträge mit Drittstaaten nicht innnerhalb von 30 Tagen nach Inkrafttreten des Euratomabkommens der Kommission von den Mit-

---

[1] Vgl. Rechtsstellung, S. 160 und 161.

[2] Darunter sind Verträge mit einer territorialen Beziehung zu verstehen, die bestimmte örtliche Verhältnisse regeln, und die sinnvoll nur für Parteien im Besitz der Örtlichkeit sind. Vgl. *Dahm*, Völkerrecht, Bd. I, S. 108.

[3] *Dahm*, Völkerrecht, Bd. I, S. 108; *Guggenheim*, Traité, Bd. I, S. 464 und 465; *Verdross*, Völkerrecht, S. 255 und 256; *Romano*, S. bei *Sereni*, S. 263.

gliedstaaten mitgeteilt worden sind, sollen diese Übereinkünfte der Gemeinschaft von den Mitgliedstaaten nicht mehr entgegengehalten werden können[4]. In bezug auf diese Vereinbarungen wird also davon ausgegangen, daß für die Gemeinschaft eine uneingeschränkte Freiheit zu eigener Rechtsetzung besteht[5].

— Die Durchführung von Vereinbarungen und Abkommen, für die die 30-Tagefrist eingehalten worden ist, kann nicht auf Grund der Vorschriften des Euratomvertrages beanstandet werden. Diese Verträge zeitigen also gewisse Auswirkungen im gemeinschaftsinternen Raum, aber nicht im Sinne einer Bindung der Gemeinschaft. Die Auswirkungen bestehen allein darin, daß das Gemeinschaftsrecht innergemeinschaftlich bestimmten Mitgliedstaaten gegenüber nicht durchsetzbar ist. Die früheren Übereinkünfte beeinträchtigen also allein den Anspruch des Gemeinschaftsrechts auf allgemeine Geltung in jedem Mitgliedstaat gemäß Artikel 161 Abs. 2 EAGV.

— Von der in Artikel 105 Abs. 1 EAGV getroffenen generellen Regelung sind Abkommen auf dem Gebiet der Kernenergie ausgenommen und in Artikel 106 Abs. 1 EAGV einer Sonderregelung unterworfen worden[6]. Diese Bestimmung ist deshalb von Bedeutung, weil sie über die rein innergemeinschaftliche Konzeption des Artikels 105 EAGV hinausgeht, und eine entsprechende Anwendung auf die „angemeldeten Verträge" gemäß Artikel 105 EAGV nicht ausgeschlossen erscheint. Artikel 106 EAGV sieht vor, daß die Mitgliedstaaten verpflichtet sein sollen, gemeinsam mit der Kommission Verhandlungen mit den Drittstaaten zu führen, *„damit die Gemeinschaft soweit wie möglich die Rechte und Pflichten aus den (früheren) Abkommen übernimmt"*. Diese Vorschrift sucht also im außergemeinschaftlichen Raum, im Wege einer *vertraglichen Übernahme* durch die Gemeinschaft, die Beziehungen zwischen den verschiedenen Verträgen zu regeln[7]. *Errera* hat darauf

---

[4] Laut Auskunft aus dem Bundesministerium für Verkehr ist die Mannheimer Akte der Kommission der Europäischen Gemeinschaften nicht gemäß Artikel 105 Abs. 1 EAGV mitgeteilt worden.

[5] Auf die Frage, ob diese Konzeption eine „ultra vires" Konstruktion enthalte, hat *Pescatore* hingewiesen. Siehe Rel. Ex., S. 162.

[6] Zur Entstehungsgeschichte dieser Vorschrift siehe *Errera*, Anm. 185 auf S. 188; *Lörcher*, S. 187.

[7] Siehe dazu die amtlichen Erläuterungen der Bundesregierung, in: Verhandlungen des Deutschen Bundestages, 2. Wahlperiode, Drs. Nr. 3440, Anlage C, S. 191: „Abs. 1 verpflichtet die Mitgliedstaaten, zusammen mit der Kommission Verhandlungen mit ihren staatlichen Vertragspartnern außerhalb des Gebietes der Gemeinschaft zu führen mit dem Ziel, der Gemeinschaft soweit möglich die Rechtsnachfolge in die mit den dritten Staaten geschlossenen Abkommen über die Zusammenarbeit auf dem Gebiet der Kernenergie zu ermöglichen. Eine solche Überführung der vertraglichen Verpflichtungen eines Mitgliedstaates auf die Gemeinschaft erfordert eine *neue Übereinkunft* zwischen den an dem Abkommen beteiligten Staaten und der Gemeinschaft."

hingewiesen, daß die dem Artikel 106 zugrunde liegende Konzeption auch auf die Fälle des Artikels 105 EAGV 2. Alternative Anwendung finden müsse, da kein zwingender Grund ersichtlich sei, der Kommission die in Artikel 106 EAGV vorgesehene Verhandlungskompetenz für die angemeldeten Verträge gemäß Artikel 105 EAGV zu versagen[8]. Darüberhinaus muß es im Interesse der Mitgliedstaaten selbst liegen, nach dem Verlust ihrer materiellen Kompetenz die ihnen verbliebenen Pflichten auf die Gemeinschaft zu übertragen.

Diese 3-stufige Regelung läßt deutlich werden, daß die Gemeinschaft nach dem Euratom-Vertrag grundsätzlich nicht im Wege einer analogen Anwendung der Staatensukzessionsregeln an die außergemeinschaftlichen Verpflichtungen ihrer Mitgliedstaaten gebunden sein sollte. Ein Eintreten der Gemeinschaft in die Rechte und Pflichten aus den früheren Übereinkünften — und zwar so weit wie möglich und nicht in vollem Umfang — ist, wenn überhaupt, allein auf dem Wege über Verhandlungen durch einen eigenständigen Vertragsabschluß der Gemeinschaft mit dem oder den Drittstaaten vorgesehen. Eine automatische Rechtsnachfolge auf Grund von innergemeinschaftlichen Kompetenzverschiebungen sollte also grundsätzlich ausgeschlossen sein[9].

Im EWG-Vertrag sind die Beziehungen, die zwischen den außergemeinschaftlichen Abkommen der Mitgliedstaaten und dem Gemeinschaftsrecht bestehen sollen, generell in Artikel 234 Abs. 1 EWGV geregelt. Die dort vorgesehene Lösung geht über die in Artikel 105 EAGV bestimmte Regelung für die angemeldeten Verträge nicht hinaus. Im Unterschied zum Euratom-Vertrag enthält der EWG-Vertrag dagegen aber keine dem Artikel 106 EAGV entsprechende Regelung, die — wenn auch unter bestimmten Voraussetzungen — eine Rechtsnachfolge der Gemeinschaft in die früheren Verträge *überhaupt* vorsieht. Wie der Vorschrift des Artikels 234 Abs. 2 EWGV vielmehr zu entnehmen ist, zielt dieser Vertrag im Gegenteil darauf ab, daß die Mitgliedstaaten sich aus diesen Übereinkünften lösen sollen[10].

Aus Wortlaut, Sinn und Zweck der angeführten Vorschriften ist daher zu folgern, daß durch diese Bestimmungen eine analoge Anwendung der für eine echte Staatensukzession aufgestellten allgemeinen Völkerrechtsgrundsätze auf die innergemeinschaftlichen Beziehungen *grundsätzlich* zumindest insoweit ausgeschlossen werden sollte, als dadurch die Gemein-

---

[8] *Errera*, Anm. 184 auf S. 187: "Elle est, en outre, indispensable pour permettre à la Commission d'entamer les négociations prévues à l'article 106." Vgl. in diesem Sinne auch *Pescatore*, Rel. Ex., S. 112.

[9] Vgl. in diesem Sinne schon *Pescatore*, Rel. Ex., S. 113; *Partsch*, S. 324.

[10] Siehe dazu im einzelnen die Ausführungen in Anm. 1 unter Teil 2, Kapitel 1, I. sowie die Ausführungen unter Teil 2, Kapitel 2, I. 2 b.

schaft *unmittelbar* an die früheren Übereinkünfte ihrer Mitgliedstaaten gebunden würde.

2. Die Bindung im Hinblick auf den Grundsatz pacta sunt servanda

Es bleibt aber zu untersuchen, ob die Gemeinschaft im Hinblick auf den Grundsatz pacta sunt servanda an die internationalen Vertragsbeziehungen ihrer Mitglieder gebunden ist. Anlaß zu dieser Überlegung gibt die Vorschrift des Artikels 234 Abs. 1 EWGV, die besagt:

„Die Rechte und Pflichten aus Übereinkünften, die vor Inkrafttreten dieses Vertrages zwischen einem oder mehreren Mitgliedstaaten einerseits und einem oder mehreren dritten Ländern andererseits geschlossen wurden, werden durch diesen Vertrag nicht berührt".

Mit Hilfe dieser Bestimmung könnten die Mitgliedstaaten den sie bindenden Grundsatz pacta sunt servanda an die Gemeinschaft mit der Konsequenz weitergereicht haben, daß diese zumindest *intern* den Mitgliedstaaten gegenüber an deren frühere Übereinkünfte gekettet wäre[11]. Dies hätte zur Folge, daß es der Gemeinschaft grundsätzlich verwehrt sein müßte, mit der Mannheimer Akte kollidierendes Recht zu erlassen.

a) Die Rechtslage nach dem EGKS-Vertrag im Bereich der Handelspolitik

Bei der Prüfung der Frage, ob die Gemeinschaft im Hinblick auf die Vorschrift des Artikels 234 Abs. 1 EWGV an die früheren internationalen Übereinkünfte ihrer Mitglieder gebunden ist, kann nicht unberücksichtigt bleiben, welche Regelungen in anderen europäischen Gemeinschaftsverträgen zu dieser Problematik getroffen worden sind[12]. Dies gilt insbesondere für den EGKS-Vertrag, der als Vorläufer der Verträge von Rom auf die Abfassung einer Reihe von Vorschriften in diesen Abkommen nicht ohne Einfluß gewesen ist[13]. Allerdings wird bei einem Vergleich einschlägiger Vorschriften in den Verträgen zur Gründung der EGKS und EWG zu beachten sein, daß das EGKS-Abkommen in bestimmten Bereichen in stärkerem Maße noch auf zwischenstaatlicher Kooperation aufbaut, als dies im EWG-Vertrag der Fall sein mag[14]. Dies kann besonders eindeutig

---

[11] Soweit ersichtlich, hat *Waelbroek* als erster diese Frage einer eingehenden Untersuchung unterworfen; Convention, S. 307.

[12] Siehe die Artikel 80 und 81 des Vertrages über die Gründung der Europäischen Verteidigungsgemeinschaft vom 27. Mai 1952, in: *Europa-Dokumente*, Bd. II, S. 860. Vgl. auch Artikel 37 des Übereinkommens zur Errichtung der Europäischen Freihandelsassoziation vom 4. Januar 1960 bei *Berber*, Dokumentensammlung, Bd. I, S. 646.

[13] Vgl. *Mosler*, FS. Hallstein, S. 385; *Ophüls*, FS. Hallstein, S. 404.

[14] Vgl. *Iglesias Buiges*, S. 519.

im Bereich der Handelspolitik gesehen werden. Im Kapitel X des EGKS-Vertrages sind der Hohen Behörde in weit geringerem Umfang eigenständige Rechtsetzungskompetenzen übertragen worden, als dies im EWGV Teil II, Titel I und Teil III, Titel II, Kapitel 3 der Fall ist[15]. Die Einführung einer gemeinsamen Handelspolitik liegt im EGKSV noch nahezu ausschließlich in den Händen der Mitgliedstaaten[16].

Aus der Tatsache, daß der EGKS-Vertrag die Verwirklichung einer gemeinsamen Handelspolitik noch vorwiegend der zwischenstaatlichen Kooperation zuweist, ist auch zu erklären, daß in den Vorschriften der Artikel 71 ff. EGKSV besonders eindeutig der Gedanke seinen Niederschlag gefunden hat, daß durch Gemeinschaftsrecht die früheren Übereinkünfte der Mitgliedstaaten nicht einseitig sollen modifiziert werden können. So bestimmt Artikel 71 Abs. 2 EGKSV: „Die der Gemeinschaft durch diesen Vertrag übertragenen Befugnisse gegenüber dritten Ländern dürfen, vorbehaltlich der Anwendung der Bestimmungen des Artikels 75, nicht über die Befugnisse hinausgehen, die den Mitgliedstaaten durch internationale Abkommen zuerkannt sind, an denen sie sich beteiligt haben". Will demzufolge die Gemeinschaft Recht setzen (Artikel 72 EGKSV) oder Empfehlungen an die Regierungen richten (Artikel 74 EGKSV), so hat sie dafür Sorge zu tragen, daß diese Maßnahmen mit den „internationalen Abkommen (der Mitgliedstaaten) im Einklang stehen" (71 Abs. 3 Satz 1 EGKSV). Die Gemeinschaft ist also nicht befugt, Recht zu setzen, das mit den früheren Übereinkünften in Widerspruch steht[17], und es den Mitgliedstaaten zu überlassen, die dadurch entstandenen Kollisionen zu lösen. Insoweit haben die Gemeinschaftsorgane sich so lange eine *Selbstbeschränkung* aufzuerlegen, bis ihnen durch Verhandlungen mit Drittländern ein von den *völkervertraglichen Bindungen der Mitgliedstaaten freier Raum zur eigenen Rechtsetzung* verschafft worden ist.

Der Gedanke, daß für die Gemeinschaft solange Rechtsetzungsschranken bestehen sollen, als ihre Mitgliedstaaten durch internationale Übereinkünfte gegenüber dritten Ländern gebunden sind[18], ist auch deutlich den Vorschriften des Abkommens über die Übergangsbestimmungen zum EGKSV zu entnehmen. So bestimmt § 1 Ziff. 3b ÜEGKSV, daß „die Verhandlungen mit dritten Ländern den Zweck verfolgen, ... *vor Aufhebung der Zölle und mengenmäßigen Beschränkungen* innerhalb der Gemein-

---

[15] Vgl. *Vignes*, S. 49.

[16] Vgl. *Rapport Delegation Française* EGKS, S. 140; *Wengler*, Stellung, S. 31; *Lörcher*, S. 77; *Everling*, Handelspolitik, S. 193.

[17] Vgl. *Reuter*, Communauté, S. 249 Anm. 256: "Mais suivant en cela les principes généraux du droit international, le Traité ne peut à lui seul modifier les obligations qui lient valablement les Etats." Ders., Rapports, Anm. 291; *Wetering*, Anm. 1627.

[18] Vgl. *Mathijsen*, S. 86.

schaft zu erreichen, daß folgende Klauseln (Meistbegünstigungsklausel des GATT und Nichtdiskriminierungsklausel der O. E. E. C.) in dem erforderlichen Umfang abgeändert werden". Gemäß § 1 Ziff. 5 Abs. 1 ÜEGKSV tritt der Vertrag in Kraft „vorbehaltlich der Änderungen und unbeschadet der ergänzenden Bestimmungen, die zu den oben genannten Zwecken (§ 3 ÜEGKSV) in diesem Abkommen vorgesehen sind." Man ging also davon aus, daß bis zum Ablauf der Übergangszeit, nach der auch diese Vorbehalte entfallen sollten (§ 1 Ziff. 5 Abs. 2 ÜEGKSV), die vorauszusehenden Kollisionen behoben sein würden.

Dies traf sowohl für die Verhandlungen im GATT wie in der O. E. E. C. zu. Sie wurden durch die als „waiver" bezeichneten Beschlüsse im GATT am 10. November 1952 und in der O. E. E. C. am 7. Februar 1953 erfolgreich abgeschlossen. Von besonderer Bedeutung sind die nahezu gleichlautenden Erklärungen der Mitgliedstaaten der Gemeinschaft in den Präambeln der Beschlüsse. Sie besagen: „en vertu des dispositions de l'article 71 du traité, aucune des institutions de la Communauté ne peut exiger de ces États membres qu'ils prennent des mesures incompatibles avec leurs obligations aux termes de l'Accord général, telles qu'elles sont modifiées par la présente dérogation"[19]. Mit dieser Erklärung sind nochmals deutlich die Rechtsetzungsschranken nach dem EGKS-Vertrag hervorgehoben worden, denen die Gemeinschaft im Hinblick auf die internationalen Verpflichtungen der Mitgliedstaaten unterliegt[20].

b) Die Rechtslage nach dem EWG-Vertrag

Es erscheint zweifelhaft, ob der Vorschrift des Artikels 234 Abs. 1 EWGV im gleichen Sinne eine Verpflichtung zu einer „echten Selbstbeschränkung" zu entnehmen ist, wie sie für den EGKS-Vertrag im Handelsbereich festgestellt worden ist. Die Formulierung in Artikel 234 Abs. 2 EWGV — „Soweit diese Übereinkünfte mit diesem Vertrag nicht vereinbar *sind*"[21] — läßt nämlich erkennen,daß allein schon durch das

[19] Siehe zu den Verhandlungen und Texten im einzelnen *Daig*, S. 132 - 142; *De Soto*, S. 239 - 246 und 250 - 254.

[20] Siehe auch das Petersberger Abkommen betreffend Frachten und Beförderungsbedingungen im Verkehr mit Kohle und Stahl auf dem Rhein vom 9. Juli 1957, wo es in der Präambel heißt: „Die Vertreter der Regierungen haben ... vorbehaltlich (der) Auslegung der Bestimmungen der Mannheimer Akte über die Freiheit der Schiffahrt und des Handels sowie über den Anwendungsbereich dieser Akte ... entschlossen." ABl./EGKS 1958, S. 49. Im Hinblick auf den Grundsatz der Einheit des Rheinregimes wurde zu diesem Abkommen am 24. Juli 1959 mit der Schweiz ein Zusatzabkommen abgeschlossen, das jedoch — soweit ersichtlich — niemals in Kraft getreten ist. Text siehe bei *Klaer*, S. 353 - 356.

[21] Vgl. dagegen § 16 Abs. 2 ÜEGKS, wo es heißt: „(Die Hohe Behörde) hat zu prüfen, ob deren Beibehaltung (Zollsätze) mit dem einwandfreien Arbeiten der gemeinsamen Organisation vereinbar *scheint*."

Inkrafttreten des Gründungsstatus selbst Kollisionen zwischen diesem und anderen internationalen Abkommen der Mitgliedstaaten entstanden sein können[22]. Sie läßt zugleich den Schluß zu, daß bei der Abfassung dieser Bestimmung bewußt Kollisionen hingenommen worden sind[23]. Dem Vertrag ist dementsprechend auch der Gedanke fremd, daß die Gemeinschaft vor Ausübung ihrer Rechtsetzungsbefugnisse gehalten sein soll, sich durch Verhandlungen mit Drittstaaten einen rechtsetzungsfreien Raum zu verschaffen. Die Erläuterungen der Bundesregierung sowie die Ausführungen des Generalanwalts *Lagrange* in der Rechtssache 10/61 zu Artikel 234 Abs. 2 EWGV besagen vielmehr, daß es allein dem einzelnen Mitgliedstaat — eventuell im Zusammenwirken mit seinen Partnern — obliegt, Kollisionen zwischen dem Gemeinschaftsrecht und außergemeinschaftlichen Übereinkünften der Mitgliedstaaten zu beheben[24]. In Anbetracht des umfassenden Instrumentariums, das Artikel 234 Abs. 2 EWGV dem oder den Mitgliedstaaten dazu an die Hand gibt[25], hat es den Anschein, als ob die Verfasser des EWG-Vertrages eine Unlösbarkeit oder das Nichterreichen einer zumindest gemeinschaftsfreundlichen Modifikation der internationalen Abkommen durch die Mitgliedstaaten selbst für ausgeschlossen gehalten haben. Aus Formulierung, Sinn und Zweck des Artikels 234 Abs. 2 EWGV ist daher zu folgern, daß im Unterschied zu den oben genannten Bestimmungen des EGKS-Ver-

---

[22] Zur direkten Anwendbarkeit von Vorschriften des EWG-Vertrages siehe das Urteil des EuGH in der Rechtssache 57/65, vom 16. Juni 1966, Bd. XII, S. 266.

[23] Siehe die amtlichen Erläuterungen der Bundesregierung, in: Verhandlungen des Deutschen Bundestages, 2. Wahlperiode, Drs. Nr. 3440, Anlage C, S. 157: „Die Mitgliedstaaten sind durch zahlreiche zwei-, oder mehrseitige Abkommen mit dritten Staaten gebunden. Die sich daraus ergebenden Verpflichtungen können durch den vorliegenden Vertrag nicht geändert werden. *Da sie aber zum Teil in Widerspruch zu seinen Bestimmungen stehen* ...". Vgl. auch die Ausführungen des Generalanwalts *Lagrange* in der Rechtssache 10/61, Urteil des EuGH vom 27. 2. 1962, Bd. VIII, S. 38. „Grundsätzlich bleibt jeder Staat, der Vertragspartei ist, an die von ihm gegenüber dritten Ländern früher übernommenen Verpflichtungen gebunden, auch wenn diese Verpflichtungen im Widerspruch zu denen des neuen Vertrages stehen sollten."

[24] Siehe *Lagrange* wie unter Anm. 23: „Das Problem besteht also darin, diesen Widerspruch zu lösen. *Das einzige Mittel hierzu* ist die Ausnützung aller zur Verfügung stehenden rechtlichen Möglichkeiten, die es dem Staat gestatten, sich ordnungsgemäß von den Verbindlichkeiten zu lösen, die nicht im Einklang stehen mit den neu übernommenen Verpflichtungen. Die Parteien des neuen Vertrages können sich gegenseitig förmlich verpflichten, zu allen verfügbaren Mitteln zu greifen, um dieses Ziel zu erreichen, wobei sie sich erforderlichenfalls gegenseitig Beistand leisten." Siehe die amtlichen Erläuterungen der Bundesregierung wie unter Anm. 23: „Die Mitgliedstaaten sind dadurch verpflichtet, Verhandlungen über eine entsprechende Änderung dieser Verträge mit ihren Vertragspartnern zu führen und, soweit erforderlich und möglich, die Verträge zu kündigen. Um den Verhandlungen über eine Änderung den notwendigen Nachdruck zu verleihen, kommen die Mitgliedstaaten überein, sich gegenseitig Hilfe zu leisten. Diese Hilfeleistung kann besonders in einem gemeinsamen Vorgehen bestehen."

[25] Vgl. auch die Ausführungen in Anm. 1 unter Teil 1, Kapitel 1.

trages die Europäische Wirtschaftsgemeinschaft sich nicht erst einen rechtsetzungsfreien Raum zu schaffen hat. Der EWG-Vertrag geht vielmehr grundsätzlich von dem *„Bestehen* eines solchen freien Raumes" aus, wie er auch in Art. 105 EAVG vorgesehen ist. Die Gründe für diese Konzeption, die eine Bindung der Gemeinschaft an die internationalen Vertragsbeziehungen ihrer Mitgliedstaaten auszuschließen sucht, wird man in dem Bestreben der Verfasser der Römischen Verträge zu suchen haben, die Entwicklung und Eigendynamik der Europäischen Wirtschaftsgemeinschaft nicht durch eine Vielzahl von häufig noch unübersehbaren außergemeinschaftlichen Verpflichtungen ihrer Mitgliedstaaten auf unabsehbare Zeit zu behindern oder gar zu blockieren[26].

Es fragt sich jedoch, ob überhaupt, und gegebenenfalls wie, diese Konzeption mit der in Artikel 234 Abs. 1 EWGV enthaltenen Garantie für die früheren Abkommen der Mitgliedstaaten in Einklang gebracht werden kann. Die zwischen Abs. 1 und 2 des Artikels 234 EWGV bestehende Diskrepanz[27] läßt sich dann ausräumen, wenn die Mitgliedstaaten allein in der Lage sind, Kollisionen zwischen außergemeinschaftlichen Abkommen und Gemeinschaftsrecht zu beseitigen. Dagegen bleibt offen, was zu geschehen hat, wenn eine solche Lösung durch die Mitgliedstaaten auch in ihrem Zusammenwirken nicht möglich ist. Gerade die zwischen dem Rheinschiffahrts- und EWG-Recht bestehenden bzw. sich abzeichnenden Konflikte zeigen, daß diese Problematik keineswegs von rein theoretischer Natur ist[28]. Die Mitgliedstaaten können die Mannheimer Akte nicht einseitig revidieren noch aufkündigen. Eine gemeinsame Haltung der Gemeinschaftsmitglieder gegenüber den Drittstaaten in der Zentralkommission hat — soweit sie überhaupt erzielt werden konnte — kaum Ergebnisse gezeitigt. Erfolgversprechende Verhandlungen mit dem Ziel einer Revision der Mannheimer Akte setzen die Bereitschaft der Gemeinschaft voraus, in materieller Hinsicht Konzessionen gegenüber den Drittstaaten zu machen. Dies ist jedoch bisher nicht erreicht worden. Setzt die Gemeinschaft in Anbetracht dieser Lage in voller Ausschöpfung ihres *„rechtsetzungsfreien Raumes"* einseitig Recht, so geraten die Mitgliedstaaten dadurch in doppelter Hinsicht in eine für sie allein *„unlösbare Pflichtenschere"*[29]. Dem Anspruch des Gemeinschaftsrechts gemäß Artikel 189

---

[26] Im Ergebnis ebenso *Erler*, Grundgesetz, S. 34; *Matschl*, S. 86.

[27] Vgl. *Jaeger*, S. 101.

[28] a. A. anscheinend *Zuleeg*, Rheinregime, S. 29 und 30, mit der Begründung, daß die Gemeinschaft auf die Unterstützung durch die Mitgliedstaaten angewiesen sei. Er folgert daraus, daß die Mitgliedstaaten die Beachtung ihrer internationalen Verpflichtungen durch die Gemeinschaft sicherstellen können. Daß dies nicht immer zutreffen muß, zeigt gerade die über zehnjährige Auseinandersetzung zwischen den Gemeinschaften und ihren Mitgliedstaaten um die Anwendbarkeit der Verordnung 11/60 auf den Rhein.

[29] Auf diese Konsequenzen hat schon *Waelbroek* hingewiesen, wenn er zur Bindung der Gemeinschaft an die internationalen, vertraglichen Verpflich-

Abs. 2 EWGV auf allgemeine, unmittelbare Geltung in jedem Mitgliedstaat stehen die Verpflichtungen der Mitglieder der Gemeinschaft den Drittstaaten in der Zentralkommission gegenüber, Schiffahrtsfreiheit und Freiheit von Wegekosten gemäß Artikel 1 bzw. Artikel 3 der Mannheimer Akte zu garantieren sowie innerhalb der Zentralkommission mit den Drittstaaten wirkungsvoll zusammenzuarbeiten.

3. Die Anwendbarkeit der allgemeinen Regeln des Völkervertragsrechts auf das Gemeinschaftsrecht

a) Die Auffassung der Traditionalisten

Eine Lösung dieser Diskrepanz erscheint kaum möglich, wenn man das Recht der Europäischen Wirtschaftsgemeinschaft als eine Rechtsordnung versteht, die uneingeschränkt den allgemeinen Regeln des Völkervertragsrechts unterliegt. Bei einem solchen Verständnis muß die Gemeinschaft im Hinblick auf den Grundsatz pacta sunt servanda an die internationalen Vertragsbeziehungen ihrer Mitgliedstaaten mit der Konsequenz gebunden sein, daß es ihr verwehrt ist, Recht zu schaffen, welches — wenn auch vorerst latent — im Widerspruch zu den früheren internationalen Übereinkünften ihrer Mitglieder steht. Wenn man eine solche Bindung annimmt, muß in dem widersprüchlichen Gemeinschaftsrecht ein Verstoß gegen den Grundsatz pacta sunt servanda gesehen werden. Dieser Verstoß löst die Folgeregelung des Artikels 30 WVK aus, die dann auch der Gemeinschaft gegenüber zum Tragen gelangen muß. Bei einer solchen Betrachtungsweise muß die vom allgemeinen Völkervertragsrecht abweichende Konzeption eines rechtsetzungsfreien Raumes der Gemeinschaft, wie sie in den Artikeln 234 Abs. 2 EWGV und 105 EAGV vorgesehen ist, eine *ultra vires Konstruktion* enthalten.

Die Auffassung, daß das Gemeinschaftsrecht völlig den allgemeinen Grundsätzen des Völkervertragsrechts unterliege, wird von einer Anzahl von Autoren vertreten[30], die als Traditionalisten[31] bezeichnet werden. Sie erkennen zwar an, daß die Römischen Verträge insofern klassischen internationalen Vereinbarungen gegenüber herausragen, als in ihnen die Verfassung für eine neue internationale Organisation gesehen werden kann, die Anklänge an föderale Gebilde aufweist[32]. Nach ihrer Meinung

---

tungen der Mitgliedstaaten ausführt: "Il est difficile de ne pas l'admettre. La solution contraire entraînerait des difficultés inextricables." Convention, S. 310.

[30] Vgl. stellv. *Balladore Pallieri,* S. 484; *Waelbroek,* Mel. Rolin, S. 508/509; *Reuter,* Mel. Guggenheim, S. 669/670; *Münch,* Berichte, S. 77.

[31] *Ipsen,* S. 4.

[32] Vgl. stellv. *Scheuner,* Rechtsetzungsbefugnis, S. 232/233; *Waelbroek,* Mel. Rolin, S. 507.

enthalten die Europäischen Gemeinschaften aber letztlich keine solchen neuen Besonderheiten, daß sie von den bisher bekannten völkerrechtlichen Organisationsformen völlig verschieden seien, was allein in der Beurteilung der Gemeinschaftsrechtsordnung ein Abweichen von den allgemeinen Regeln des Völkervertragsrechts rechtfertigen könnte. Sie verweisen darauf, daß Unabhängigkeit und Entscheidungsgewalt von Organen internationaler Organiationen der internationalen Rechtsordnung durchaus nicht fremd seien, da solche Eigenschaften ihre rechtliche Verankerung in dem gemeinsamen Willen der Mitgliedstaaten fänden. Ähnliches gelte für Mehrheitsbeschlüsse, da sie einen spezifisch internationalen Charakter trügen und dem Grunde wie dem Umfange nach in den internationalen Vertragsrahmen selbst eingebettet seien. Ferner stelle auch das Recht der unmittelbaren Einwirkung auf Individuen innerhalb der Mitgliedstaaten grundsätzlich nichts Neues dar, was ein Abweichen von den allgemeinen Grundsätzen des Völkervertragsrechts rechtfertigen könnte. Diese Erscheinung habe es schon in der Europäischen Donau-Kommission gegeben[33]. *Waelbroek* hat dem Kerngehalt dieser Argumente recht plastisch anschaubar Ausdruck verliehen, wenn er schreibt:

„Il est parfaitement concevable que des États établissent entre eux et dans les rapports avec leurs ressortissants réciproques des relations plus intenses et plus étroites que celles qui résultent des traités internationaux classiques. Il se crée ainsi, au sein du droit international général, *un „corps" distinct de règles présentant certaines particularités techniques* Ces différences techniques ne suffisent pas, selon nous, à rendre ces ordres autonomes à l'égard de l'ordre international, *tant que l'instrument qui conditionne leur validité demeure lui-même soumis au droit international général*[34]."

Für diese Autoren unterliegt folglich das Gemeinschaftsrecht so lange uneingeschränkt den allgemeinen Regeln des Völkervertragsrechts, als nicht der Nachweis geführt worden ist, daß das Gemeinschaftsrecht eine neue, interne und eigenständige Rechtsordnung darstellt, die den Willen der Mitgliedstaaten überlagern kann[35].

b) Die Ansicht der Föderalisten

Um diesen Nachweis haben sich eine Reihe von Autoren bemüht, die als Föderalisten bezeichnet werden können[36]. Von ihnen wird die unbe-

---

[33] Diese geraffte Zusammenstellung der Argumente der Traditionalisten gibt *Catalano*, S. 620. Siehe auch *Iglesias Buiges*, S. 506.

[34] *Waelbroek*, Mel. Rolin, S. 515/516.

[35] Vgl. *Leibholz*, S. 822.

[36] Siehe die Literaturübersicht bei *Pescatore*, International Law, S. 168, Fußnote 5.

schränkte Anwendbarkeit der allgemeinen Regeln des Völkerrechts auf die Gemeinschaftsordnung u. a. deshalb in Frage gestellt, weil das Recht der Europäischen Gemeinschaften vom traditionellen Völkerrecht grundlegend wesensverschieden sei. Nach ihrer Auffassung zeichnet das traditionelle Völkerrecht sich dadurch aus, daß es vornehmlich auf das Lösen von zwischenstaatlichen Konflikten bedacht ist sowie eine *Kooperation* der Staaten bezweckt, bei der letztlich die Wahrung nationaler Belange dominierend bleibt. Von diesem Recht müsse die auf *Integration* ausgerichtete Gemeinschaftsrechtsordnung abgegrenzt werden, die eine Verschmelzung der nationalen Volkswirtschaften auf breiter Basis bezweckt, und in der die nationalen Interessen hinter dem gemeinsamen Anliegen an der Schaffung einer Europäischen Gemeinschaft zurücktreten[37].

Bei einem Vergleich der Europäischen Gemeinschaften mit den bisher bekannten internationalen Organisationen kehren diese Autoren die wesentlichen Unterschiede heraus, die bei den Gemeinschaften insbesondere in Bezug auf ihre spezifische Struktur sowie im Hinblick auf die Art und Weise der Rechtserzeugung und Rechtsanwendung bestehen.

Der Vorgang der Rechtsschaffung ist in den Gemeinschaften weder an die meist geläufige Prozedur einer Vertragsunterzeichnung gekoppelt, noch steht die Anwendung des Rechtes unter dem Vorbehalt der Ratifikation der Mitgliedstaaten[38]. Die Gemeinschaften besitzen im Rat eine auf Dauer eingerichtete, gesetzgebende Institution, deren Akte mit der Verkündung im Amtsblatt in den Mitgliedstaaten unmittelbare Geltung erlangen. Sie verfügen in der Kommission über ein eigenständiges Organ, dem grundsätzlich die Gesetzesinitiative obliegt, und das damit von sich aus den Prozeß der Integration vorantreibt. Zugleich trägt diese Institution als exekutives Organ der Gemeinschaften dafür Sorge, daß die Gemeinschaftsnormen in den Mitgliedstaaten durchgeführt werden. Der Europäischen Wirtschaftsgemeinschaft sind ferner bei der Schaffung von gemeinsamem Recht keine starren Grenzen gesetzt. Die in Artikel 235 EWGV vorgesehene Regelung erlaubt es ihr vielmehr, eigenständig Vertragslücken zu schließen[39]. Auch hat die Gemeinschaft sich auf der Basis dieser Vorschrift als fähig erwiesen, die gemeinschaftliche Rechtsordnung über den Wortlaut des Gründungsvertrages hinaus im Rahmen der allgemeinen Vertragsziele fortzuentwickeln[40]. Ein solch ausgeprägtes und umfassendes Gesetzgebungssystem ist in diesem Maße anderen internationalen Organisationen unbekannt. Seine hervorstechenden Merkmale sind — wie *Pescatore* es beschrieben hat — in dem Vorhandensein eines

---

[37] Vgl. *Pescatore*, International Law, S. 169/170.

[38] Vgl. *Pescatore*, Droit International, S. 515/516.

[39] Vgl. *Wohlfarth*, Rechtsordnung, S. 251.

[40] Vgl. *Pescatore*, Droit International, S. 516.

Systems zu sehen, welches bestimmt ist, durch eine „auto-régulation législative, capable de remplir les blancs laissés par les traités, de mettre en oeuvre les exigences d'une véritable politique législative et de réagir, par des adaptions successives, aux besoins nouveaux révélés par l'expérience“[41]. Neben der Wirkungskraft dieses Gesetzgebungssystems heben die Europäischen Gemeinschaften sich in struktureller Hinsicht von anderen bekannten internationalen Organisationen dadurch ab, daß ihre Tätigkeit durch eine Versammlung von Vertretern der Gemeinschaftsbevölkerung beeinflußt wird sowie einer wirksamen Kontrolle durch einen eigenen, unabhängigen Gerichtshof unterliegt. Mit der Einrichtung dieser beiden Institutionen, deren Aufgaben in unmittelbarer Beziehung zu der Tätigkeit von Rat und Kommission stehen, haben in den Aufbau der Europäischen Gemeinschaften ansatzweise Vorstellungen von Gewaltenteilung Eingang gefunden, wie sie eher in einem föderalen Staatsgebilde als in einer klassischen internationalen Organisation zu suchen sind[42].

Bei einem Vergleich der Rechtsordnungen klassischer internationaler Organisationen mit der der Europäischen Gemeinschaften ist von den Föderalisten weiterhin treffend die besondere Bedeutung des Gemeinschaftsrechts hervorgehoben worden, die ihm im Hinblick auf seinen Einfluß auf die nationalen Rechtsordnungen zukommt[43]. Zwar trifft es zu, daß die unmittelbare Anwendbarkeit von Rechtsetzungsakten internationaler Organisationen auch auf die Individuen in den Mitgliedstaaten der internationalen Praxis nicht fremd ist. Dennoch sind diese „sporadischen Erscheinungen“[44] mit dem Einflußbereich des Gemeinschaftsrechts in den Mitgliedstaaten nur schwerlich vergleichbar. Dies wird an Hand des Beispieles der Europäischen Donaukommission besonders deutlich. Bei ihr bezog sich das unmittelbar anwendbare Recht auf eine eng begrenzte Verwaltungstätigkeit. Die wesentlichen Aufgaben dieser Kommission bestanden darin, Strombau- und Instandhaltungsarbeiten durchzuführen. Dazu wurde ihr das Recht zugestanden, eigenständig Schiffahrtsgebühren sowie Sonderabgaben festzusetzen und zu erheben[45]. Die Donaukommission wird man folglich vornehmlich als eine von den Mitgliedstaaten eingesetzte „Verwaltungsinstitution“ zu klassifizieren haben, der in einem *äußerst engen Rahmen* zu einer *rationellen* Durchführung der ihr übertragenen Aufgaben die Befugnis zum Erlaß unmittelbar anwendbarer Rechtsetzungsakte eingeräumt wurde. Von dieser Konstruktion unter-

---

[41] *Pescatore,* Droit International, S. 516.

[42] Vgl. *Pescatore,* Droit International, S. 512.

[43] Vgl. stellv. *Iglesias Buiges,* S. 518; *Pescatore,* International Law, S. 174/175.

[44] *Iglesias Buiges,* S. 518.

[45] Siehe zu den Aufgaben und Befugnissen der Kommission im einzelnen *Seidl-Hohenveldern,* S. 393/394.

scheidet sich die für die Europäischen Gemeinschaften gewählte wesentlich. Der Befugnis der Gemeinschaft zur Rechtsetzung mit direkter Geltungskraft in den Mitgliedstaaten sind häufig nur vage Grenzen gesetzt. Dies kann besonders deutlich auf dem Verkehrssektor im Bereich des Eisenbahn-, Straßen- und Binnenschiffsverkehrs gesehen werden. Auf diesen Gebieten existieren Schranken für den Erlaß von Gemeinschaftsrecht grundsätzlich nur im Hinblick auf die Worte „zweckdienlich“ und „unter Berücksichtigung der Besonderheiten des Verkehrs“ in Artikel 75 Abs. 1 EWGV. Werden einer überstaatlichen Einrichtung solch *umfassende Kompetenzen* zum Erlaß von Rechtsnormen mit direkter Geltungskraft in den Mitgliedstaaten eingeräumt, so ist damit das Entstehen einer gesetzgebenden Institution verbunden, die im Hinblick auf ihren umfassenden Einflußbereich innerhalb der nationalen Rechtsordnungen von einer Verwaltungseinrichtung wie der Donaukommission wesentlich verschieden ist[46].

c) Das Gemeinschaftsrecht als eine neue, eigenständige Rechtsordnung

Bei einer zusammenfassenden Würdigung des aufgezeigten Vergleiches zwischen den Rechtsordnungen klassischer internationaler Organisationen und der der Europäischen Gemeinschaften ist zwar festzustellen, daß die dargelegten spezifischen Eigenschaften oder auch supranationalen Elemente der Gemeinschaften anderen internationalen Organisationen grundsätzlich nicht fremd sind. Neu ist aber, daß in den Gemeinschaften alle diese Besonderheiten wesentlich ausgeprägter als bisher bekannt auftreten und vor allem gebündelt vorhanden sind. Durch diese Kumulation oder auch „Quantitätssteigerung“[47] von spezifischen Eigenschaften sind die Gemeinschaften von den Mitgliedstaaten in einem Maße mit Eigenleben und Eigenständigkeit ausgestattet worden, die nicht ohne Auswirkungen auf die Beurteilung auch der Qualität ihrer Rechtsordnung bleiben konnte. Der Gerichtshof der Europäischen Gemeinschaften hat dementsprechend bald auch in zwei bahnbrechenden Urteilen[48] in Übereinstimmung mit einer von den Föderalisten vertretenen Auffassung[49] entschieden, daß der

---

[46] Vgl. die Stellungnahme des *Deuxième Colloque international de droit européen* in Den Haag vom Oktober 1963, zitiert bei *Dehousse*, S. 217: "la réglementation communautaire a, sur les relations de droit public et de droit privé des personnes rélevant de la juridiction des Etats-membres, une incidence plus profonde et plus étendue que celles résultant des traités internationaux conclus jusqu'ici."

[47] *Leibholz*, S. 819.

[48] EuGH, Rechtssache 26/62, Bd. IX, S. 5 ff. (25), Fall Gend/Loos; Rechtssache 6/64, Bd. X, S. 1256 ff. (1269), Fall Costa/Enel.

[49] Vgl. neben der unter Anm. 36 angeführten Literatur ferner *Badura*, S. 57 mit weiteren Literaturhinweisen in Fußnote 97; *Ipsen*, S. 21.

EWG-Vertrag im Unterschied zu gewöhnlichen internationalen Verträgen eine neue, eigene Rechtsordnung geschaffen hat, welche die *autonome Rechtsquelle* für das von der Gemeinschaft erlassene Recht bildet. Eine Reihe von Gerichten der Mitgliedstaaten ist dieser Ansicht mittlerweile gefolgt[50]. Auch das Bundesverfassungsgericht hat sich mit seinem Beschluß vom 18. Oktober 1967 der Auffassung des Gerichtshofes — zum Teil unter wörtlicher Übernahme seiner Ausführungen — angeschlossen[51]. Danach ist mit den Europäischen Gemeinschaften „eine neue öffentliche Gewalt entstanden, die gegenüber der Staatsgewalt der einzelnen Mitgliedstaaten eigenständig und unabhängig ist“[52], und welche „in die innerstaatliche Rechtsordnung hineinwirkt“[53]. Das Gemeinschaftsrecht bildet folglich „eine eigene Rechtsordnung, deren Normen *weder Völkerrecht* noch nationales Recht der Mitgliedstaaten sind“[54].

---

[50] Vgl. bei *Eversen-Sperl*, Europäische Rechtsprechung, in: KSE, die Urteile: des Tribunale Civile e Penale di Milano vom 24. Juni und 28. September 1964 (Bd. 2 b, 1964, Nr. 1532; Bd. 2 c, 1965, Nr. 2010); des Bundesfinanzhofes vom 10. Juli 1968 (Bd. 2 f, 1968, Nr. 3080). Siehe in dieser Richtung auch die Urteile: des Italienischen Verfassungsgerichtshofes vom 16. Dezember 1965, in EuR. 1966, S. 148; des Cour de Cassation (Brüssel) vom 27. Mai 1971, in EuR 1971, S. 262.

[51] Vgl. BVerfGE, Bd. 22, S. 293 ff.

[52] BVerfGE, Bd. 22, S. 296.

[53] BVerfG, Beschluß vom 9. Juni 1971, in: NJW 1971, S. 2124. Nach diesen beiden Beschlüssen braucht daher das Gemeinschaftsrecht von den Mitgliedstaaten auch weder bestätigt („ratifiziert“) zu werden, noch kann es von ihnen aufgehoben werden.

[54] BVerfGE, Bd. 22, S. 296. Das Gericht hat in seinem Beschluß vom 9. Juni 1971 ferner einstimmig der vom Bundesfinanzhof in seinem Urteil vom 15. Januar 1969 — BFHE Bd. 95, S. 76 — vertretenen Auffassung zugestimmt, wonach dem Gemeinschaftsrecht ein Vorrang gegenüber entgegenstehendem einfachem deutschem Gesetzesrecht zukommt. Siehe NJW 1971, S. 2124: „Von dieser Rechtslage ausgehend müssen seit dem Inkrafttreten des Gemeinsamen Marktes die deutschen Gerichte auch solche Rechtsvorschriften anwenden, die zwar einer eigenständigen außerstaatlichen Hoheitsgewalt zuzurechnen sind, aber dennoch aufgrund ihrer Auslegung durch den EuGH im innerstaatlichen Raum unmittelbare Wirkung entfalten und entgegenstehendes nationales Recht überlagern und verdrängen; denn nur so können die den Bürgern des Gemeinsamen Marktes eingeräumten subjektiven Rechte verwirklicht werden.“ Siehe zu dieser Entscheidung auch die Anmerkung von Meier in NJW 1971, S. 2122 und 2123. Diese Ansicht ist ebenso deutlich der o. a. Entscheidung des Cour de Cassation (Brüssel) zu entnehmen. Vgl. wie unter Anm. 50. Damit scheint sich auch in der Rechtsprechung der nationalen Gerichte die Meinung des Europäischen Gerichtshofes durchzusetzen, wonach das Gemeinschaftsrecht zumindest einfachem, nationalem Recht gegenüber eine Sperrwirkung entfaltet. Vgl. wie unter Anm. 48, Fall Costa/Enel. Diese Ansicht war schon in der Literatur von einer zunehmenden Anzahl von Autoren unter Berufung auf die Materialien zu den Römischen Verträgen — sowie mit der Begründung vertreten worden, daß die Gemeinschaften die ihnen gestellte Aufgabe der Schaffung eines einheitlichen, gemeinsamen europäischen Marktes nur verwirklichen könnten, wenn ihren Rechtsnormen eine Durchschlagskraft gegenüber widersprechendem nationalem Recht zukomme. Vgl. *Hallstein*, Sitzungsberichte E.P. 1964 - 1965, Sitzung vom 18. Juni 1964, S. 166; *Wagner*, S. 310/311 mit Angaben

Folgt man dieser Auffassung, so unterliegt die Beurteilung der Qualität des Gemeinschaftsrechts nicht mehr ausschließlich den allgemeinen Regeln des Völkervertragsrechts[55], sondern hat sich in erster Linie nach *gemeinschaftsinternen* Maßstäben zu richten. Bestimmt demzufolge die neue Rechtsordnung für *ihren internen Bereich,* daß Gemeinschaftsnormen im Widerspruch zu den früheren internationalen Übereinkünften der Mitgliedstaaten sollen stehen können, so vermögen die Bestimmungen des allgemeinen Völkervertragsrechts dieser gemeinschaftsinternen Regelung gegenüber keine *Sperrwirkung* mehr zu entfalten. Selbst bei dieser Feststellung bleibt dann aber immer noch problematisch, ob das im Widerspruch zu den völkervertraglichen Pflichten der Mitgliedstaaten stehende Gemeinschaftsrecht auch *direkte Auswirkungen* nach außen in den internationalen Vertragsbeziehungen der EWG-Mitgliedstaaten zu zeitigen vermag. Erst wenn sich dies erweisen sollte, müßte festgestellt werden, daß die der Regelung des Artikels 30 der Wiener Vertragsrechtskonvention zugrundeliegende Konzeption — nämlich dem Grundsatz pacta sunt servanda trotz vertragswidriger neuer Abkommen weiterhin Geltung zu verschaffen — der neuen Gemeinschaftsordnung gegenüber nicht zum Tragen käme.

II. Auswirkungen gemeinschaftsinterner Kompetenzverschiebungen auf die Erfüllung der materiellen Vertragspflichten der Mitgliedstaaten

Zu diesem Ergebnis gelangen in der Tat eine Anzahl von Autoren, welche die aus gemeinschaftsinternen Kompetenzverschiebungen resultierenden Konflikte zwischen dem Gemeinschaftsrecht und den früheren Übereinkünften der EWG-Mitgliedstaaten im außergemeinschaftlichen Raum zu lösen suchen. So haben *Jerusalem*[1] und *Bindschelder*[2] in Anlehnung an eine am Bundesstaat orientierte Theorie die Auffassung vertreten, daß die mit dem Gemeinschaftsrecht im Widerspruch stehenden außergemeinschaftlichen Abkommen der Mitgliedstaaten *erlöschen.* Andere Autoren, wie *Rittstieg*[3] und *Pescatore*[4], sehen in der Bestimmung des Artikels 234 Abs. 1 EWGV anscheinend nur eine Bestandsgarantie

---

zu den Materialien; *Carstens,* S. 78; *Ophüls,* FS. Riese, S. 25; *Pescatore,* Droit International, S. 517; a. A. stellv. *Schlochauer,* S. 19; *Leibholz,* S. 821/822.

[55] Vgl. *Werbke,* S. 2106.

[1] *Jerusalem,* S. 68 und 173.

[2] *Bindschelder,* S. 125; vgl. auch *Dupuy,* S. 816.

[3] *Rittstieg,* S. 32/33.

[4] Rel. Ex. S. 162 i. V. m. Fußnote 3 und S. 173. Siehe auch Anm. 37 unter Teil 2, Kapitel 2, II.; ebenso *Brunner* bei Wohlfarth, Kommentar, Anm. 6 zu Art. 234. Auch *Zuleeg,* Rheinregime, S. 29, hält diese Lösung für theoretisch denkbar. Er folgt ihr jedoch im Ergebnis nicht. Vgl. seine Ausführungen aaO, S. 29/30 und S. 43.

für die älteren Verträge und sind daher in der Lage, dem Gemeinschaftsrecht eine *Vorrangstellung* gegenüber den früheren internationalen Übereinkünften der Mitgliedstaaten zuzumessen. Diese Ansicht hat zur Konsequenz, daß die Mitgliedstaaten zu einem Vertragsbruch gezwungen werden, und die internationalen Vertragspartner auf einen Schadensersatzanspruch beschränkt sind. Beide Auffassungen stimmen folglich darin überein, daß innergemeinschaftliche Kompetenzverschiebungen *direkte Auswirkungen* in den internationalen Vertragsbeziehungen der Mitgliedstaaten sollen zeitigen können.

Dieser Problematik ist in der allgemeinen Völkerrechtslehre wie internationalen Rechtsprechung besondere Aufmerksamkeit für gleichgelagerte Konfliktkonstellationen im Bundesstaat geschenkt worden, wie sie sich auch dort aus innerstaatlichen Kompetenzverschiebungen ergeben haben. Es erscheint durchaus dienlich, die dort angestellten Untersuchungen und gewonnenen Ergebnisse zur Lösung der sich heute auf Gemeinschaftsebene stellenden Probleme heranzuziehen. Dies gilt insbesondere deshalb, weil sie die Ansichten der oben angeführten Autoren sehr fragwürdig erscheinen lassen. Zwar stellen die Europäischen Gemeinschaften keine dem Bundesstaat direkt vergleichbare föderale Organisation dar. Insoweit ist treffend darauf hingewiesen worden, daß es ihnen an der omnipotenten Aufgabenzuständigkeit mangelt[5]. Ihnen fehlt auch die völlige Unterordnung der Mitgliedstaaten einschließlich deren Rechtsprechungsorganen unter die Gemeinschaftsordnung[6]. Ferner sei erwähnt, daß die Gemeinschaften über keinen „Bundeszwang" verfügen, um ihre Maßnahmen auch gegen den Willen der Mitgliedstaaten durchzusetzen[7]. Dennoch ist festzustellen, daß die Gemeinschaften in ihrem Aufbau an bundesstaatliche Bilder angelehnt sind und nach der Wirkungskraft ihrer Rechtsordnung bundesstaatliche Züge tragen[8], die eine bundesstaatliche Analogie als zulässig und hilfreich erscheinen lassen[9]. Dies gilt zumindest insoweit, als die heute auf Gemeinschaftsebene auftauchenden Problemkonstellationen sich in kaum erkennbarer Weise von denen im Bundesstaat unterscheiden.

---

5 *Münch*, Berichte, S. 77.

6 Vgl. *Iglesias Buiges*, S. 522.

7 Vgl. *Münch*, Föderalismus, S. 651.

8 Vgl. stellv. *Ophüls*, Schuman-Plan, S. 289; Völkerrecht, S. 154; Quellen, S. 1698; *Steindorff*, S. 3958; *Ehle*, Kommentar, Art. 1 Anm. 5; *Cansacchi*, S. 103.

9 Vgl. stellv. *Kaiser*, Verfassungsstruktur, S. 18.

1. Die Erfüllung der internationalen Vertragspflichten der Gliedstaaten im Bundesstaat

Von zentraler Bedeutung bei den für den Bundesstaat angestellten Erörterungen ist die Frage, ob durch innerstaatliche Kompetenzverschiebungen die „Erfüllung der materiellen Verpflichtungen" der Gliedstaaten gegenüber ihren internationalen Vertragspartnern beeinträchtigt werden kann, oder diese Verträge gar erlöschen. Davon abzugrenzen ist die später noch zu behandelnde Frage, wer gegebenenfalls im Bundesstaat zur Erfüllung der gliedstaatlichen Verpflichtungen zuständig ist.

In der neueren Literatur hat *Rauschning*[10] die Auffassung vertreten, daß entsprechend der Minderung der Pflichtfähigkeit eines Vertragspartners — der in einem Bundesstaat die Fähigkeit zur hoheitlichen Regelung einer Vertragsmaterie verloren hat — ein Erlöschen der Vertragspflichten einhergehen soll. Dieses Ergebnis entspreche der Vorstellung, daß es sich um einen teilweisen Untergang des Rechtssubjektes handele, so daß die Regel über das Erlöschen der Vertragsbindung beim Untergang eines Vertragspartners sachlich beschränkt anzuwenden sei[11]. Seine These findet eine Stütze in der älteren deutschen Literatur sowie teilweise in der Rechtsprechung der Reichsgerichte[12].

Der überwiegende Teil der neueren Literatur vertritt demgegenüber die Meinung, daß das Vertragsverhältnis nicht erlösche, sondern grundsätzlich eine Vertragserfüllung stattzufinden habe[13]. Bestritten unter diesen Autoren ist jedoch, ob innerstaatliche Kompetenzverschiebungen den Erfüllungsanspruch des internationalen Vertragspartners zu beeinträchtigen vermögen.

Dazu gelangt im Ergebnis *Mosler*[14]. Er vertritt die Auffassung, daß die Gestaltung der inneren Angelegenheiten eines Bundesstaates dem Völkerrecht entzogen sei[15]. Zwar werden dadurch grundsätzlich die vertraglichen Rechte und Pflichten nicht beeinträchtigt, da der Bund dem Drittstaat gegenüber zur Erfüllung verpflichtet bleibt[16]. Dies soll jedoch nur insoweit gelten, als der Erfüllungsanspruch noch mit der bundesstaatlichen Ordnung in Einklang gebracht werden kann, d. h. eine bundes-

---

[10] Vgl. *Rauschning*, S. 59 und 111.

[11] Vgl. *Rauschning*, S. 55.

[12] Vgl. *Laband*, Staatsrecht, Bd. 2, S. 169/170; *Huber*, Staatensuccession, S. 166/167; RGSt Bd. 4, S. 271 und Bd. 12, S. 381.

[13] Siehe die Literaturangaben bei *O'Connell*, S. 55, Anm. 1 und *Kaiser*, Erfüllung, S. 537, Anm. 54 und 55.

[14] Vgl. FS. Thoma, S. 169/170.

[15] Vgl. *Mosler*, FS. Thoma, S. 169.

[16] Vgl. *Mosler* wie unter Anm. 15.

einheitlich geregelte Materie nicht wieder zersplittert werden würde[17]. Im anderen Fall dagegen soll sich der Erfüllungsanspruch in einen Ersatzanspruch umwandeln[18].

Diese Ansicht steht nicht im Einklang mit der Entscheidung des Ständigen Internationalen Gerichtshofes in seinem Gutachten über die Behandlung polnischer Staatsangehörigkeiten in Danzig vom 4. Februar 1932, nach der sich kein Staat auf seine eigene Verfassung — noch die eines anderen — berufen kann, um sich von den Verpflichtungen eines geltenden völkerrechtlichen Vertrages zu befreien[19]. Insbesondere *Scheuner* ist dementsprechend auch der Meinung von *Mosler* entgegengetreten[20]. Seiner Auffassung zufolge findet die verfassungsmäßige Gestaltungsmöglichkeit eines jeden Staates dort ihre Grenzen, wo sie zu einer Verletzung internationaler Vertragspflichten führen würde[21]. Er folgert dies für den Bundesstaat aus einem in der Völkerrechtslehre feststehenden Grundsatz, nach dem der Bund anderen Staaten gegenüber mittelbar für das völkerrechtsgemäße Verhalten seiner Gliedstaaten einzustehen hat[22]. Dazu sind ihm von der Verfassung die entsprechenden Mittel gegenüber den Gliedstaaten zur Verfügung zu stellen[23]. In Anbetracht dieses Grundsatzes muß daher der Bund in jedem Fall dafür Sorge tragen, daß die Erfüllung der gliedstaatlichen Pflichten im innerstaatlichen Bereich sichergestellt wird[24], es sei denn, daß er sie durch neue Verhandlungen abzulösen vermag[25]. Die Ergebnisse der Untersuchungen von *Beißwingert*[26]

---

[17] Vgl. *Mosler* wie unter Anm. 15. Siehe in ähnlichem Sinne Artikel 2 Abs. 1 der Draft Resolutions des „Committee on the succession of new states to the treaties and certain other obligations of their predecessors" der I.L.A.; Report 53 (Buenos Aires 1968), S. 597: "In cases of unions or federations of States, treaties, unless they otherwise provide, remain in force within the regional limits prescribed at the time of their conclusion to the extent to which their implementation is consistent with the constitutional position established by the instrument of union or federation."

[18] Vgl. *Mosler*, FS. Thoma, S. 170.

[19] STIGH, Entscheidungssammlung Serie A/B Nr. 44, S. 24: "Il faut observer, cependant que si, d'une part, d'après les principes géneralement admis, un État ne peut, vis-à-vis d'un autre État, se prévaloir des dispositions constitutionelles de ce dernier, mais seulement du droit international et des engagements internationaux valablement contractés, d'autre part et inversement, un État ne saurait invoquer vis-à-vis d'un autre Etat sa propre Constitution pour se soustraire aux obligations qui lui imposent le droit international ou les traités en vigueur."

[20] Vgl. Rechtsgutachten, S. 704.

[21] Vgl. *Scheuner*, Rechtsgutachten, S. 704.

[22] Vgl. *Scheuner*, Rechtsgutachten, S. 706; siehe zur Lehre die dort angegebene Literatur.

[23] Vgl. *Scheuner*, Rechtsgutachten, S. 708.

[24] Vgl. *Scheuner*, Funktionsnachfolge, S. 36.

[25] Vgl. *Scheuner*, Rechtsgutachten, S. 705.

[26] Vgl. *Beißwingert*, die Seiten 20 - 41 und 44 - 46.

und *Herbig*[27] zur Staatenpraxis des Deutschen Reiches von 1871 - 1933 untermauern im wesentlichen die Auffassung von *Scheuner*. Danach hat das Deutsche Reich vorwiegend die Länderverträge entweder durch den Abschluß von Reichsverträgen mit Drittstaaten aufgehoben, abgeändert oder übernommen.

Das Bundesverfassungsgericht hat zwar im Konkordatsprozeß die von *Scheuner* vertretene Auffassung als herrschende völkerrechtliche Lehre anerkannt[28]. Dennoch ist es ihr im konkreten Fall nicht gefolgt, weil grundsätzlich bei ihrer Anwendung zwischen den vom Bund *übernommenen* und demselben *überkommenen* Verpflichtungen zu unterscheiden sei[29]. Diese Lehre habe nämlich in erster Linie den Fall im Auge, daß ein Bundesstaat kompetenzgemäß völkerrechtliche Pflichten vertraglich übernommen hat, die er jedoch nach seinem innerstaatlichen Recht nicht erfüllen kann[30]. Das Gericht suchte mit dieser Differenzierung die verfassungsgebende Gewalt von einer Bindung an frühere vertragliche Bindungen auszunehmen[31]. Dies hatte zur Konsequenz, daß das Gericht ein vertragswidriges Verhalten des Bundes gegenüber dem Heiligen Stuhl ausdrücklich in Kauf nahm[32]. *Kaiser* hat diese Unterscheidung zu Recht kritisiert, da sie in der vom Bundesverfassungsgericht selbst angesprochenen Lehre keinerlei Stütze finde[33]. Er hat ferner zutreffend dargelegt, daß die völkervertragliche Bindung auch die verfassungsgebende Gewalt erfassen müsse, da anderenfalls jeder Vertrag jederzeit ohne Verstoß gegen das Völkerrecht mit verfassungsändernder Mehrheit beseitigt werden könnte[34].

Da die vom Bundesverfassungsgericht vorgenommene Differenzierung wenig überzeugend erscheint, ist der von *Scheuner* vertretenen Ansicht zu folgen, nach der innerstaatliche Kompetenzverschiebungen im Bundesstaat weder das Vertragsverhältnis zum Erlöschen bringen, noch den vertraglichen Erfüllungsanspruch des internationalen Vertragspartners zu beeinträchtigen vermögen. Berücksichtigt man diese Auffassung entsprechend bei der Suche nach Lösungen, die sich heute auf Grund gemeinschaftsinterner Kompetenzverschiebungen ergeben, so erscheinen die

---

[27] Vgl. *Herbig*, die Seiten 67 - 70.

[28] Vgl. BVerfGE, Bd. 6, S. 365 und 366.

[29] Vgl. BVerfGE, Bd. 6, S. 366.

[30] Vgl. wie unter Anm. 29.

[31] Hierdurch bedingt mußte es dann auch eine verfassungsrechtliche Pflicht der Länder zur Beachtung der völkerrechtlichen Verpflichtungen des Bundes, wie sie sich aus dem Grundsatz der Bundestreue hätte ergeben können, ablehnen. Vgl. BVerfGE, Bd. 6, S. 362 und 365.

[32] Vgl. BVerfGE, Bd. 6, S. 366 und 367.

[33] Vgl. Erfüllung, S. 538.

[34] Vgl. wie unter Anm. 33. Siehe auch die mündlichen Ausführungen von *Scheuner*, in: Konkordatsprozeß, Bd. III, S. 1409.

von *Jerusalem* und *Rittstieg* angenommenen außergemeinschaftlichen Lösungsvorschläge kaum gangbar, da sie noch nicht einmal mit der für den Bundesstaat weithin vertretenen Völkerrechtslehre übereinstimmen würden.

2. Die Sicherung der Vertragserfüllung im gemeinschaftsinternen Raum

a) Der Vorrang der Bestimmung des Artikels 234 Abs. 1 EWGV

Gegen ihre Auffassung spricht aber auch aus innergemeinschaftlicher Sicht speziell, daß sie mit der in Artikel 234 Abs. 1 EWGV niederlegten Garantie für die früheren Übereinkünfte der Mitgliedstaaten nicht in Einklang gebracht werden kann. Diese Garantie schließt gerade aus, daß die Mitgliedstaaten internationalen Vertragspartnern gegenüber zum Vertragsbruch verpflichtet sind, um den gemeinschaftlichen Pflichten Folge leisten zu können.

Dies folgt auch aus der Rechtsprechung des Europäischen Gerichtshofes in der Rechtssache 10/61[35]. Das Gericht ist in diesem Urteil nicht der Auffassung gefolgt, daß durch die Gründungsverträge die außergemeinschaftlichen Abkommen obsolet geworden seien. Es hat sich auch nicht auf die Feststellung beschränkt, daß Artikel 234 Abs. 1 EWGV nur eine „Bestandsgarantie" für die internationalen Vertragsbeziehungen der Mitgliedstaaten enthalte. Der Gerichtshof entschied vielmehr, daß durch Gemeinschaftsrecht auch keine *„Beeinträchtigung"* der Rechte der dritten Länder aus den geltenden Übereinkünften erfolgen darf[36]. Er hat damit zugleich dem Gedanken Ausdruck verliehen, daß Artikel 234 Abs. 1 EWGV eine Ausprägung des Grundsatzes pacta sund servanda enthält. Dieser Grundsatz muß sich auch auf die internationalen Vertrags*pflichten* der Mitgliedstaaten erstrecken[37]. Es ist nämlich nicht ersichtlich, wie die mit den Rechten der Drittstaaten *verknüpften* Pflichten der Mitgliedstaaten von diesem Grundsatz sollen ausgenommen werden können. Die Mitgliedstaaten müssen auch bei entgegenstehendem Gemeinschaftsrecht ihre internationalen Vertragspflichten erfüllen können, da anderenfalls durch Gemeinschaftsnormen mittelbar die Rechte der Drittstaaten aus

---

[35] Urteil vom 27. Februar 1962, Bd. VIII, S. 6 und 23.

[36] Vgl. wie unter Anm. 35.

[37] Vgl. *Hamel*, S. 593/594; *Jonker*, S. 152; a. A. *Matschl*, S. 80; ähnlich auch *Pescatore*, in: Diskussionsbeitrag in Droit Communautaire — Semaine de Bruges 1965, S. 327: "Dans cet arrêt la Cour a souligné que l'article 234 a un effet externe, mais qu'il ne vaut pas dans les relations entre les Etats membres." Siehe aber andererseits wieder seine Ausführungen in Rel. Ex. S. 160/161: "(Art. 234) est une véritable auto-limitation en ce sens que les engagements contractés entre les partenaires trouvent leur limite juridique aux confins des engagements antérieurs qui leur incombent à l'égard d'Etats tiers."

den geltenden Übereinkünften beeinträchtigt werden würden[38]. Man wird daher sagen können, daß der essentielle Grundsatz des Völkervertragsrechts pacta sunt servanda auch für die innergemeinschaftlichen Beziehungen eine „vorrangige" Norm darstellt, die die Gemeinschaft bei der Anwendung des Gemeinschaftsrechts zu beachten hat, wenn die Mitgliedstaaten sich nicht gemäß Artikel 234 Abs. 2 EWGV aus ihren Verpflichtungen lösen können. Für eine solche Auslegung des Artikels 234 Abs. 1 EWGV spricht auch die Vermutung, daß die Mitgliedstaaten mit Hilfe dieser Vorschrift eine größtmögliche Sicherung ihrer internationalen Vertragsbeziehungen gegenüber widersprüchlichem Gemeinschaftsrecht haben erreichen wollen[39].

b) Das gemeinschaftliche Loyalitätsgebot

Eine Lösung der oben aufgezeigten Pflichtenschere im außergemeinschaftlichen Raum ist aber nicht nur allein auf Grund der in Artikel 234 Abs. 1 EWGV enthaltenen Garantie für die früheren Übereinkünfte ausgeschlossen. Sie verbietet sich auch im Hinblick auf das der Gemeinschaft obliegende „Loyalitätsgebot", das mit der für die Mitgliedstaaten bestehenden Pflicht zur Vertragstreue korrespondiert[40]. *Zieger*[41] hat unter Berufung auf *Ipsen*[42] darauf hingewiesen, daß dieses Gebot keineswegs aus einer Analogie zum Bundesstaat hergeleitet werden muß, sondern dem den Gemeinschaftsbeziehungen zugrunde liegenden Prinzip der „Funktionsfähigkeit" entnommen werden kann. Nach der Struktur der Gemeinschaft gehört zur Funktionsfähigkeit auch die Durchführbarkeit des Gemeinschaftsrechts in den Mitgliedstaaten[43]. Letztere ist dann aber nicht mehr gewährleistet, wenn die Gemeinschaft den Mitgliedstaaten „überobligationsmäßige" Lasten aufbürdet[44]. Die Mitgliedstaaten vermögen daher Gemeinschaftsrecht nur insoweit durchzuführen, als sie es mit ihren außergemeinschaftlichen internationalen Vertragspflichten in Einklang bringen können. Diese Schranke ergibt sich aus der Stellung der Mitgliedstaaten als noch eigenständiger Völkerrechtssubjekte innerhalb der Völkergemeinschaft, in der sie ihre Vertragstreue und damit ihre Achtung innerhalb dieser Gemeinschaft zu wahren haben[45].

---

[38] Vgl. *Hamel* und *Jonker* wie unter Anm. 37.

[39] Vgl. *Herbig*, S. 149, Anm. 31.

[40] Vgl. *Zieger*, S. 46. Eine Gemeinschaftstreue der Gemeinschaft gegenüber den Mitgliedstaaten wird völlig abgelehnt von *Fuß*, S. 42; vgl. auch *Scheuner*, Rechtsetzungsbefugnis, S. 240.

[41] *Zieger*, S. 46.

[42] *Ipsen*, S. 20.

[43] Vgl. *Zieger*, S. 46.

[44] Vgl. *Zieger*, S. 47.

[45] Ähnlich schon *Bülow*, Verhältnis, S. 57 und 58.

3. Die begrenzte Anwendbarkeit des Gemeinschaftsrechts gegenüber den aus der Rheinschiffahrtsakte verpflichteten Mitgliedstaaten

Kann somit festgestellt werden, daß eine Lösung der in Artikel 234 EWGV enthaltenen Diskrepanz und der daraus resultierenden Pflichtenschere der Mitgliedstaaten grundsätzlich nicht im außergemeinschaftlichen Raum erfolgen darf, so ist zu untersuchen, wie dies im innergemeinschaftlichen Raum möglich ist, ohne zugleich die dem Artikel 234 Abs. 2 EWGV zugrunde liegende Konzeption eines „rechtsetzungsfreien Raumes der Gemeinschaft" zu durchbrechen oder gar zu zerstören.

Soweit die Gemeinschaft Recht gesetzt hat bzw. erlassen will, das in „materiell-rechtlicher" Hinsicht mit Vorschriften nach der Mannheimer Akte kollidiert, ließe sich die daraus resultierende Pflichtenschere für die Mitgliedstaaten im innergemeinschaftlichen Raum durch eine *„begrenzte Anwendbarkeit des Gemeinschaftsrechts"* den betroffenen Mitgliedstaaten gegenüber lösen. Diese Konzeption hat der Euratom-Vertrag in Artikel 105 für die angemeldeten Verträge gewählt. Nach dieser Vorschrift ist Gemeinschaftsrecht Mitgliedstaaten gegenüber insoweit nicht anwendbar, als dadurch die Durchführbarkeit der außergemeinschaftlichen Abkommen beeinträchtigt werden würde. Dies bedeutet, daß die Gemeinschaft ohne jegliche Beschränkung im Hinblick auf die Verpflichtungen der Mitgliedstaaten aus früheren Übereinkünften Recht setzen kann. Allein die Durchsetzbarkeit des Gemeinschaftsrechts ist einem oder mehreren Mitgliedstaaten gegenüber auflösend bedingt blockiert. Der Euratom-Vertrag verleiht also seinem Respekt vor den außergemeinschaftlichen Pflichten der Mitgliedstaaten dadurch Ausdruck, daß er eine begrenzte Durchbrechung des Anspruchs des Gemeinschaftsrechts auf allgemeine Geltung in jedem Mitgliedstaat hinnimmt.

Eine entsprechende *generelle* Lösung ist im EWGV nicht vorhanden. Zwar zeigt die in Artikel 184 EWGV getroffene Regelung, wonach „vor dem Gerichtshof die Unanwendbarkeit (einer) Verordnung ... geltend gemacht werden kann", daß diesem Abkommen der Gedanke einer Unanwendbarkeit einer Verordnung im Unterschied zu ihrer Nichtigkeit (Artikel 174 EWGV) auch in genereller Hinsicht nicht unbekannt ist[46]. Unklar ist jedoch, ob Artikel 184 EWGV unter dem Vorbehalt des Artikels 189 Abs. 2 EWGV steht. Kommt also der Entscheidung des Gerichtshofes *allgemeine* Geltung zu, oder wird durch sie allein die Person geschützt, die in einem Prozeß die Rechtswidrigkeit einer Verordnung geltend gemacht hat? *Wohlfahrt*[47] hat dazu die Auffassung vertreten, daß

---

[46] So die überwiegende Meinung in der Literatur im Anschluß an die Rechtsprechung des EuGH in den Rechtssachen 31 und 32/62, Urteil vom 14. Dezember 1962, Bd. VIII, S. 1042; *Ehle*, Kom., Anm. 15 zu Art. 184; *Tomuschat*, S. 177/178; *Bebr*, S. 146/147; a. A. *Wohlfarth*, Kommentar, Anm. 5 zu Art. 184.

[47] Vgl. Kommentar, Anm. 5 zu Artikel 184.

die Feststellung gemäß Artikel 184 EWGV sich nicht auf einzelne Parteien beschränken dürfe, da eine Verordnung gemäß Artikel 189 Abs. 2 nicht für den einen anwendbar und für den anderen unanwendbar sein könne. Dieser Ansicht ist zuzustimmen, da den Gemeinschaftsangehörigen — nach der Feststellung der Rechtswidrigkeit einer Verordnung in ihrer Gesamtheit oder einzelner ihrer Vorschriften — nicht zugemutet werden kann, jeweils in einem gerichtlichen Verfahren die Wahrung ihrer Rechte zu verteidigen. Eine analoge Anwendung der in Artikel 105 EAGV getroffenen Regelung auf den EWG-Vertrag ist daher nicht mit einem Hinweis auf die Vorschrift des Artikels 184 EWGV zu begründen.

Sie kann dagegen aber darauf gestützt werden, daß der EWG-Vertrag selber in einer Anzahl von Bestimmungen eine *Durchbrechung* des in Artikel 189 Abs. 2 EWGV niedergelegten Grundsatzes vorsieht, daß Gemeinschaftsrecht nicht auf einzelne Parteien beschränkt soll anwendbar sein können[48]. Dabei kommt den in den Artikeln 37 Abs. 5 und 112 Abs. 1 EWGV vorgesehenen Regelungen besondere Bedeutung zu[49]. Sie entsprechen völlig der in Artikel 105 EAGV getroffenen Lösung[50]. Dies zeigt, daß dem EWG-Vertrag grundsätzlich der Gedanke nicht fremd ist, daß der allgemeine Geltungsanspruch des Artikels 189 Abs. 2 EWGV im Hinblick auf bestimmte Konfliktkonstellationen soll beschränkt werden können. Man wird daher eine entsprechende Anwendung der in diesen Vorschriften getroffenen Regelungen für alle die Fälle vornehmen können, die in ihrer Problematik diesen Bestimmungen entsprechen[51]. Dies gilt insbesondere dann, wenn es darum geht, die dem Artikel 234 Abs. 2 zugrunde liegende Konzeption „eines rechtsetzungsfreien Raumes der Gemeinschaft" mit der vorrangigen Norm des Artikels 234 Abs. 1 EWGV in Einklang zu bringen.

Es kann daher festgestellt werden, daß bei materiellen Kollisionen zwischen dem Gemeinschaftsrecht und dem Rheinschiffahrtsrecht nach der Mannheimer Akte die Mitgliedstaaten bis zu einer Lösung dieser Konflikte die Durchführung des Gemeinschaftsrechts verweigern können[52].

---

[48] Vgl. die Regelungen in den Artikeln 31 Abs. 2, 33 Abs. 6, 37 Abs. 5, 85 Abs. 3, 112 Abs. 1 des EWG-Vertrages.

[49] Zur Entstehungsgeschichte dieser Vorschriften siehe *Estner* bei Groeben-Boeckh, Handbuch Bd. 3, I A 43, S. 79, Anm. 12 zu Art. 37; *Wolfgang* bei Groe-Boeckh, Handbuch Bd. 7, I A 55, S. 15, Anm. 1 zu Art. 112.

[50] Für sie trifft auch grundsätzlich nicht die Befreiungspflicht gemäß Artikel 234 Abs. 2 EWGV zu. Vgl. *Mensbrugghe*, Novelles, Ziff. 1761.

[51] Es bleibt jedoch zu beachten, daß die Mitgliedstaaten außerhalb der in den Artikeln 37 Abs. 5 und 112 Abs. 1 EWGV getroffenen Regelungen an die Verpflichtungen des Artikels 234 Abs. 2 EWGV mit der Konsequenz gebunden bleiben, daß sie sich mit allen legalen Mitteln aus ihren internationalen Vertragspflichten zu befreien haben.

[52] Vgl. im Sinne dieser Lösung auch schon *Golsong, M. H.*, in Droit Communautaire — Semaine de Bruges 1965, S. 331.

III. Auswirkungen gemeinschaftsinterner Kompetenzverschiebungen auf die Vertragspartnerstellung der EWG-Mitgliedstaaten

Zweifel bestehen dagegen, ob auch die institutionellen Konflikte zwischen der Rheinschiffahrtsakte und dem EWG-Vertrag sich im EWG-internen Raum beheben lassen. Dies hätte zur Voraussetzung, daß Gemeinschaftsregelungen von den zuständigen Gemeinschaftsorganen einzelnen Mitgliedstaaten wieder zur Verfügung gestellt würden, damit die Mitgliedstaaten innerhalb der Zentralkommission ihrer Pflicht zu einer wirkungsvollen Zusammenarbeit mit den Drittstaaten nachkommen könnten[1]. Ein solches Verfahren stellt jedoch alle erfolgreich abgeschlossenen Integrationsbestrebungen wieder in Frage. Es birgt die Gefahr in sich, daß der mühsam erreichte gemeinschaftliche Besitzstand durch partikulare Interessen einiger Mitgliedstaaten wieder aufgelöst werden würde. Diese Gefahr ließe sich jedoch ausschließen, wenn der Rat der Europäischen Gemeinschaften befugt wäre, die in der Zentralkommission repräsentierten Mitgliedstaaten zu *ermächtigen,* mit den Drittstaaten in der Zentralkommission Abweichungen von der Gemeinschaftsmaterie auszuhandeln, die zuvor auf Gemeinschaftsebene durch alle sechs Mitgliedstaaten gemeinsam festgelegt worden sind. Die Annahme einer solchen gemeinschaftsinternen Kontsruktion setzt allerdings voraus, daß nach der Systematik des EWG-Vertrages entweder den Mitgliedstaaten zumindest für das verordnete Gemeinschaftsrecht eine ausschließliche bzw. mit der Gemeinschaft konkurrierende Außenkompetenz verblieben ist, oder aber dem Rat ein Ermessen zusteht, darüber zu befinden, ob Verhandlungen mit Drittstaaten über die Regierungen der Mitgliedstaaten oder durch die Gemeinschaft geschehen sollen.

1. Die Reflex-Außenkompetenz der Gemeinschaft nach dem AETR-Urteil

Beide Fragen bildeten den Gegenstand der von der Kommission gegen den Rat angestrengten ersten Organklage vor dem Europäischen Gerichtshof in der Rechtssache 22/70[2].

---

[1] Siehe die Ausführungen unter Teil 1, Kapitel 1, III. 2. a) a. E.

[2] EuGH, Bd. XVII, S. 263 ff.

Dem Rechtsstreit lag folgender Sachverhalt zugrunde: Die sechs Mitgliedstaaten verhandelten seit 1962 in Genf im Rahmen der Wirtschaftskommission für Europa der Vereinten Nationen (ECE) mit einer Anzahl anderer europäischer Staaten über ein Abkommen betreffend die Arbeit der im internationalen Straßenverkehr beschäftigten Fahrzeugbesatzungen (AETR: Accord européen relatif au travail des équipages des véhicules effectuant des transports internationaux par route). In bezug auf diese Materie erließ der Rat der Euro-

Der Vertreter des Rates vertrat in diesem Rechtsstreit die Ansicht, daß nach der Konzeption des EWG-Vertrages eine Zuständigkeit der Gemeinschaft für die Außenbeziehungen nur in den im Gründungsstatut ausdrücklich vorgesehenen Fällen gegeben sei, wozu nicht die Vorschriften über den Verkehr zählten[3]. Über diese Fälle hinaus gebe der Vertrag der Gemeinschaft keine Außenkompetenz, deren Umfang der internen Zuständigkeit entspreche. Selbst bei einer anderen Auffassung könne die Zuständigkeit der Gemeinschaft in der Außenkompetenz jedoch nicht allgemein und ausschließlich, sondern höchstens mit der der Mitgliedstaaten konkurrierend sein[4]. Der Generalanwalt Dutheille de Lamothe warnte in seinen Schlußanträgen darüber hinaus den Gerichtshof davor, die Grenzen zu überschreiten, die ihm bei der Ausübung seiner Befugnisse zur Vertragsauslegung gesetzt seien[5]. Er vertrat die Ansicht, daß die Gemeinschaftszuständigkeiten im Sinne des europäischen Rechts als „compétences d'attribution" — also als nach dem „Enumerationsprinzip" erteilte Zuständigkeiten — verstanden werden müßten[6]. Ein solches Verständnis setzt der Möglichkeit einer Ausdehnung der Kompetenzen der Gemeinschaft enge Grenzen. Den weiteren Ausführungen des Generalanwaltes ist dementsprechend zu entnehmen, daß es dem Gerichtshof grundsätzlich verwehrt sein sollte, die der Gemeinschaft im Vertrag ausdrücklich zugestandenen Befugnisse mit Hilfe der „implied powers" zu erweitern, einer Konstruktion, mit der der Supreme Court der USA die Befugnisse der Bundesbehörden gegenüber den Gliedstaaten ausgedehnt hat[7]. Im Hinblick auf diese grundsätzlichen Erwägungen bestand für den Generalanwalt kein Anlaß, auf die zweite Frage nach einem eventuellen Ermessensspielraum des Rates einzugehen.

Der Gerichtshof hat mit seinem Urteil vom 31. März 1971 diesen bedeutsamen rechtspolitischen Bedenken nicht Rechnung getragen und ist auch

---

päischen Gemeinschaften am 25. März 1969 die Verordnung Nr. 543/69 betreffend die Harmonisierung bestimmter Sozialvorschriften im Straßenverkehr (ABl./E.G. 1969, Nr. L 77, S. 49). Die EWG-Mitgliedstaaten führten nach dem Erlaß dieser Gemeinschaftsnorm die Verhandlungen entsprechend einer am 20. März 1970 im Rat beschlossenen gemeinsamen Verhandlungsposition in Genf fort. Diese Verhandlungen wurden durch ein Übereinkommen abgeschlossen, das gravierende Abweichungen von der in der Gemeinschaftsverordnung getroffenen Regelung vorsah (siehe zu Einzelheiten *Sasse*, S. 211, Fußnote 7). Das Abkommen lag vom 1. Juli 1970 zur Unterzeichnung durch alle Staaten offen. Die Kommission erhob die Klage, weil entsprechend ihrer Auffassung nach dem Erlaß der Verordnung Nr. 543/69 für die Aushandlung und den Abschluß des AETR nur noch die Gemeinschaft zuständig gewesen sei. Zu Einzelheiten der Vorgeschichte und des Gegenstandes des Rechtsstreites siehe *Sasse*, S. 208 - 213.

[3] Vgl. Urteil, Ziff. 9 und 10.

[4] Vgl. Urteil, Ziff. 11.

[5] Vgl. Schlußanträge, EuGH, Bd. XVII, S. 289 und 293.

[6] Vgl. Schlußanträge, S. 293.

[7] Vgl. Schlußanträge, S. 289 und 293.

nicht der Ansicht des Vertreters des Rates gefolgt. Nach dieser Entscheidung liegt mit dem Inkrafttreten von Rechtsnormen der Gemeinschaft die *ausschließliche* Zuständigkeit zur Aushandlung und zum Abschluß von Abkommen mit Drittstaaten — soweit dadurch Gemeinschaftsmaterie berührt wird — allein bei der Gemeinschaft[8]. Eine konkurrierende Zuständigkeit der Mitgliedstaaten ist ausgeschlossen[9].

a) Der Umfang der gemeinschaftlichen Außenkompetenz

Die Begründung des Urteils zum Umfang der Außenkompetenz der Gemeinschaft fußt im wesentlichen in der Überlegung, daß die Mitgliedstaaten nicht in der Lage seien, die Erfüllung der mit Drittstaaten ausgehandelten Abkommen im gesamten gemeinschaftsinternen Raum nach innen sicherzustellen[10]. Zudem sei es den Mitgliedstaaten gemäß Artikel 5 EWGV untersagt, mit Drittstaaten vertragliche Verpflichtungen einzugehen, „welche Gemeinschaftsrechtsnormen, die zur Verwirklichung der Vertragsziele ergangen sind, beeinträchtigen oder in ihrer Tragweite ändern können"[11]. Der Gerichtshof stellte daher fest, „das in dem Maße, wie die(se) Gemeinschaftsrechtsetzung fortschreitet, nur die Gemeinschaft mit Wirkung für den gesamten Geltungsbereich der Gemeinschaftsrechtsordnung vertragliche Verpflichtungen gegenüber dritten Staaten übernehmen und erfüllen kann"[12]. Die Mitgliedstaaten sind folglich „weder einzeln noch selbst gemeinsam handelnd berechtigt, mit dritten Staaten Verpflichtungen einzugehen, die diese (Gemeinschafts-)Normen[13] beein-

---

[8] Vgl. Urteil, Ziff. 15 - 19, 30, 31, 73 - 76, 79 - 90.

[9] Vgl. Urteil, Ziff. 31.

[10] Vgl. Urteil, Ziff. 18.

[11] Urteil, Ziff. 22. Diese Formulierung ist für den konkreten Fall recht unglücklich, da — wie *Sasse* zutreffend in seiner Urteilsbesprechung anmerkt: „die Geltung von Gemeinschaftsregeln durch Abkommen der Mitgliedstaaten mit dritten Ländern nie beeinträchtigt oder in ihrer Tragweite geändert werden (kann), weil beide Rechtsquellen verschiedenen Legalitätssystemen angehören, und das Gemeinschaftsrecht keine Durchlässigkeitsnorm zugunsten späteren Völkervertragsrechts der Mitgliedstaaten enthält". Der Autor weist daher auch mit Recht darauf hin, daß der Gerichtshof bei dieser Formulierung wohl mehr die „praktisch unausweichliche ‚Beeinträchtigung' der Gemeinschaftsregeln" vor Augen gehabt habe, da in dem Augenblick, wo die Mitgliedstaaten sich mit dritten Partnern auf einer neuen Basis verständigt haben, sich die Gemeinschaft dem anzupassen hat. „Beeinträchtigung heißt also Abänderung durch die unter Zugzwang gesetzten Gemeinschaftsorgane selbst." S. 229. Vgl. auch *Werbke*, S. 2106: „Völkerrecht kann zwar Gemeinschaftsrecht nicht abändern oder aufheben, wohl aber einen in der gesamten übrigen Staatenwelt sanktionierten Titel für die Abkehr vom Gemeinschaftsrecht begründen."

[12] Urteil, Ziff. 18.

[13] Zu der Frage, ob nach dem vorliegenden Urteil unter den Begriff der Rechtsnormen nur Verordnungen oder auch weitere Rechtsakte der Gemeinschaft fallen, siehe im einzelnen *Sasse*, S. 228/229; *Werbke*, S. 2106/2107. Zu

trächtigen“[14]. Im weiteren stützt der Gerichtshof seine Entscheidung auf das System des Vertrages[15] bzw. begründet sie aus den einzelnen materiellen Vertragsvorschriften heraus mit dem sogenannten „effet utile“[16], d. h. daß gewisse Bestimmungen ihren Zweck nicht sollen sinnvoll erfüllen können, wenn die Befugnisse, die diese Vorschriften vorsehen, nicht auch auf die Aushandlung und den Abschluß von Vereinbarungen mit dritten Staaten ausgedehnt werden. So führt der Gerichtshof zu Artikel 75 Abs. 1 EWGV aus: „Diese Bestimmung betrifft für den innergemeinschaftlichen Streckenteil auch den Verkehr aus oder nach dritten Staaten. Sie setzt daher voraus, daß die Zuständigkeit der Gemeinschaft sich auf Beziehungen erstreckt, die dem internationalen Recht unterliegen, und *schließt damit insoweit die Notwendigkeit ein, mit den beteiligten dritten Ländern Abkommen zu schließen*“[17]. Das Gericht kommt demgemäß zu der Schlußfolgerung, daß „beim Vollzug der Vorschriften des Vertrages die für innergemeinschaftliche Maßnahmen geltende Regelung nicht von der für die Außenbeziehungen geltenden getrennt werden“ könne[18]. Es hat damit entschieden, daß die Gemeinschaft neben der ihr im Vertrage ausdrücklich zugewiesenen Außenkompetenz im Gefolge der innergemeinschaftlichen Rechtsetzung eine zweite, generelle Zuständigkeit besitzt, die „wegen ihres unselbständigen Charakters (als) Reflex-(Außen)-Kompetenz einer ausgeübten internen Rechtsetzungsbefugnis“[19] bezeichnet werden kann[20].

---

dieser Überlegung geben die verschiedenen Textfassungen Anlaß. Im Unterschied zu der eindeutigen deutschen Formulierung werden in der französischen Textfassung des Urteils die Worte „dispositions“ und „règles“ gebraucht, die eine weitere Interpretation zulassen würden.

[14] Urteil, Ziff. 17.

[15] Vgl. Urteil, die Ziffern 13 - 16. Die rechtliche Beweisführung zu diesem Gesichtspunkt bleibt allerdings im Dunkeln. *Sasse* bemerkt daher auch, daß in dieser Hinsicht das Urteil „mehr durch seine integrationspolitische Konsequenz als durch juristisch verifizierbare Textnähe beeindruckt“. S. 226.

[16] Vgl. Urteil, die Ziffern 23 - 29. Zur Problematik der Vertragsauslegung mit Hilfe des effet utile siehe im einzelnen *Zuleeg*, S. 107.

[17] Urteil, Ziff. 25 und 26.

[18] Urteil, Ziff. 19. Zu der Frage, ob die Feststellungen zum Umfang der Außenkompetenz nur speziell auf den Verkehrssektor zugeschnitten sind oder generell für das Gemeinschaftsrecht gelten, siehe *Sasse*, S. 227/228.

[19] *Sasse*, S. 239 und 226.

[20] Vgl. in dieser Richtung schon für den EGKS-Vertrag *Reuter*, Communauté, S. 119, 122/123; *Raux*, S. 59; für den Verkehrsbereich gemäß Artikel 75 EWGV auch *Lörcher*, S. 121, 143/144. Von der bisher als herrschend zu bezeichnenden Meinung in der Literatur wurde dagegen der Gemeinschaft eine Außenkompetenz nur dort zugebilligt, wo eine solche ihr durch den Vertrag ausdrücklich zugewiesen worden war; also gemäß den Artikeln 113 und 114 EWGV für Zoll- und Handelsabkommen sowie gemäß Artikel 238 EWGV für Assoziierungsabkommen. Vgl. *Pescatore*, Rel. Ex., S. 97 ff.; *Wohlfarth*, Kommentar, Anm. 3 zu Artikel 173; *Melchior*, S. 188/189.

b) Die ausschließliche Zuständigkeit der Gemeinschaft zur Aushandlung und zum Abschluß von Abkommen mit dritten Staaten beim Vorliegen von Gemeinschaftsrechtsnormen

Auf den Feststellungen zur Außenkompetenz aufbauend entschied der Gerichtshof in der zweiten Frage — nach einem eventuellen Ermessensspielraum des Rates —, daß nach der Systematik des Vertrages *„zwingend“* die Kommission zur Aushandlung und der Rat zum Abschluß von Abkommen mit Drittstaaten berufen sind, soweit eine ausdrückliche oder Reflex-Außenkompetenz der Gemeinschaft besteht[21]. Den tragenden Grund für diese Ausschließlichkeitsentscheidung wird man in dem Bestreben des Gerichtes zu suchen haben, eine Aushöhlung der der Kommission nach dem Vertrag zugewiesenen Verhandlungsbefugnisse zu unterbinden und damit zugleich die Stellung der Gemeinschaft gegenüber den Mitgliedstaaten zu stärken. Der Gerichtshof stützt diesen Teil seiner Entscheidung auf die generelle Bestimmung des Artikels 228 Abs. 1 EWGV, die mit den Regeln der jeweiligen gemeinschaftsinternen Sachkompetenz zu verbinden ist[22]. Letztere ergaben sich im AETR-Fall aus der Vorschrift des Artikels 75 EWGV. Damit gibt das Urteil zugleich allgemeine Verfahrensregeln, welche bei der Aushandlung und dem Abschluß von Abkommen der Gemeinschaft mit Drittländern zumindest für den Fall der Reflex-Außenkompetenz zwingend zwischen den Gemeinschaftsorganen zu beachten sind. Danach beschränken sich die Befugnisse des Rates für den Verkehrssektor bis zum Vertragsabschluß grundsätzlich auf die Entscheidung, *ob* Verhandlungen mit Drittländern zu führen sind. Dieses Recht folgt aus seiner alleinigen Zuständigkeit, gemäß Artikel 75 EWGV darüber zu befinden, ob und gegebenenfalls welche Maßnahmen zur Ein-, Durch- oder Fortführung einer gemeinsamen Verkehrspolitik zu ergreifen sind. Der Kommission obliegt es, durch ihr Vorschlagsrecht gemäß Artikel 75 EWGV eine Entscheidung des Rates herbeizuführen. Trifft dieser sie, so kommt der Kommission das Verhandlungsmandat zu, und sie ist dann gemäß Artikel 228 Abs. 1 EWGV allein zur Aushandlung des Abkommens zuständig[23].

---

[21] Vgl. Urteil, die Ziffern 73 - 75 und 81.

[22] Vgl. Urteil, die Ziffern 74, 75 und 79, 80.

[23] Vgl. Urteil, die Ziffern 73 - 76 und 81 - 90; *Sasse*, S. 232/233. Siehe in diesem Sinne auch schon *Melchior* für die Fälle,wo der Gemeinschaft ausdrücklich eine Außenkompetenz zugewiesen ist, S. 189 - 192. Zur Rolle des Europäischen Parlaments bei der Aushandlung wie bei dem Abschluß von Abkommen der Gemeinschaft mit dritten Ländern siehe *Pescatore*, Personnalité, S. 26/27.

c) Die Bedeutung der Vorschrift des Artikels 116 Abs. 1 EWGV nach dem AETR-Urteil

Schwierigkeiten treten bei der Beantwortung der Frage auf, warum der Gerichtshof zusätzlich zu den oben angegebenen Verfahrensregeln auf die Vorschrift des Artikels 116 Abs. 1 EWGV Bezug nimmt, und zwar immer dann, wenn Verhandlungen mit Drittländern in internationalen Organisationen mit wirtschaftlichem Charakter in Frage stehen[24]. Es wäre verfehlt, aus dieser Tatsache den Schluß zu ziehen, daß er damit seine klare, verneinende Aussage zu einer konkurrierenden Außenkompetenz der Mitgliedstaaten wieder habe revidieren wollen[25]. Die Gründe für die Bezugnahme auf diese Bestimmung wird man vielmehr in folgendem zu sehen haben:

Der Gerichtshof sucht mit Hilfe dieser Vorschrift einmal das Ergebnis seiner Entscheidung im konkreten Fall zu rechtfertigen. Über den wesentlichen Inhalt des AETR-Abkommens war im Rahmen der E. C. E. zum Zeitpunkt des Rechtsstreites schon eine Übereinstimmung zwischen allen Parteien erzielt worden. „Wären in *diesem Verhandlungsstadium* die beteiligten dritten Staaten mit der neuen Zuständigkeitsverteilung konfrontiert worden, so hätte dies möglicherweise den Erfolg der Verhandlungen gefährden können[26].“ Dies wurde auch von dem Vertreter der Kommission zugestanden[27]. Der Gerichtshof nahm daher „Altverhandlungen“[28], die vor dem Zustandekommen einer gemeinschaftlichen Reflex-Kompetenz begonnen haben, von der neuen gemeinschaftsinternen Zuständigkeitsverteilung aus[29]. Aber auch bei diesen Altverhandlungen haben die Mitgliedstaaten die Gemeinschaftsinteressen *solidarisch* zu verteidigen, um sich nicht dem Vorwurf eines Verstoßes gegen die Bestimmung des Artikels 5 EWGV auszusetzen. Indem nun die Mitgliedstaaten auf Grund des Ratsbeschlusses vom 20. März 1970 auf eine gemeinschaftliche Verhandlungsposition im Sinne des Artikels 116 Abs. 1 EWGV festgelegt worden waren und dementsprechend auch solidarisch die Verhandlungen im Rahmen der E. C. E. führten, sah der Gerichtshof diese gemeinschaftliche Solidarität als gewahrt an[30].

---

[24] Siehe Urteil, die Ziffern 76 und 80. Vgl. *Sasse*, S. 238/239.

[25] In diese Richtung zielen dagegen die Ausführungen von *Werbke*, da dieser Autor davon ausgeht, daß eine Mitwirkung der Gemeinschaft nach außen zumeist an den Statuten der internationalen Organisationen scheitern werde; S. 2108.

[26] Urteil, Ziff. 86.

[27] Vgl. Urteil, Ziff. 86.

[28] *Sasse*, S. 239.

[29] Vgl. Urteil, Ziff. 81.

[30] Vgl. Urteil, die Ziffern 82 - 90.

Aber auch bei „Neuverhandlungen“, also solchen, die erst nach dem Zustandekommen der gemeinschaftlichen Reflex-Kompetenz beginnen, schenkt der Gerichtshof zu Recht der Bestimmung des Artikels 116 Abs. 1 EWGV Beachtung. Durch die neue gemeinschaftsinterne Zuständigkeitsverteilung wird nämlich — wie noch zu zeigen bleibt — die Vertragspartnerstellung der Mitgliedstaaten in internationalen Organisationen nicht beseitigt. Die Mitgliedstaaten üben insbesondere weiter die ihnen zustehenden Stimmrechte aus. Andererseits liegt die Verhandlungsführung bei der meist noch nicht stimmberechtigten Gemeinschaft. Diese Konstellation, welche dem Auftreten der Delegation des Deutschen Reiches und der Vertreter der deutschen Rheinuferstaaten in der Zentralkommission nach dem ersten Weltkriege ähnelt[31], erfordert ein enges Zusammenwirken der Vertreter der Kommission mit den Delegierten der Mitgliedstaaten. Es ist daher notwendig, daß auf Gemeinschaftsebene vor Verhandlungsbeginn Richtlinien für ein Zusammenwirken von Kommission und Mitgliedstaaten in internationalen Organisationen erarbeitet werden. Hierfür zieht der Gerichtshof die generelle Vorschrift des Artikels 116 Abs. 1 EWGV zu Hilfe, die es ermöglicht, eine vorherige Abstimmung über das gemeinsame Auftreten der EWG-Mitgliedstaaten mit der Verhandlungsposition der Kommission zu erzielen. Die Bestimmung des Artikels 116 Abs. 1 EWGV kommt nach diesem Urteil also nicht nur subsidiär dort zum Tragen, wo noch keine Reflex-Außenkompetenz der Gemeinschaft besteht. Das Urteil erweist, daß diese Vorschrift darüberhinaus einen „Koordinierungshebel“[32] enthält, mit Hilfe dessen das Verhalten der EWG-Mitgliedstaaten in internationalen Organisationen mit der Verhandlungsposition der Kommission auf eine Linie gebracht werden kann.

2. Die Gemeinschaft als Erfüllungspartner in den internationalen Vertragsbeziehungen ihrer Mitgliedstaaten

Nach diesem Urteil des Europäischen Gerichtshofes[33], das entscheidende Impulse für die weitere Entwicklung der Europäischen Gemeinschaften in die Richtung eines föderalen Verbandes gesetzt haben mag, muß fest-

---

[31] Siehe die Ausführungen auf S. 87.

[32] *Sasse*, S. 239.

[33] Die Kritik, die das Urteil in seinen materiellen Aussagen bisher erfahren hat, zielt im wesentlichen auf die o. a. Ausführungen des Generalanwaltes ab. Im Hinblick auf Auswirkungen dieser Entscheidung, die in ihrer ganzen Tragweite noch unabsehbar sind (vgl. *Sasse*, S. 208), geht die Kritik auch auf die Probleme ein, die sich für das Auftreten der Gemeinschaft in internationalen Organisationen abzeichnen. Vgl. die Urteilsbesprechungen ohne Autorenangabe in: Le Monde vom 27. April 1971, S. 19 - 20 „La Cour de Justice de Luxembourg a-t-elle outrepassé ses compétences?“ sowie „L'Arrêt du 31 Marz 1971“ in RMC 1971, No. 144, S. 211 - 213. An neuerer Literatur zum AETR-Urteil, die in dieser

gestellt werden, daß eine Lösung der institutionellen Probleme zwischen dem Rheinschiffahrtsrecht und dem EWG-Vertrag allein im gemeinschaftsinternen Raum ausgeschlossen ist. Es bleibt daher zu untersuchen, ob diese Konflikte durch eine auf die Gemeinschaftsmaterie beschränkte Mitarbeit der Gemeinschaft in der Zentralkommission — d. h. also ausnahmsweise im außergemeinschaftlichen Raum — behoben werden können. Dies würde voraussetzen, daß die Gemeinschaft intern den Mitgliedstaaten gegenüber zu einer solchen Mitarbeit verpflichtet und den Drittstaaten in der Zentralkommission gegenüber dazu berechtigt ist.

a) Die Verpflichtung der Gemeinschaft zur direkten Vertragserfüllung

Die *interne* Pflicht der Gemeinschaft, im Wege einer *direkten Pflichterfüllung* eine Beeinträchtigung der Verpflichtungen der Mitgliedstaaten aus der Mannheimer Akte zu vermeiden, ergibt sich in *letzter Konsequenz* aus der in Artikel 234 Abs. 1 EWGV enthaltenen Garantie für die früheren Übereinkünfte sowie auf Grund des den Mitgliedstaaten gegenüber bestehenden Loyalitätsgebotes. Lassen sich Konflikte zwischen dem Gemeinschaftsrecht und früheren Abkommen der Mitgliedstaaten weder gemäß Artikel 234 Abs. 2 EWGV beheben noch gemeinschaftsintern lösen — es sei denn, daß die gesamte Kompetenzverteilung völlig umgestülpt werden müßte —, so folgt daraus, daß die Gemeinschaft zu einer direkten Pflichterfüllung im außergemeinschaftlichen Raum verpflichtet wird. Insofern muß der interne Anspruch der Gemeinschaft auf Unabhängigkeit von den internationalen Vertragsverpflichtungen ihrer Mitgliedstaaten gemäß Artikel 234 Abs. 2 EWGV hinter der vorrangigen Garantie des Artikels 234 Abs. 1 EWGV zurückstehen.

Arbeit nicht mehr berücksichtigt werden konnte, ist erschienen: *Ganshof van der Meersch, W. J.*, „Les relations exterieures de la CEE dans le domaine des politiques communes et l'arrêt de la Cour de justice du 31 Mars 1971", in: CdDE 1972, S. 127; *Fuß, E. W.*, „Die Befugnis der Europäischen Wirtschaftsgemeinschaft zum Abschluß völkerrechtlicher Verträge mit Drittstaaten", in: DVBl. 1972, S. 231; *Raux, J.*, „La Cour de justice des Communautés et les relations extérieures de la CEE", in: RGDIP 1972, S. 36; *Kovar, R.*, „L'affaire de l'A.E.T.R. devant la Cour de justice des Communautés européennes et la compétence internationale de la CEE", in: AFDI 1971, S. 386; *Constantinesco, L. J.*, „Note (sous) l'Arrêt de la Cour du 31 mars 1971 dans l'affaire 22/70", in: Rev. trim. dr. eur. 1971, S. 796; *Waelbroeck, M.*, „L'arrêt AETR et les competences externes de la Communauté économique européenne", in: Integration 1971, S. 79; *Collinson, D. S.*, „The Foreign Relations Powers of the European Communities — A Comment on Commission v. Council —", in: Stanford Law Review 1971, vol. 23, S. 956. *Gori*, Paolo, „Sulla competenza negoziale esterna delle organizzazionii intergovernative con particolare reguardo alle Communita Europee", in: Rivista Diritto Europeo 1971 (vol. 11), S. 155 (186 - 191).

b) Der Anspruch der Drittstaaten in der Zentralkommission auf Vertragserfüllung allein durch ihre Vertragspartner

Eine solche gemeinschaftliche Direkterfüllung könnte jedoch an dem Widerstand der Drittstaaten in der Zentralkommission scheitern, es sei denn, daß sie ein Auftreten der Gemeinschaft in der Zentralkommission ausnahmsweise hinzunehmen haben, weil gemeinschaftsintern nur noch die Gemeinschaft für Gemeinschaftsmaterie eine Erfüllung der mitgliedstaatlichen Pflichten gewährleisten kann. Diese Problemkonstellation wirft die Frage auf, ob innergemeinschaftliche Kompetenzverschiebungen in *keinerlei Hinsicht* Auswirkungen in den internationalen Beziehungen der Mitgliedstaaten zeitigen können.

Zwar ist oben festgestellt worden, daß nach der Rechtsprechung des Ständigen Internationalen Gerichtshofes und der herrschenden Völkerrechtslehre durch eine Neuverteilung von Kompetenzen im *Bundesstaat* der vertragliche Erfüllungsanspruch des Vertragspartners nicht beeinträchtigt werden darf[34]. Ob eine ordnungsgemäße Erfüllung dieses Anspruchs aber auch generell einen Wechsel des Vertrags- oder zumindest *Erfüllungs*partners ausschließt, und damit keine Unterscheidung zwischen der *materiellen* Erfüllung eines Vertrages und dem mehr *formal-positivistisch begründeten Anspruch* auf einen bestimmten Erfüllungspartner getroffen werden kann[35], erscheint zweifelhaft.

In der Völkerrechtslehre werden zu dieser Problematik eine Anzahl unterschiedlicher Auffassungen vertreten. Einige Autoren, wie z. B. *Dahm*[36] und *Krüger*[37] verbinden mit einer sachlichen Kompetenzverschiebung einen *Vertragspartnerwechsel* im Wege einer *Teilsukzession*. Diese Meinung hat — soweit ersichtlich — weder in der Rechtsprechung noch in der Staatenpraxis — mit Ausnahme für den Einheitsstaat — eine weitgehende Anerkennung gefunden[38]. Nach der Auffassung einer Anzahl anderer Autoren — wie z. B. *O'Connell*[39] und *Scheuner*[40] — werden

---

[34] Siehe die Ausführungen unter Teil 2, Kapitel 2, II. 1.

[35] Zu dieser Unterscheidung siehe im einzelnen *Herbig*, die Seiten 85 - 89, 93 - 95 und 143.

[36] Vgl. Völkerrecht, Bd. I, S. 101; unentschieden allerdings bei multilateralen Verträgen, S. 103, Fußn. 7.

[37] Vgl. *Krüger*, S. 1072.

[38] Beeindruckend ist allerdings die Argumentation von *Krüger*, wenn er ausführt: „Weder natürliche noch juristische Partner eines Rechtsverhältnisses sind in der Lage noch gehalten, sich für alle Zeiten in derjenigen Verfassung zu bewahren, in der sie sich zur Zeit des Vertragsabschlusses befanden, geschweige denn, daß sie sich durch einen solchen Akt gegenseitig ihre Existenz gewährleisteten"; S. 1071/1072.

[39] Vgl. *O'Connell*, S. 59 und 132.

[40] Vgl. Rechtsgutachten, S. 707/708; Funktionsnachfolge S. 36.

daher auch durch diesen Vorgang die jeweiligen Vertragspartnerstellungen nicht beeinträchtigt. *O'Connell* folgert jedoch aus der Vertragspartnereigenschaft nicht auch gleichzeitig, daß der Vertragspartner zur *Erfüllung* zuständig sein muß. *Wer den Vertrag zu erfüllen hat, richtet sich vielmehr nach der innerstaatlichen Kompetenzverteilung*[41]. Demgegenüber ist den Ausführungen von *Scheuner* zur Funktionsnachfolge eine solche staatsintern bedingte Aufspaltung der Vertragspartnerfunktionen nicht zu entnehmen[42]. Seinen Darlegungen zu dem Grundsatz einer *allein „mittelbaren" Haftung* des Bundes für die Erfüllung der gliedstaatlichen Verträge wird man vielmehr entnehmen müssen, daß der Gliedstaat den Vertrag selber zu erfüllen hat. Sein internationaler Vertragspartner braucht also keine Erfüllung durch eine andere Haftungsperson hinzunehmen[43]. Der Bund ist demnach gehalten, dafür Sorge zu tragen, daß der Vertragspartner Gliedstaat erfüllungsfähig bleibt. Zu diesem Zweck sind dem Bund von der Verfassung die notwendigen Mittel zur Verfügung zu stellen[44].

Die weitgehende Auffassung von *Scheuner* gibt deshalb Anlaß zu Bedenken, weil es zweifelhaft ist, ob allein mit einer mittelbaren Haftung des Bundes in jedem Fall die Erfüllung der gliedstaatlichen Pflichten sichergestellt werden kann. Dies erscheint nur dann möglich, wenn der formale Anspruch des Drittstaates auf Vertragserfüllung allein durch den Gliedstaat so weit geht, daß dadurch in einem Bundesstaat die gesamte interne Kompetenzverteilung wieder umgestülpt werden muß. Gegen eine solche Tragweite des formalen Erfüllungsanspruches des internationalen Vertragspartners bestehen jedoch wegen seiner weitgehenden Konsequenzen noch zu begründende Bedenken. Diese Ansicht ist überdies auch nicht zwingend der Entscheidung des Ständigen Internationalen Gerichtshofes vom 4. Februar 1932[45] zu entnehmen. Die Frage, ob ein Wechsel des Erfüllungspartners völkerrechtlich als zulässig zu erachten ist, hatte das Gericht nicht zu entscheiden. Im Mittelpunkt seines Gutachtens stand allein die Forderung nach der *Erfüllung der materiellen Pflichten* aus einem internationalen Vertrag, der sich ein Staat nicht unter Berufung auf seine Verfassung sollte entziehen können. Bleibt die materielle Vertragserfüllung durch staatsinterne Umgestaltungen grundsätzlich unangetastet, so erscheint es nach der Entscheidung des Gerichtshofes nicht gänzlich ausgeschlossen, daß dieser Vorgang Auswirkungen in den internationalen Vertragsbeziehungen der Gliedstaaten zu zeitigen vermag.

---

[41] Vgl. *O'Connell*, S. 59 und 132.

[42] Vgl. *Scheuner*, Funktionsnachfolge, S. 34 ff.

[43] Vgl. *Scheuner*, Funktionsnachfolge, S. 36 - 38.

[44] Vgl. *Scheuner*, Rechtsgutachten, S. 807.

[45] Siehe Anm. 19 unter Teil 2, Kapitel 2, II.

Von der These ausgehend, daß die Vertragspartnerstellung des Gliedstaates durch den Bund nicht beeinträchtigt werden kann, andererseits aber der Bund auf jeden Fall für die Vertragserfüllung mittelbar zu haften hat, kommt *Scheuner* zu dem Schluß, daß der Bund notfalls durch den Erlaß bundesrechtlicher Vorschriften die Erfüllung der vertraglichen Pflichten im innerbündischen Raum sicherzustellen hat[46]. Fraglich bleibt jedoch, was geschehen soll, wenn die Vertragserfüllung allein im *außerbündischen Bereich* stattfinden kann, also z. B. der Gliedstaat zu einer Mitarbeit in internationalen Organisationen verpflichtet ist. Dieser Frage kommt dann besondere Bedeutung zu, wenn — anders als im Konkordatsprozeß — Sach- und Außenkompetenz nicht auseinanderklaffen, sondern der Bund den Gliedstaat durch die Inanspruchnahme beider Kompetenzen — wenn auch nur partiell — nach außen völlig abgeriegelt hat. Entweder nimmt man für diesen Fall an, daß aus völkerrechtlicher Sicht im Hinblick auf die gliedstaatlichen Pflichten eine solche Kompetenzzusammenballung unzulässig ist. Dies bedeutet, daß der Bund im innerbündischen Raum gehalten ist, durch eine Rückübertragung von Sach- und Außenkompetenz den Gliedstaat nach außen *erfüllungsfähig* zu halten. Oder aber man folgt der Auffassung von *O'Connell*, nach der in diesem Fall der Bund zur Erfüllung des gliedstaatlichen Vertrages zuständig wird[47].

Folgt man der ersten Alternative, so hat dies zur Konsequenz, daß dadurch rigoros die Integrationsfreiheit der Einzelstaaten blockiert werden würde[48]. Die alleinige Beachtung des Gliedstaatenabkommens würde darüberhinaus zumindest die innerstaatliche Rechtssicherheit in Frage stellen oder sogar die Gefahr einer Auflösung des Bundesstaates in sich bergen[49]. In Anbetracht dieser Konsequenzen kann nicht uneingeschränkt der Auffassung zugestimmt werden, daß innerstaatliche Kompetenzverschiebungen *keinerlei Auswirkungen* in den internationalen Vertragsbeziehungen der Gliedstaaten sollen zeitigen können. Es erscheint vielmehr geboten, bei dem Anspruch des internationalen Vertragspartners auf ordnungsgemäße Vertragserfüllung zu differenzieren zwischen der Durchschlagskraft des materiellen Erfüllungsanspruchs gegenüber der innerstaatlichen Ordnung und derjenigen des formalen Anspruchs auf einen bestimmten Erfüllungspartner. Daraus ist zu folgern:

Innerstaatliche Strukturveränderungen dürfen nicht dazu führen, daß durch sie die *materielle Erfüllung* der internationalen Vertragsverpflichtungen beeinträchtigt wird. Insoweit ist dem Gutachten des Ständigen

---

[46] Vgl. Funktionsnachfolge, S. 35.
[47] Vgl. wie unter Anm. 41.
[48] Siehe zu dieser Problematik eingehend *O'Connell*, S. 56 i. V. m. S. 55.
[49] Vgl. *Herbig*, S. 143.

Internationalen Gerichtshofes ein allgemeingültiger Grundsatz des Völkerrechts zu entnehmen, der die verfassungsmäßige Gestaltungsmöglichkeit eines jeden Staates beschränkt.

Von dieser materiellen Erfüllungspflicht abzugrenzen ist die Pflichterfüllung durch einen bestimmten Erfüllungspartner. Selbst wenn man der Auffassung zustimmt, daß der Drittstaat grundsätzlich einen Anspruch auf Vertragserfüllung durch eine vertraglich bestimmte Person haben sollte, so kann die Durchschlagskraft dieses Anspruchs gegenüber der bundesstaatlichen Ordnung jedoch nicht so weit gehen, daß dadurch ein Bundesstaat der Gefahr der Wiederauflösung ausgesetzt werden würde. Insofern steht dem Bundesstaat, in den sich ein Land eingegliedert hat, ein Anspruch auf Erhalt und Fortentwicklung zu. Diesem Anspruch ist ein eigener Rechtswert zuzumessen[50]. Durch ihn wird die Durchschlagskraft des formalen Anspruchs des Drittstaates begrenzt.

Kann demzufolge der Drittstaat nicht verlangen, daß der Bund seine Verfassung wieder völlig umstülpt, indem er Sach- und Außenkompetenz auf den Gliedstaat wieder zurückverlagert; sind aber andererseits aus dem Bundesstaat heraus die internationalen Verpflichtungen des Gliedstaates zu erfüllen, so bedeutet dies, daß innerstaatlich der Bund zur Erfüllung des Vertrages zuständig wird, und der Drittstaat im Außenbereich dies hinnehmen muß. Dieser Vorgang ist jedoch nicht im Sinne einer *klassischen Sukzession* des Bundes in das Vertragsverhältnis zu verstehen, durch die der Gliedstaat aus seiner Vertragspartnerstellung verdrängt oder diese parzelliert würde — mithin eine neue Teilordnung Bund — Drittstaat entstände[51] —, sondern wie *O'Connell* es bezeichnet hat, als *„an internal succession of instrumentalities competent to execute the treaty"*[25].

Die für den Bundesstaat angestellten Erörterungen sind — wie oben dargelegt[53] — auf das Recht der Europäischen Wirtschaftsgemeinschaft

---

[50] Vgl. *Herbig*, S. 143.

[51] So aber die Auffassung von *Mosler*. Vgl. FS. Thoma, S. 169.

[52] *O'Connell*, S. 59. Vgl. auch seine Ausführungen auf S. 132: "In all cases, then, an internal succession of treaties to the central government is logical, for the central government must assume responsibility; but the actual area of operation of the treaties ordinarily remains that of the constituent States, and the authorities competent to perform are those, designated according to the distribution of powers. The practice seems in general abundantly to support this conclusion, though the concordat case does not." Siehe in diesem Sinne auch Artikel 2 Abs. 1 der Draft Resolutions der I.L.A. wie unter Anm. 17, Teil 2, Kapitel 2, II.: "In such a case (of unions or federations of States) where the treaty remains in force, the question whether the union or federation becomes responsible for performance of the treaty is dependent on the extent to which the constituent governments remain competent to negotiate directly with foreign States and to become parties to arbitration proceedings therewith."

[53] Vgl. die Ausführungen auf S. 119.

deshalb und insoweit entsprechend anzuwenden, als die Problemkonstellationen sich in der Integrationsgemeinschaft von denen im Bundesstaat in kaum erkennbarer Weise unterscheiden. So steht dem Anspruch der Drittstaaten in der Zentralkommission auf Vertragserfüllung allein durch die vier in der Zentralkommission repräsentierten Mitgliedstaaten der Anspruch der Gemeinschaft auf Erhalt und Fortentwicklung des gemeinschaftlichen Besitzstandes gegenüber, dem ebenso wie im Bundesstaat ein schützenswerter Rechtswert zuzumessen ist[54]. Die Durchschlagskraft des formalen Anspruchs der Drittstaaten kann daher ebenso wie im Bundesstaat nicht so weit gehen, daß durch eine Zerstörung des für die Gemeinschaft besonders bedeutsamen Integrationsmechanismus — d. h. Erhalt und Ausschöpfung der ihr zustehenden Außenkompetenz[55] — sie der Gefahr der Wiederauflösung ausgesetzt werden würde. Dies bedeutet, daß die Drittstaaten im Hinblick auf die institutionellen Konflikte zwischen der Rheinschiffahrtsakte und dem EWG-Vertrag auch im Außenbereich die innergemeinschaftlichen Kompetenzverschiebungen hinnehmen müssen.

3. Das Auftreten der Gemeinschaft in der Zentralkommission

Fraglich ist allerdings, wie die Gemeinschaft in einer internationalen Organisation — wie der Zentralkommission — die ihr zugefallenen Aufgaben wahrnehmen kann. Durch die innergemeinschaftlichen Kompetenzverschiebungen hat sie nämlich — wie oben für den Bund dargelegt — nicht im Wege einer auf die Gemeinschaftsmaterie bezogenen Teilsukzession automatisch eine Vertragspartnerstellung erlangt, sondern ist allein für die Drittstaaten in der Zentralkommission zur Erfüllung bestimmter vertraglicher Pflichten der Mitgliedstaaten zuständig geworden. Müssen aber die Drittstaaten in der Zentralkommission diesen gemeinschaftsinternen Vorgang im Außenbereich hinnehmen, so folgt daraus, daß die Vertragspartner der Mannheimer Akte der Gemeinschaft innerhalb der Zentralkommission einen *Status* einzuräumen haben, der ihr die Erfüllung dieser Aufgaben ermöglicht. Dieser Status muß *mehr* beinhalten, als der eines *bloßen Beobachters*[56]. Um nämlich ihrer Verpflichtung zu einer wirkungsvollen Zusammenarbeit nachkommen zu können, muß die Gemeinschaft in der Lage sein, in der Zentralkommission schriftlich bzw. mündlich Texte oder Abänderungen vorzuschlagen oder das Wort zu ergreifen. Die Signatarstaaten sind allerdings nicht verpflichtet, der Ge-

---

[54] *Herbig* hat treffend darauf hingewiesen, daß der zu schützende Rechtswert einer neuen, stabilen völkerrechtlichen Verbandsordnung um so höher sein muß, als diese sich der gesamtstaatlichen annähert. Vgl. S. 143.

[55] Vgl. *Dupuy*, S. 781.

[56] Zur Beobachterrolle der Gemeinschaft in internationalen Organisationen siehe im einzelnen *Raux*, S. 121 - 138.

meinschaft die Stellung eines stimmberechtigten Mitgliedes einzuräumen — wie sie z. B. die Schweiz gemäß Artikel 355 V. F. V. erlangte —, da dies eine Änderung des in Artikel 46 Abs. 1 der Mannheimer Akte vorgesehenen Stimmenverhältnisses zur Folge haben würde. Die Zubilligung einer solchen Stellung wäre überdies auch nur schwerlich mit der Struktur der Zentralkommission in Einklang zu bringen, die wie eine Vielzahl anderer internationaler Organisationen zumindest heute noch als Vertragspartner nur *Staaten* und keinerlei andere wirtschaftliche oder sonstige „Wirkungseinheiten“[57] ohne diesen Staatscharakter kennt[58].

Ein solcher *„Zwischenstatus“* zwischen Beobachter und vollberechtigtem Mitglied ist der Gemeinschaft schon auf der von der UNCTAD durchgeführten Zuckerkonferenz im Jahre 1968 und der Zinnkonferenz im Jahre 1970 entsprechend einem Rechtsgutachten des juristischen Dienstes der Vereinten Nationen[59] eingeräumt worden[60]. Das Gutachten legt ausdrücklich seinen Erörterungen die gemeinschaftsinterne Rechtslage zugrunde, derzufolge: „the six individual States members of the Community are obliged to recognize the exclusive right of the Commission to *negotiate* an agreement such as is contemplated by the 1968 Sugar Conference[61].“ Es kommt zu der Schlußfolgerung, daß dieser Rechtslage im Rahmen der UNCTAD Rechnung getragen werden kann, „if the representative of the Community were given a position, somewhat different from that of a mere observer but less than that of a State having full rights of participation, which would enable him to take part in negotiations. The Conference could invite the Community to participate in the conference without vote and permit the representative of its commission to act as spokesman for the Community on matters relating to sugar“[62].

Im Rahmen einer anderen internationalen Organisation, wie der des GATT, ist der Gemeinschaft spätestens seit dem Genfer Protokoll vom

---

[57] Zur Terminologie siehe *Mosler*, Erweiterung, S. 7.

[58] Vgl. *Pescatore*, Rel. Ex., S. 156; *Zemanek*, S. 82, 98 und 99.

[59] Siehe United Nations Juridicial Yearbook 1968, S. 201 ff.

[60] Vgl. *Le Tallec*, S. 209. Daß es sich hier um einen Präzedenzfall handelte, geht daraus hervor, daß der Antrag Frankreichs, die Gemeinschaft als gemeinsamen Sprecher der Mitgliedstaaten der EWG auftreten zu lassen, auf den Widerstand der Ostblockstaaten stieß. Siehe dazu die Ausführungen des Rechtsgutachtens wie unter Anm. 59 auf S. 201: "Several delegations stated that the problem raised in the proposal went beyond the terms of reference of the Sugar Conference and that it was not of a procedural character, but touched upon the Charter of the United Nations; these delegations therefore opposed the proposal."

[61] Siehe wie unter Anm. 59, S. 202.

[62] Siehe wie unter Anm. 59, S. 202. Zum Auftreten der Gemeinschaft in der Zuckerkonferenz siehe u. a. die Äußerungen von Vertretern der Europäischen Gemeinschaften in UNCTAD, trade and development board, officials records of the first part of the tenth session vom 26. August bis 24. September 1970 (TD/SR. 239 - 265), S. 135 (255. Sitzung) und S. 275 (263. Sitzung).

30. Juni 1967[63] eine über diesen Zwischenstatus hinausgehende Stellung eingeräumt worden, die der eines vollberechtigten Mitglieds gleichkommt. So ist die Gemeinschaft z. B. gemäß Artikel VII Ziff. 1 der Milcherzeugungsvereinbarung aus dem Jahre 1970[64] vollberechtigtes Mitglied des zur Durchführung dieser Vereinbarung im Rahmen des GATT eingesetzten Exekutivausschusses. Ferner hat sie mit der Unterzeichnung des Weizenhandelsübereinkommens aus dem Jahre 1967[65] als einziger *Nichtstaat* auch die Stellung eines vollberechtigten Mitglieds in dem im Jahre 1949 gegründeten Weizenrat sowie in dem Exekutiv- und Prüfungsausschuß dieses Abkommens erlangt[66].

Innerhalb der Zentralkommission ist der Gemeinschaft dagegen noch kein „Zwischenstatus" wie bei der UNCTAD zugebilligt worden, der ihr entsprechend ihrer ausschließlichen innergemeinschaftlichen Zuständigkeit das Aushandeln von Abkommen mit den Drittstaaten in der Zentralkommission erlauben würde.

Nachdem im Jahre 1960 auf Grund eines Briefwechsels zwischen dem Präsidenten der Zentralkommission und der EWG zweckdienlich Beziehungen zwischen beiden Organisationen gemäß Artikel 229 EWGV vereinbart worden waren, erhielt die Gemeinschaft in Straßburg nur die Stellung eines bloßen Beobachters[67]. Sie ist über diese Rolle in der Zwischenzeit allerdings hinausgewachsen. In den Vollversammlungen der Zentralkommission wurde der Kommission ohne Widerspruch das Recht eingeräumt, Erklärungen und Vorschläge im Namen der Gemeinschaft abzugeben. Zu dem großen und kleinen Wirtschaftsausschuß dagegen, in denen die sachlichen Verhandlungen stattfinden, ist ihr bisher der Zugang verwehrt gewesen. Stattdessen wurden für beide Organisationen interessierende Fragen „ad hoc Ausschüsse" gebildet, in denen vertreten sind eine Delegation der Mitgliedstaaten der EWG, Vertreter der Kommission der EWG sowie Repräsentanten der Drittstaaten Schweiz und Großbritannien[68]. In diesen Ausschüssen finden jedoch allein *Sondierungs-*

---

[63] ABl./E.G., Nr. L. 305, S. 12 ff., vom 19. Dezember 1968.

[64] ABl./E.G., Nr. L. 124, S. 68 ff., vom 8. Juni 1970.

[65] ABl./E.G., Nr. L. 66, S. 1 ff., vom 23. März 1970.

[66] Siehe im einzelnen Artikel 10, Stellung der EWG; Artikel 25, Zusammensetzung des Rates; Artikel 31. Preisprüfungsausschuß; Artikel 31 - 38, Unterzeichnung, Ratifizierung und Beitritt.

[67] Siehe Relations extérieures de la Communauté européenne unifiée, Cahier de documentation, hrsg. von Hofmann, G. u. a., Liège 1968, S. 213 - 215.

[68] Siehe den Bericht über die Tätigkeit der Zentralkommission im Jahre 1970; ZKR. Dok. 71/16 vom 5. Mai 1971, S. 4. In diesem Zusammenhang sind die Ausführungen von *Lörcher* von Interesse, nach denen die Gründung von ad hoc Ausschüssen eine in der Praxis weit verbreitete Methode darstellt, um die Gemeinschaft an den Arbeiten internationaler Organisationen unmittelbar zu beteiligen. Vgl. S. 150.

gespräche statt[69], deren Ergebnisse dann den Gegenstand von Verhandlungen zwischen den Signatarstaaten der Mannheimer Akte in den Wirtschaftsausschüssen bilden.

Der gemeinschaftsinternen Rechtslage, nach der nur noch die Gemeinschaft zu Verhandlungen mit dritten Ländern über Gemeinschaftsnormen zuständig ist, kann in Anbetracht dieser Entwicklung in der Zentralkommission dadurch Rechnung getragen werden, daß Verhandlungen innerhalb der Zentralkommission — soweit sie Gemeinschaftsmaterie betreffen — entweder in den beizubehaltenden ad hoc Ausschüssen stattfinden oder der Kommission Zugang zu den Wirtschaftsausschüssen gewährt wird. Auf diesem Wege besteht dann auch einige Aussicht dafür, daß die materiellen Kollisionen zwischen dem Rheinschiffahrts- und Gemeinschaftsrecht durch direkte Verhandlungen zwischen der Gemeinschaft und den Drittstaaten in der Zentralkommission einer endgültigen Lösung zugeführt werden.

---

[69] Siehe wie unter Anm. 68 S. 7 und 8.

Nachtrag

Das Thema der vorliegenden Arbeit ist seit Ende des Jahres 1971 erneut Gegenstand von zahlreichen Verhandlungen und Beratungen in der Zentralkommission für die Rheinschiffahrt sowie innerhalb der Europäischen Wirtschaftsgemeinschaft gewesen. Bei diesen Besprechungen ist den institutionellen Problemen zwischen den beiden Rechtsordnungen besondere Aufmerksamkeit geschenkt worden. Es hat sich nämlich erwiesen, daß die dringend notwendige Einführung einer Kapazitätsregelung im Binnenschiffsgüterverkehr ohne eine Lösung dieser Probleme nicht möglich ist.

Die EWG-Kommission hat daher dem Rat einen Vorschlag unterbreitet, der über die in dieser Arbeit aufgezeigte Lösung noch hinausgeht[1]. Er sieht vor, daß die Kommission der EWG *bereits bei dem Vorliegen eines Vorschlages für eine Gemeinschaftsregelung* Verhandlungsführer gegenüber der Schweiz sein soll. Dieser Vorschlag macht zugleich deutlich, daß nach der Auffassung der Kommission eine gemeinschaftliche Außenkompetenz nicht von dem Bestand von Gemeinschaftsrechtsnormen abhängig ist. Diese Kompetenz wird vielmehr schon dann als gegeben erachtet, wenn der Rat z. B. einen Entschluß darüber faßt, daß Verhandlungen mit Drittstaaten über Materien geführt werden sollen, die bereits den Gegenstand eines Verordnungsvorschlages bilden. Dementsprechend soll auf Grund der Entschließung des Rates vom 27. Januar 1970[1] allein der Gemeinschaft die Kompetenz zustehen, mit der Schweiz über eine Kapazitätsregelung im Binnenschiffsgüterverkehr zu verhandeln[2].

---

[1] Vorschlag eines Beschlusses des Rates über die Aufnahme von Verhandlungen über ein Abkommen zwischen der Europäischen Wirtschaftsgemeinschaft und der Schweiz betreffend die Inkraftsetzung einer Regelung der zeitweiligen Stillegung von Schiffen im Binnenschiffsgüterverkehr auf bestimmten Wasserstraßen. ABl/E.G. 1971, Nr. C 107, v. 25. Oktober 1971, S. 1. Zur Begründung des Vorschlages siehe Parlement Européen, Documents de séance 1971 - 1972, Doc. 159/71, v. 25. Oktober 1971.

[2] Siehe die Ausführungen des Mitglieds der Kommission *Coppé,* in: ABl/E.G. (Versammlung), Sitzungsperiode 1972 - 1973, Juli 1972, Nr. 152, S. 50. Diese weitgehende Auffassung kann nur schwerlich auf die genannte Entschließung des Rates gestützt werden. Denn mit dieser Entschließung wollte der Rat ersichtlich keine Außenkompetenz der Gemeinschaft schaffen. Es war im Gegenteil das Ziel dieser Entschließung, den 4 EWG-Mitgliedstaaten die Möglichkeit zu erhalten und damit auch die Kompetenz zu bestätigen, eine Stilllegungsregelung unter Ausschluß der Gemeinschaft im Rahmen der ZKR mit der Schweiz und Großbritannien zu vereinbaren. Vgl. auch die Ausführungen unter Anm. 21 auf S. 66.

Der Vorschlag der Kommission hat die volle Unterstützung des Europäischen Parlaments gefunden[3]. In zwei Entschließungen hat es den Rat aufgefordert, der Kommission das Mandat für Verhandlungen mit der Schweiz zu erteilen[4].

Der Rat ist diesem Verlangen auf seinen Tagungen im Mai und Oktober 1972 zunächst nicht nachgekommen. Hierfür dürften die nachfolgend genannten Gründe mit ausschlaggebend gewesen sein.

Gemäß Art. 3 des Vorschlages der Kommission der EWG sollte die Kommission die Verhandlungen mit der Schweiz „im Benehmen mit einem zu ihrer *Unterstützung* vom Rat bestellten Ausschuß führen"[5]. Diese Regelung stand im Gegensatz zur Entschließung des Rates vom 27. Januar 1970, nach der die Verhandlungen mit der Schweiz durch die in der ZKR repräsentierten EWG-Mitgliedstaaten geführt werden sollten[6]. Überdies war dem Vorschlag der Kommission zu entnehmen, daß die Verhandlungen nicht im Rahmen der ZKR, sondern unmittelbar zwischen der Gemeinschaft und der Schweiz stattfinden würden. Es war dementsprechend auch vorgesehen, daß das Abkommen über eine Stillegungsregelung allein zwischen der Gemeinschaft und der Schweiz abgeschlossen werden sollte[7]. Der Vorschlag der Kommission ließ zudem die Frage offen, ob ein solcher Vertrag auch eine Einschränkung der Schiffahrtsfreiheit dem. Art. 1 der Mannheimer Akte zum Gegenstand gehabt haben würde. Eine dahingehende Vereinbarung hätte bedeutet, daß die Gemeinschaft als *„Vertreter"* der in der ZKR repräsentierten EWG-Mitgliedstaaten Vertragsverpflichtungen dieser Staaten aus der revidierten Rheinschiffahrtsakte in direkten Verhandlungen mit der Schweiz abgelöst haben würde.

Gegen eine solche Entwicklung hat sich besonders Frankreich gewandt. Dieses Land schlug deshalb vor, Italien und Luxemburg sollten der Mannheimer Akte als Mitglieder beitreten[8]. Die französische Initiative hatte deutlich das Ziel, eine Stillegungsregelung in einem Staatenvertrag im Rahmen der ZKR zu vereinbaren. Sie wandte sich zugleich ersicht-

---

[3] Siehe den Bericht des Verkehrsausschusses (Meister), in: E. P., Sitzungsdokumente 1972 - 1973, Dok 29/72, v. 8. Mai 1972; ferner die Aussprachen über diesen Bericht sowie über die Anfrage 6/72 des Abgeordneten Meister, ABl/E.G. 1972, Nr. C 82, v. 26. Juli 1972, S. 12 (betreffend Verhandlungen mit der Schweiz über eine zeitweilige Stillegungsregelung), in: ABl/E.G. (Versammlung), Sitzungsperiode 1972 - 1973, Mai 1972, Nr. 150, S. 11 - 14 und Juli 1972, Nr. 152, S. 41 - 52.

[4] ABl/E.G. 1972, Nr. C 56, v. 2. Juni 1972, S. 4; ABl/E.G. 1972, Nr. C 82, v. 26. Juli 1972, S. 54.

[5] Siehe wie unter Anm. 1.

[6] Siehe die Ausführungen unter Anm. 2.

[7] Siehe die Begründung des Vorschlags der Kommission an den Rat wie unter Anm. 1, S. 4.

[8] Siehe *Werbke*, S. 2109, Fußnote 49.

lich gegen ein Anwachsen der Kompetenzen der EWG-Kommission im Bereich der Beziehungen mit Drittstaaten.

Auf der Ratstagung vom 18. und 19. Dezember 1972 hat Frankreich seine völlig ablehnende Haltung gegenüber dem Vorschlag der Kommission jedoch aufgegeben. Hierdurch wurde die Tür für einen Beschluß des Rates v. 19. Dezember 1972[9] eröffnet, dessen Artikel 1 bestimmt:

„Die Kommission wird *ermächtigt*, Verhandlungen über den Abschluß eines Abkommens zur Einführung einer Regelung für die zeitweilige Stillegung von Schiffen im Binnenschiffsgüterverkehr auf den unter die revidierte Rheinschiffahrtsakte und den Vertrag über die Schiffbarmachung der Mosel fallenden Wasserstraßen aufzunehmen, *an dem sich die Vertragsparteien dieser Akte bzw. dieses Vertrags und die Europäische Wirtschaftsgemeinschaft beteiligen*[10]."

Aus einer Protokollnotiz zu diesem Beschluß geht allerdings hervor, daß die Vertragspartnerstellungen der 4 in der ZKR vertretenen EWG-Mitgliedstaaten durch das Verhandlungsmandat der EWG-Kommission nicht beeinträchtigt werden. So hat der Rat auf Grund dieser Protokollnotiz zur Kenntnis genommen,

„daß die Mitgliedstaaten der Gemeinschaft, die gleichzeitig Vertragsparteien der revidierten Rheinschiffahrtsakte und des Vertrags über die Schiffbarmachung der Mosel sind, als solche an den Verhandlungen und am Abschluß des Abkommens teilnehmen werden *und sich verpflichten, diese Verhandlungen, soweit es sie betrifft, auf der Grundlage der Richtlinien im Anhang zu diesem Beschluß zu führen*[11]."

Die Protokollnotiz zeigt allerdings auf, daß der Verhandlungsspielraum der 4 in der ZKR repräsentierten EWG-Mitgliedstaaten bei den zukünftigen Revisionsverhandlungen zur Rheinschiffahrtsakte von Mannheim durch den „Koordinierungshebel" in Form der vom Rat verabschiedeten Verhandlungsrichtlinien eingeschränkt ist[12].

Eine eingehende rechtliche Würdigung dieses Ratsbeschlusses, der in seiner ganzen Tragweite noch unabsehbar ist, würde den Rahmen dieses Nachtrages sprengen. Dennoch kann jetzt schon gesagt werden, daß durch

---

[9] Beschluß des Rates über die Aufnahme von Verhandlungen über ein Abkommen zur Einführung einer Regelung für die zeitweilige Stillegung von Schiffen im Binnenschiffsverkehr auf bestimmten Wasserstraßen. Doc. R/2728/72 (Trans. 161).

[10] Die beiden weiteren Artikel dieses Beschlusses lauten: Art. 2: „Die Kommission verhandelt auf der Grundlage der Richtlinien im Anhang zu diesem Beschluß. Diese Richtlinien können vom Rat auf Vorschlag der Kommission nach dem in Artikel 75 des Vertrags vorgesehenen Abstimmungsverfahren geändert und ergänzt werden." Art. 3: „Dieser Beschluß ist an die Mitgliedstaaten gerichtet."

[11] Siehe wie unter Anm. 9.

[12] Siehe zu dieser Feststellung die Ausführungen auf den Seiten 132/133.

diesen Beschluß recht bald die Aussagen des EuGH im AETR-Urteil zur Außenkompetenz der Europäischen Wirtschaftsgemeinschaft zumindest voll ausgeschöpft worden sind[13]. Besondere Bedeutung kommt ferner der Tatsache zu, daß der Inhalt einer zukünftigen Gemeinschaftsverordnung — nämlich die Stillegungsregelung — im Rahmen der ZKR ausgehandelt werden wird[14]. Ebenso bedeutsam ist, daß das Überwachungsorgan für die Stillegungsregelung, in dem die EWG-Kommission *den Vorsitz ohne Stimmrecht* einnehmen soll, voraussichtlich bei der ZKR eingerichtet werden wird. Es erscheint nicht ausgeschlossen, daß durch diese Vorgänge ein bedeutsamer Präzedenzfall — insbesondere für weitere Verhandlungen mit den restlichen EFTA-Staaten — geschaffen wird.

Im Rahmen dieses Nachtrages ist schließlich noch auf das Urteil des EuGH vom 15. Dezember 1972 in den Rechtssachen 21 - 24/72 sowie auf die diesbezüglichen Schlußanträge des Generalanwalts *H. Mayras* vom 25. Oktober 1972 hinzuweisen[15]. Diese Entscheidung, die bedeutsame Aussagen zur Bindung der EWG an das GATT-Statut[16] enthält[17], konnte auf Grund der fortgeschrittenen Drucklegung in die vorliegende Abhandlung nicht mehr eingearbeitet werden. Eine eingehende Auseinandersetzung mit dieser Rechtsprechung war aber auch in den diesem Nachtrag gesteckten Grenzen nicht mehr möglich. Die nachfolgenden Zeilen sind daher auf eine geraffte Darstellung dieser Rechtsprechung beschränkt.

Der Gerichtshof hat in dem genannten Rechtsstreit entschieden, daß, „soweit die Gemeinschaft auf Grund des EWG-Vertrages früher von den Mitgliedstaaten im Anwendungsbereich des GATT ausgeübte Befugnisse übernommen hat, sie an die Bestimmungen dieses Abkommens gebunden (ist)“[18].

---

[13] Siehe insbesondere die Ausführungen des Gerichtshofes zu Art. 235 EWGV.AETR-Urteil (EuGH, Bd. XVII, S. 263 ff.), Ziff. 95.

[14] Siehe FAZ v. 20. Dezember 1972, S. 17: „Stillegung in der Schiffahrt.“

[15] Dem Verfasser lagen nur hektographierte Ausgaben des Urteils in deutscher Sprache und der Schlußanträge in französischer Sprache vor. Auf die dort angeführten Ziffern im Urteil und die Seiten in den Schlußanträgen wird nachfolgend Bezug genommen.

[16] Siehe zu dieser Problematik insbesondere auch die Abhandlung von *Jaeger*, F. „GATT, EWG und EFTA: Die Vereinbarkeit von EWG- und EFTA-Recht mit dem GATT-Statut“, Bern 1970.

[17] In diesem Vorlageverfahren durch das College van Beroep voor het Bedrijfsleven, Den Haag, hatten 4 niederländische Importfirmen von Agrarerzeugnissen u. a. geltend gemacht, daß die Verordnungen der EWG Nr. 459/70, 565/70 u. 686/70 mit Art. XI des GATT unvereinbar und daher ungültig seien. Auf Grund dieser Verordnungen war die Einfuhr von Tafeläpfeln aus Drittländern vorübergehend mengenmäßig beschränkt und einer Erlaubnispflicht unterworfen worden.

[18] Urteil, Ziff. 18. Besondere Beachtung ist auch der Aussage zu widmen, nach der der Gerichtshof gem. Art. 177 Abs. 1 EWGV berufen ist, zu prüfen, ob die *Gültigkeit* von Handlungen von Gemeinschaftsorganen dadurch beeinträchtigt werden kann, *daß diese einer Regel des Völkerrechts widersprechen.*

Die Begründung des Urteils ist im wesentlichen auf zwei Gesichtspunkte gestützt. Der Gerichtshof legt zunächst dar, daß die EWG-Mitgliedstaaten bei dem Abschluß des EWG-Vertrages und bei der Vorlage des Vertrages gem. Art. XXIV GATT gegenüber den übrigen GATT-Vertragsparteien eindeutig den *Willen* zum Ausdruck gebracht haben, die Verpflichtungen aus dem GATT zu beachten[19]. Daraus zieht er den Schluß, daß bei der Einräumung von Kompetenzen die EWG-Mitgliedstaaten die Gemeinschaft an die GATT-Verpflichtungen haben binden wollen[20].

In einem zweiten Schritt führt dann der Gerichtshof aus, daß die nicht der EWG angehörigen Vertragsparteien auch im Außenbereich die innergemeinschaftlichen Kompetenzverschiebungen oder auch „Zuständigkeitsverlagerungen"[21] anerkannt haben, und dementsprechend die Gemeinschaft durch eigenständige Vertragsabschlüsse und durch ihr Mitwirken bei Zollverhandlungen im Rahmen des GATT[22] in die Stellung einer „*Partei*" des GATT hineingewachsen ist[23], die sie nunmehr — obgleich nicht Vertragspartner — an das GATT-Statut bindet[24].

Siehe Urteil, Ziff. 5 u. 6. Das Wort „Gültigkeit" deutet darauf hin, daß der Gerichtshof bei der Unvereinbarkeit einer Gemeinschaftsregelung mit früheren Übereinkünften der EWG-Mitgliedstaaten scheinbar die *Nichtigkeit* und nicht nur eine *Unanwendbarkeit* der betreffenden Gemeinschaftsregelung annehmen will. Siehe zum gegenteiligen Standpunkt die Ausführungen auf S. 126.

[19] Vgl. Urteil, Ziff. 10 - 13.

[20] Vgl. Urteil, Ziff. 15. Siehe dazu auch die Ausführungen auf S. 126.

[21] Urteil, Ziff. 16.

[22] Siehe dazu insbesondere die Ausführungen des Generalanwalts, Schlußanträge, Gliederungsziffer III, S. 18.

[23] Vgl. Urteil, Ziff. 16 u. 17.

[24] Siehe zu dieser Argumentation insbesondere die Ausführungen des Generalanwalts wie unter Anm. 22.

Literaturverzeichnis

Anzilotti, Dionisio: Lehrbuch des Völkerrechts. Berlin/Leipzig 1929.

Badura, Peter: Bewahrung und Veränderung demokratischer und rechtsstaatlicher Verfassungsstruktur in den internationalen Gemeinschaften, in: VVDStRL, Bd. 23, S. 34.

Balladore Pallieri, Giorgio: Les pouvoirs des organisations économiques européennes à l'intérieur des Etats membres, in: ZaöRV, Bd. 23 (1963), S. 471.

Baumgartner, Rudolf: Die Freiheit der Rheinschiffahrt. Diss., Bern 1926.

Bebr, Gerhard: Judicial control of the European communities. London 1962.

Beißwingert, Rolf: Die Einwirkung bundesstaatlicher Kompetenzverschiebungen auf völkerrechtliche Verträge unter besonderer Berücksichtigung der deutschen Entwicklung. Diss., München 1960.

Berber, Friedrich: Lehrbuch des Völkerrechts. 3 Bde., München/Berlin 1960 - 1964.

— Völkerrecht. Dokumentensammlung. Bd. 1, Friedensrecht, München/Berlin 1967.

Bernhardt, Rudolf: Die Auslegung völkerrechtlicher Verträge insbesondere in der neueren Rechtsprechung internationaler Gerichte. Köln/Berlin 1963.

Biays, Philippe: La Commission Centrale du Rhin, in: RGDIP, Bd. 56 (1952), S. 223.

Bindschelder, Rudolf: Rechtsfragen der europäischen Einigung. Basel 1954.

Blonk, W. A. G.: Applying rules of competition to transport by rail, road and inland waterway, in: CMLR, Bd. VI (1968 - 1969), S. 451.

Brunner, Hans: Das Rheinschiffahrtsrecht nach Maßgabe der Staatsverträge. Diss., Würzburg 1919.

Bülck, Hartwig: Artikel „Vertragsauslegung", in: Wörterbuch des Völkerrechts, 2. Aufl.,Bd. 3, S. 547.

Bülow, Erich: Die Anwendung des Gemeinschaftsrechts im Verhältnis zu Drittländern, in: Einführung in die Rechtsfragen der europäischen Integration (hrsg. vom Gustav-Stresemann-Institut), Bergisch-Gladbach 1969, S. 50 (zit.: Anwendung).

— Zur unmittelbaren Wirkung von Stillhalteverpflichtungen im EWG-Vertrag, in: AWD 1963, S. 162 (zit.: Stillhalteverpflichtungen).

— Das Verhältnis des Rechts der europäischen Gemeinschaften zum nationalen Recht, in: Aktuelle Fragen des europäischen Gemeinschaftsrechts (Europarechtliches Kolloquium 1964), Stuttgart 1965, S. 28 (zit.: Verhältnis).

Cansacchi, Giorgio: Les éléments fédéraux de la Communauté économique européenne, in: Mélanges en l'honneur de Gilbert Gidel, S. 91.

Carathéodory, E.: Das Stromgebietsrecht und die internationale Flußschiffahrt, in: Holtzendorffs Handbuch des Völkerrechts, Bd. II, Hamburg 1887, S. 279.

Carstens, Karl: Der Rang europäischer Verordnungen gegenüber deutschen Rechtsnormen, in: Festschrift für Otto Riese, Karlsruhe 1964, S. 65.

Catalano, Nicola: Manuel de droit des Communautés Européennes. 2. Aufl., Paris 1964.

Cavaré, Louis: Le droit international public positif. 3. Aufl., Bd. 2, Paris 1969.

Chiesa, Pierre Albert: Le régime international du Rhin et la participation de la Suisse. Fribourg 1952.

Clercq, Alexandre de: Recueil des traités de la France publié sous les auspices de S.E.M. Drouyn de Lhuys. 22 Bde., Paris 1864 - 1907.

Colard, Daniel: Premières reflexions sur le „Traité des Traités" — la convention de Vienne du 23 mai 1969, in: JDI 1970, S. 264.

Corthesy, F.: Commissions fluviales internationales (Extrait du Répertoire de droit international). Paris 1929.

Dahm, Georg: Völkerrecht. 3 Bde., Stuttgart 1958 - 1961.

Daig, Hans-Wolfram: Die Formen der bisherigen Beziehungen zwischen der Europäischen Gemeinschaft für Kohle und Stahl (EGKS) und anderen Staatenverbänden, in: Actes officiels, Bd. 3, S. 125.

Dehousse, M. Fernand: La primauté du droit communautaire sur le droit des Etats membres — Rapport fait au nom de la Commission juridique au Parlement européen 1965 — in: Rev. trim. dr. eur. 1965, S. 212.

Deutsche Denkschrift zu dem Entwurf eines Gesetzes zu dem Übereinkommen vom 20. November 1963 zur Revision der am 17. Oktober 1868 in Mannheim unterzeichneten Revidierten Rheinschiffahrtsakte. Deutscher Bundestag, 5. Wahlperiode, Drs. V/18.

Ditges: Ist es sinnvoll, das GWB in einer Zeit werdenden EWG-Kartellrechts zu novellieren?, in: Kartellrundschau, Heft 5, Köln/Berlin 1964, S. 159 (zit.: EWG-Kartellrecht).

Dupuis, Charles: Liberté des voies de communication, relations internationales, in: RCADI 1924, Bd. I, S. 125.

Dupuy, René-Jean: Du caractère unitaire de la Communauté économique européenne dans ses relations extérieures, in: AFDI 1963, S. 779.

Ehle, Dietrich: Ist es sinnvoll, das GWB in einer Zeit werdenden EWG-Kartellrechts zu novellieren?, in: Kartellrundschau, Heft 5, Köln/Berlin 1964, S. 159 (zit.: EWG-Kartellrecht).

— Klage- und Prozeßrecht des EWG-Vertrages, Zweiter Teil — Kommentar zum EWG-Vertrag. Berlin 1966 (zit.: Kommentar).

Erler, Georg: Grundprobleme des internationalen Wirtschaftsrechts. Göttingen 1956 (zit.: Grundprobleme).

— Das Grundgesetz und die öffentliche Gewalt internationaler Staatengemeinschaften, in: VVDStRL, Bd. 18, S. 7 (zit.: Grundgesetz).

Errera, M. J., *Meulen*, M. J. van der, *Symon*, M. E., *Vernaeve*, M. L.: Euratom. Analyse et Commentaires du Traité. Brüssel 1958.

Europa: Dokumente zur Frage der europäischen Einigung (Hrsg. im Auftrag des Auswärtigen Amtes). 3 Bde., Bonn 1962.

Everling, Ulrich: Die gemeinsame Handelspolitik, in: Les relations extérieures de la Communauté européenne unifiée (Actes du troisième Colloque sur la Fusion des Communautés européennes à Liège, octobre 1967, Bd. 2), Liège 1969, S. 187.

Exposé en vue de la revision de la convention de Mannheim, élaboré par le Secrétaire Général de la Commission Centrale (Hrsg. von der ZKR). Strasbourg-Neudorf 1928.

Eysinga, W. J. M. van: Evolution du droit fluvial international du Congrès de Vienne au Traité de Versailles 1815 - 1919. Leyden 1920 (zit.: Evolution).

— De Oorsprong van de moderne internationale rivierencommissie. Amsterdam 1932 (zit.: Oorsprong).

— La Commission Centrale pour la Navigation du Rhin. Leyden 1936 (zit.: CCR).

— Offener Brief in Beantwortung einer Anfrage der Rotterdamer Handelskammer, in: Strom und See 1950, S. 156 (zit.: Brief).

Ferrier, Charles-Antoine: La liberté de navigation sur le Rhin de Bâle à la mer. Diss., Winterthur 1955.

Franz, Günther: Staatsverfassungen. Eine Sammlung wichtiger Verfassungen der Vergangenheit und Gegenwart in Urtext und Übersetzung. 2. Aufl., München 1964.

Fuhrmann, Hans: Die völkerrechtlichen Grundlagen der Rheinschiffahrt. Diss., Köln 1954.

Fuß, Ernst-Werner: Die Bundestreue — ein unentbehrlicher Rechtsbegriff? Gedanken zur Abhandlung von H.-W. Bayer, in: DÖV 1964, S. 37.

Garnon, Romain: La navigation rhénane (Extrait du juris-classeur commercial). Paris 1963.

Giraud, E.: Modification et terminaison des traités collectifs, in: Annuaire de l'institut de droit international, 1961, tome 1, S. 62.

Gönnenwein, Otto: Die Freiheit der Flußschiffahrt. Stuttgart/Berlin 1940.

Groeben, Hans von der, *Boeckh*, Hans von: Handbuch für Europäische Wirtschaft. Kommentar zum EWG-Vertrag und Euratom-Vertrag (Loseblatt-Ausgabe in laufender Folge). Baden-Baden.

Grotius, Hugo: De jure belli ac pacis. Neuer deutscher Text und Einleitung Walter Schätzel (Die Klassiker des Völkerrechts, Bd. 1). Tübingen 1950.

Guggenheim, Paul: Traité des droits international public. Tome I, Genf 1953.

Hagemann, Max: Die Gewohnheit als Völkerrechtsquelle in der Rechtsprechung des internationalen Gerichtshofes, in: SchwJbIR, Bd. 10 (1953), S. 61.

Hamel, W. A.: Artikel 234 van het E.E.G.-Verdrag en de vrijheid van scheppvaart op de Rijn, in: SEW 1964, S. 590.

Henderson, W. O.: The Zollverein. London 1959.

Herbig, Gottfried: Staatensukzession und Staatenintegration. Ein Beitrag zur Frage der Kontinuität völkerrechtlicher Verträge bei Staatenzusammenschlüssen. Mainz 1966.

Hertoghe, Pilipp: Les origines du statut international du Rhin. Brüssel 1956.

Hoederath, Roland: Die Rechtsstellung der Schweiz zu der Mannheimer Rheinschiffahrtsakte und den Verträgen über die Gründung der Europäischen Gemeinschaft für Kohle und Stahl sowie der Europäischen Wirtschaftsgemeinschaft, in: ArchVR, Bd. 11 (1963/64), S. 137.

Hoeven, H. van der: Die Rheinschiffahrtsverträge und die Cabotage. Den Haag 1957.

Holländische Delegation (bei der ZKR): Strukturprobleme der Rheinschiffahrt, in: 150 Jahre Zentralkommission für die Rheinschiffahrt, hrsg. von der ZKR, Strasbourg o. J., S. 65.

Holtzendorff, F. von: Rumäniens Uferrechte an der Donau. Leipzig 1883.

Hostie, Jean-François: Le statut international du Rhin, in: RCADI 1929, Bd. III, S. 109.

Hoyt, Edwin C.: The unanimity rule in the revision of treaties — a re-examination. Den Haag 1959.

Huber, Ernst Rudolf: Dokumente zur Deutschen Verfassungsgeschichte. 3 Bde., Stuttgart 1961 - 1966.

Huber, Max: Die „Staatensuccession". Völkerrechtliche und staatsrechtliche Praxis im XIX. Jahrhundert. Leipzig 1898.

Iglesias Buiges, J. L.: La nature juridique du droit communautaire, in: CdDE 1968, S. 501.

Ipsen, Hans-Peter: Das Verhältnis des Rechts der Europäischen Gemeinschaften zum nationalen Recht, in: Aktuelle Fragen des europäischen Gemeinschaftsrechts (Europarechtliches Kolloquium 1964), Stuttgart 1965, S. 1.

Jaeger, Franz: GATT, EWG und EFTA: Die Vereinbarkeit von EWG- und EFTA-Recht mit dem GATT-Statut. (Schweizerische Beiträge zum Europarecht Bd. 4.) Bern 1970.

Jaenicke, Günther: Artikel „Gleichbehandlung", in: Wörterbuch des Völkerrechts, 2. Aufl. Bd. 1, S. 690 (zit.: Gleichbehandlung).

— Artikel „Völkerrechtsquellen", in: Wörterbuch des Völkerrechts, 2. Aufl. Bd. 3, S. 766 (zit.: Völkerrechtsquellen).

Jerusalem, Franz: Das Recht der Montanunion. Berlin/Frankfurt a. M. 1954.

Jonker, W.: Aantekening — Een speciaal hoofdstuk uit de vervoerpolitiek der E.E.G., in: Verkeer — Tijdschrift gewijd aan vaagstukken van verkeer en vervoer — 1963, S. 150.

Kaiser, Joseph H.: Die Erfüllung der völkerrechtlichen Verträge des Bundes durch die Länder — Zum Konkordatsurteil des Bundesverfassungsgerichts — in: ZaöRV, Bd. 18 (1957/58), S. 526 (zit.: Erfüllung).

— Bewahrung und Veränderung demokratischer und rechtsstaatlicher Verfassungsstruktur in den internationalen Gemeinschaften, in: VVDStRL, Heft 23, S. 1 (zit.: Verfassungsstruktur).

Kewenig, Wilhelm: Der Grundsatz der Nichtdiskriminierung im Völkerrecht der internationalen Handelsbeziehungen (Bd. 1: Der Begriff der Diskriminierung). Frankfurt a. M. 1972.

Kiss, Alexandre-Charles: Commission Centrale pour la navigation du Rhin, in: AFDI 1955, S. 508.

Klaer, Werner: Der Verkehr im gemeinsamen Markt für Kohle und Stahl. Baden-Baden/Bonn 1961.

Klein, Friedrich: Artikel „Vertragskonkurrenz", in: Wörterbuch des Völkerrechts, 2. Aufl., Bd. 3, S. 555.

Klimmeck, Klaus-Dieter: Zur Rechtmäßigkeit der EWG-Verordnung Nr. 11, insbesondere im Hinblick auf das Rheinschiffahrtsregime, in: DVBl 1964, S. 94.

Koeppen, Ursula von: Die Deutsche Binnenschiffahrt im europäischen Verkehrswesen, in: Die deutsche Binnenschiffahrt, hrsg. von Otto Most, Verkehrswissenschaftliche Veröffentlichungen, Heft 38, Düsseldorf 1957 (zit.: Binnenschiffahrt).

— Freiheit und Wirtschaftlichkeit der Rheinschiffahrt, Aufgabe und Anliegen der Rheinzentralkommission, in: Strom und See 1966, S. 253 (zit.: Freiheit).

— Das Rheinregime in seiner internationalen Stellung, insbesondere im Verhältnis der RevidiertenRheinschiffahrtsakte von 1868 zum EWG-Vertrag, in: ZfB 1966, S. 350 (zit.: Rheinregime).

— Die Geschichte der Zentralkommission und die Rechtsordnung der Rheinschiffahrt, in: ZfB 1966, S. 331 (zit.: Geschichte).

Kordt, Erich: Überstaatliche Bildungen im Rahmen des Deutschen Zollvereins, in: Gegenwartsprobleme des internationalen Rechts und der Rechtsphilosophie", Festschrift für Laun, Hamburg 1953, S. 91.

Kraus, Herbert: Rechtsfragen der Rheinschiffahrt. Rechtsgutachten. Frankfurt a. M. 1956.

Krause, Gerhard: Die internationalen Stromschiffahrtskommissionen. Basel 1931.

Krizizanowski, P.: Die Rechtslage des Rhein-Main-Donau-Verbindungsweges, in: ArchVR, Bd. 14 (1969/70), S. 343.

Krüger, Herbert: Die Rechtswirkungen der strukturellen und geistigen Umgestaltung des Deutschen Staates nach 1945 auf das Reichskonkordat von 1933 — Rechtsgutachten — in: Der Konkordatsprozeß, Bd. 2, München 1957, S. 1052.

Laband, Paul: Das Staatsrecht des Deutschen Reiches. 5. Aufl., 4 Bde., Tübingen 1911 - 1914.

Lederle: Das Recht der internationalen Gewässer unter besonderer Berücksichtigung Europas. Mannheim/Berlin/Leipzig 1920.

Leibholz, Gerhard: Zum Begriff der Supranationalität, in: „Recueil d'études de droit international" en hommage à Paul Guggenheim, Genf 1968, S. 814.

Lörcher, Gino: Der Abschluß völkerrechtlicher Verträge nach dem Recht der drei europäischen Gemeinschaften (Schriften zur Rechtslehre und Politik, Bd. 14). Bonn 1965.

Lupi, Gérard: La liberté de navigation sur le Rhin, in: JDI 1958 (Bd. 85), S. 328.

De Martens, G. Fr.: Nouveau Recueil de Traités. Göttingen 1808 - 1841.

— Nouveau Recueil Général de Traités et autres actes relatifs aux rapports de Droit International. 1. Serie, Göttingen 1843 - 1875. 2. Serie, Göttingen/Leipzig 1876 - 1908. 3. Serie, Leipzig/Heidelberg 1909 - 1969.

Mathijsen, Pierre: Le droit de la Communauté européenne du charbon et de l'acier. La Haye 1958.

Maout, Jean-Charles: La navigation rhénane à l'heure des Communautés européennes. Rennes 1966.

Matschl, Gustav: Die Europäischen Gemeinschaften und die Freiheit der Rheinschiffahrt. Diss., München 1965.

McNair, A. D.: La terminaison et la dissolution des traités, in: RCADI 1928, Bd. II, S. 463 (zit.: Terminaison).

— The law of treaties. Oxford 1961 (zit.: Treaties).

Melchior, Michel: La procédure de conclusion des accords externes de la Communauté économique européenne, in: RbDI 1966, S. 187.

Mensbrugghe, Yoes van der: La libre circulation des marchandises, in: Les Novelles. Droit des Communautés européennes (hrsg. von Ganshof van der Meersch u. a.). Brüssel 1969, Anm. 1740.

Misschlich, Robert: Le régime international de la navigation du Rhin, in: RTDC 1957, S. 243.

Mosler, Hermann: Die völkerrechtliche Wirkung bundesstaatlicher Verfassungen, in: Festschrift für Richard Thoma, Tübingen 1950, S. 129 (zit.: FS. Thoma).

— Die Aufnahme in Internationale Organisationen, in: ZaöRV, Bd. 19 (1958), S. 281 (zit.: Aufnahme).

— Die Erweiterung des Kreises der Völkerrechtssubjekte, in: ZaöRV, Bd. 22 (1962), S. 1 (zit.: Erweiterung).

— Die Entstehung des Modells supranationaler und gewaltenteilender Staatenverbindungen in den Verhandlungen über den Schuman-Plan, in: „Probleme des europäischen Rechts", Festschrift für Walter Hallstein, Frankfurt a. M. 1966, S. 355 (zit.: FS. Hallstein).

Müller, Heinz J.: Die Binnenschiffahrt im Gemeinsamen Markt (Schriftenreihe zum Handbuch für Europäische Wirtschaft Bd. 28). Baden-Baden 1967.

Müller, Walter: Die Freiheit der Rheinschiffahrt in Gefahr, in: Strom und See 1953, S. 60 (zit.: Freiheit).

— Die Rechtsstellung der Schweiz in bezug auf die Revidierte Rheinschiffahrts-Akte vom 17. Oktober 1868, in: SchwJbIR, Bd. 15 (1958), S. 153 (zit.: Rechtsstellung).

— Die EWG-Verordnung Nr. 11 über die Beseitigung von Diskriminierungen auf dem Gebiet der Frachten und Beförderungsbedingungen und die Stellung der schweizerischen Rheinschiffahrt, in: Strom und See 1961, S. 200 (zit.: Verordnung).

— Die Geltung der verkehrsrechtlichen Verordnungen der EWG in der Rheinschiffahrt, in: Strom und See 1963, S. 119 (zit.: Geltung).

— 20 Jahre Schweizerische Rheinschiffahrtspolitik, in: Strom und See 1964, S. 235 (zit.: Rheinschiffahrtspolitik).

Müller-Hermann, Ernst: Die Grundlagen der gemeinsamen Verkehrspolitik in der EWG. Bad Godesberg 1963.

Münch, Fritz: Die Abgrenzung des Rechtsbereiches der supranationalen Gemeinschaft gegenüber dem innerstaatlichen Recht, in: BDGV, Heft 2, S. 73 (zit.: Berichte).

Münch, Fritz: Föderalismus, Völkerrecht und Gemeinschaften, in: DÖV 1962, S. 649 (zit.: Föderalismus).

Nau, B. S. von: Verhandlungen der Central-Commission zu Mainz bei Entwerfung einer interimistischen Instruktion für die Rheinschiffahrt nach der Wiener Konvention vom 24. März 1815 (Fortgesetzt unter dem Titel: Beiträge zur Kenntnis und Beförderung des Handels und der Schiffahrt) 4 Bde., Mainz 1818 - 1825.

O'Connell, D. P.: State succession and the effect upon treaties, in: BYIL 1963, S. 54.

Ophüls, C. F.: Juristische Gedanken des Schuman-Plans, in: NJW 1951, S. 289 (zit.: Schuman-Plan).

— Quellen und Aufbau des Europäischen Gemeinschaftsrechts, in: NJW 1963, S. 1697 (zit.: Quellen).

— Zwischen Völkerrecht und staatlichem Recht. — Grundfragen des europäischen Rechts — in: JJb, Bd. 4 (1963/64), S. 137 (zit.: Völkerrecht).

— Die Geltungsnormen des europäischen Gemeinschaftsrechts, in: Festschrift für Otto Riese, Karlsruhe 1964, S. 1 (zit.: FS. Riese).

— Zur ideengeschichtlichen Herkunft der Gemeinschaftsverfassung, in: „Probleme des europäischen Rechts", Festschrift für Walter Hallstein, Frankfurt a. M. 1966, S. 387 (FS. Hallstein).

Oppenheim, Lassa F. L., *Lauterpacht,* Hersch: International law — a treatise. Bd. 1, 7. Aufl., London/New York/Calcutta 1952.

Panhuys, H. F. van: Conflicts between the law of the european communities and other rules of international law, in: CMLR, vol. III (1965), S. 420.

Partsch, Karl Josef: Stellungnahme zu dem Referat von Waelbroek, M. — La Convention européenne des droits de l'homme lie-t-elle les Communautés européennes, in: Droit communautaire et droit national — Semaine de Bruges 1965, S. 323.

Pescatore, Pierre: Les relations extérieures des Communautés européennes, in: RCADI 1961, vol. II, S. 1 (zit.: Rel. Ex.).

— La personnalité internationale de la Communauté, in: Les relations extérieures de la Communauté européenne unifiée. (Actes du troisième Colloque sur la Fusion des Communautés européennes, à Liège, octobre 1967, Bd. 2) Liège 1969, S. 77 (zit.: Personnalité).

— La politique commerciale, in: Les Novelles. Droit des Communautés Européennes (Hrsg. von Ganshof van der Meersch u. a.). Brüssel 1969, Anm. 2287 (zit.: Politique).

— International Law and Community Law — a comparative analysis, in: CMLR, Bd. VII (1970) S. 167 (zit.: International Law).

— L'apport du droit communautaire au droit international public, in: CdDE 1970, S. 501 (zit.: Droit International).

Preußische Denkschrift betreffend die Revidierte Rheinschiffahrts-Akte vom 17. Oktober 1868, in: Rheinurk. II, S. 106.

Rapport de la Délégation Française: sur le Traité et la Convention signés à Paris le 18 avril 1951. La Communauté européenne du charbon et de l'acier. o. O. und o. J.

Rauschning, Dietrich: Das Schicksal völkerrechtlicher Verträge bei der Änderung des Status ihrer Partner. Diss., Hamburg 1963.

Raux, Jean: Les relations extérieures de la Communauté économique européenne. Paris o. J.

Reaux, Jean: La régionalisation et la centralisation: deux tendances complémentaires de l'administration internationale des fleuves, in: RGDIP, Bd. 73 (1969), S. 637.

Reuter, Paul: La Communauté européenne du charbon et de l'acier. Paris 1953 (zit.: Communauté).

— Principes de droit international public, in: RCADI 1961, vol. II, S. 425 (zit.: Principes).

— La Cour de Justice des Communautés Européennes et le droit international, in: „Recueil d'études de droit international" en hommage à Paul Guggenheim, Genf 1968, S. 665 (zit.: Mel. Guggenheim).

— Rapports des trois traités avec les autres engagements internationaux souscrits par les états membres, in: Les Novelles. Droit des Communautés européennes (hrsg. von Ganshof van der Meersch u. a.). Brüssel 1969, Anm. 285 ff. (zit.: Rapports).

Die Revision der Rheinschiffahrts-Akte von 1831. Hrsg. von der ZKR, Strasbourg-Neudorf 1928 (zit.: Rev. Pro. Mz. A.).

Die Revision der Mannheimer Rheinschiffahrtsakte vom 17. Oktober 1868. Protokolle 1924 - 1935. Hrsg. von der ZKR, Strasbourg-Neudorf (zit.: Rev. Pro. M. A. bzw. Pro. ZKR-R.).

Rheinmemorandum: Memorandum der Kommission der EWG über die Anwendung des Vertrages zur Gründung der Europäischen Wirtschaftsgemeinschaft auf die Rheinschiffahrt vom 8. April 1964. EWG VII/KOM (64) 140.

Rheinurkunden: Sammlung zwischenstaatlicher Vereinbarungen, landesrechtlicher Ausführungsverordnungen und sonstiger wichtiger Urkunden über die Rheinschiffahrt seit 1803, veranstaltet von der Zentral-Kommission für die Rheinschiffahrt. 2 Bde., s'-Gravenshage/München 1918.

Riphagen, W.: The transport legislation of the european Communities, its relationship to international treaties and its effect in member States, in: CMLR, vol. III (1965), S. 291.

Rittstieg, Helmut: Rheinschiffahrt im Gemeinsamen Markt. Eine Untersuchung zur Kollision zwischenstaatlicher Rechtsordnungen (Schriftenreihe Europäische Wirtschaft Bd. 62). Baden-Baden 1971.

Roth, G.: Territoriale und funktionale Elemente europäischer Flußschiffahrtskommissionen, in: ArchVR, Bd. 11 (1963/64), S. 168.

Rousseau, Ch.: De la compatibilité des normes juridiques contradictoires dans l'ordre international, in: RGDIP, Bd. 39 (1932), S. 133.

Rüegg, Alfred: Die Verwirklichung einer gemeinsamen Verkehrspolitik im Rahmen der wirtschaftlichen Integration Europas. Diss., Basel 1964.

Sasse, Christoph: Zur auswärtigen Gewalt der Europäischen Wirtschaftsgemeinschaft — Besprechung des AETR-Urteils des EuGH vom 31. 3. 1971 — in: EuR 1971, S. 208.

Saure, Wilhelm: Die völkerrechtliche Stellung des Rheins. Berlin 1931.

Seidl-Hohenveldern, Ignaz: Artikel „Donau", in: Wörterbuch des Völkerrechts, 2. Aufl., Bd. 1, S. 393.

Sereni, Angelo Piero: The Italian conception of international law. New York 1943.

Sinclair, M.: Vienna Conference on the Law of Treaties, in: ICLQ, vol. 19 (1970), S. 47.

de Soto, Jean: Les relations internationales de la Communauté européenne du charbon et de l'acier, in: Actes officiels, Bd. 3, S. 191.

Schedel, Eberhardt: Rheinschiffahrtsakte und Verkehrspolitik heute, in: ZfB 1966, S. 337.

Scheuner, Ulrich: Das internationale Recht der Rheinschiffahrt und der nationale Binnenverkehr (Cabotage). Duisburg 1954 (zit.: Cabotage).

— Rechtsfragen der Rheinschiffahrt. Rechtsgutachten. Frankfurt a. M. 1956 (zit.: Rechtsfragen).

— Die Funktionsnachfolge und das Problem der staatsrechtlichen Kontinuität, in: „Vom Bonner Grundgesetz zur gesamtdeutschen Verfassung", Festschrift für Hans Nawiasky, München 1956, S. 9 (zit.: Funktionsnachfolge).

— Rechtsgutachten über den Abschluß des Konkordates zwischen dem Hl. Stuhle und dem Deutschen Reiche vom 20. Juli 1933, in: Der Konkordatsprozeß, Bd. 2, München 1957, S. 670 (zit.: Rechtsgutachten).

— Die Rechtsetzungsbefugnis internationaler Gemeinschaften, in: „Völkerrecht und rechtliches Weltbild", Festschrift für Alfred Verdross, Wien 1960, S. 229 (zit.: Rechtsetzungsbefugnis).

— Artikel „Rhein", in: Wörterbuch des Völkerrechts, 2. Aufl., Bd. 3, S. 117 (zit.: Rhein).

Schlochauer, Hans Jürgen: Das Verhältnis des Rechts der Europäischen Wirtschaftsgemeinschaft zu den nationalen Rechtsordnungen der Mitgliedstaaten, in: ArchVR, Bd. 11 (1963/64), S. 1.

Schluckebier, Ullrich: Internationales Rheinschiffahrtsrecht (Studien zum internationalen Wirtschaftsrecht und Atomenergierecht Bd. 18). Göttingen 1965.

Schulze-Eggert, Hans-Jürgen: Die Verletzung von Vertragspflichten durch Mitgliedstaaten der Europäischen Gemeinschaften und die Gegenmaßnahmen der supranationalen Instanzen. Diss., Bonn 1966.

Schweizer Delegation (bei der ZKR): Die Wirtschaftskonferenz der Rheinschiffahrt und ihre Ergebnisse, in: 150 Jahre Zentralkommission für die Rheinschiffahrt, hrsg. von der ZKR, Strasbourg o. J., S. 51.

Schwelb, Egon: Fundamental Change of Circumstances. Notes on Article 59 of the Draft Convention on the Law of Treaties as recommended for Adoption to the United Nations Conference on the Law of Treaties by its Committee of the Whole in 1968, in: ZaöRV, Bd. 29 (1969), S. 39.

Stabenow, Wolfgang: Möglichkeiten einer Außenwirtschaftspolitik der europäischen Wirtschaftsgemeinschaft auf dem Gebiet des Verkehrs, in: Raccolta delle lezioni, Trieste 1965, S. 112 (zit.: Außenwirtschaftspolitik).

— Die internationalen Konventionen über die Binnenschiffahrt im Lichte der wirtschaftlichen Integration Europas, in: Raccolta delle lezioni, Trieste 1968, S. 528 (zit.: Konventionen).

Stabreith, Immo F. H.: Die Revision multilateraler völkerrechtlicher Verträge durch eine begrenzte Anzahl der Vertragsparteien. Diss., Heidelberg 1964.

Steindorff, Ernst: Schuman-Plan und europäischer Bundesstaat, in: EuA, Bd. VI (1951), S. 3955.

Struycken, A. J. N. M.: Veranderingen in het Rijnregiem na den Wereldoorlog. s'-Gravenshage 1929.

Le Tallec, Georges: Die Auswirkungen der Handelspolitik auf das Vorgehen der Gemeinschaft und ihrer Mitgliedstaaten, in: AWD 1971, S. 105.

Telders, B. M.: Der Kampf um die neue Rheinschiffahrtsakte. Königsberg 1934.

Thierry, A.: L'Avenir de la navigation international, in: RNIR 1951, S. 666.

Tomuschat, Christian: Die gerichtliche Vorabentscheidung nach den Verträgen über die europäischen Gemeinschaften. Köln/Berlin 1964.

Triepel, Heinrich: Internationale Wasserläufe (Völkerrechtsfragen, Heft 35). Berlin 1931.

De Vattel, Emer: Le droit des gens ou principes de la loi naturelle. Deutsche Übersetzung von Euler, W. (Die Klassiker des Völkerrechts, Bd. 3). Tübingen 1959.

Verdross, Alfred: Völkerrecht. 4. Aufl., unter Mitarbeit von Karl Zemanek, Wien 1959.

Verosta, Stephan: Die Vertragsrechts-Konferenz der Vereinten Nationen 1968/1969 und die Wiener Konvention über das Recht der Verträge, in: ZaöRV, Bd. 29 (1969), S. 654.

Vignes, Daniel: La Communauté européenne du charbon et de l'acier. Paris 1956.

Waelbroek, Michel: Contribution à l'étude de la nature juridique des Communautés européennes, in: „Problèmes de droit des gens", Mélanges offerts à Henri Rolin, Paris 1964, S. 506 (zit.: Mel. Rolin).

— La Convention européenne des droits de l'homme lie-t-elle les Communautés européennes, in: Droit communautaire et droit national — Semaine de Bruges 1965, S. 305 (zit.: Convention).

Wägenbaur, Rolf: Zur Rechtmäßigkeit der Verordnung Nr. 11 des Rates der Europäischen Wirtschaftsgemeinschaft, in: DVBl 1964, S. 429 (zit.: Rechtmäßigkeit).

— Rechtsfragen der Stillhalteverpflichtung des EWG-Vertrages auf dem Gebiet des Verkehrs, in: SEW 1964, S. 169 (zit.: Rechtsfragen).

Wagner, C. L.: Das Recht der Europäischen Wirtschaftsgemeinschaft und die nationale Rechtsordnung der Mitgliedstaaten, in: DÖV 1965, S. 307.

Walther, H.: Le statut international de la navigation du Rhin, in: EY 1956 (vol. II), S. 3 (zit.: Statut).

— La CEE et l'Acte de Mannheim. A propos des considérations juridiques du Memorandum de la Commission de la CEE relatif à l'application du Traité instituant la CEE à la navigation du Rhin, in: Strom und See 1964, S. 248 (zit.: Considérations).

Watermann, Heinz-Richard: Die gemeinsame Verkehrspolitik auf Grund des Vertrages zur Gründung der Europäischen Wirtschaftsgemeinschaft — Versuch einer Zwischenbilanz und Vorausschau — in: ZfV 1969, S. 63.

Wengler, Wilhelm: Die völkerrechtliche Stellung der Montanunion gegenüber dritten Staaten und Staatenverbindungen, in: Actes officiels, Bd. 3, S. 7 (zit.: Stellung).

Wengler, Wilhelm: Völkerrecht. 2 Bde., Berlin/Göttingen 1964.

Werbke, Axel: Staatliche und gemeinschaftliche Kompetenz zum völkerrechtlichen Handeln. — Die Rechtslage in der EWG-Verkehrspolitik nach dem AETR-Urteil, in: NJW 1971, S. 2103.

Wetering, Catharinus van der: Les Transports, in: Les Novelles. Droit des Communautés europeénnes (hrsg. von Ganshof van der Meersch u. a.). Brüssel 1969, Anm. 1602 ff.

Wijfels, Robert, *Stabenow*, Wolfgang, *Huffel*, Leon van: Gemeinsamer Markt und Verkehr. Antwerpen 1969.

Winarski, Bodhan: Principes généraux du droit fluvial international, in: RCADI 1933, Bd. III, S. 74.

Wirtschaftskonferenz I: Wirtschaftskonferenz der Rheinschiffahrt 1952. Hrsg. von der ZKR.

Wirtschaftskonferenz II: Bericht über die zweite Session der Wirtschaftskonferenz der Rheinschiffahrt 1959/60. Hrsg. von der ZKR.

Wohlfarth, Ernst, *Everling*, Ulrich, *Glaesner*, Hans Joachim, *Sprung*, Rudolf: Die Europäische Wirtschaftsgemeinschaft. Kommentar zum Vertrag. Berlin/Frankfurt a. M. 1960 (zit.: Kommentar).

Wohlfarth, Ernst: Anfänge einer europäischen Rechtsordnung und ihr Verhältnis zum deutschen Recht, in: JJb, Bd. 3 (1962/63), S. 241 (zit.: Rechtsordnung).

Wulf, Dieter: Die Binnenschiffahrt im Gemeinsamen Markt, in: Internationales Verkehrswesen 1970, S. 108.

Zemanek, Karl: Gegenwärtige Fragen der Staatensukzession in: BDGV, Heft 5 (1964), S. 56.

Zieger, Gottfried: Das Grundrechtsproblem in den Europäischen Gemeinschaften, in: Recht und Staat, Heft 384/385.

Zuleeg, Manfred: Die Auslegung des europäischen Gemeinschaftsrechts, in: EuR 1969, S. 97.

— EWG-Vertrag und Rheinregime, in: „Verkehr und Gemeinschaftsrecht", KSE, Bd. 18, S. 25 (zit.: Rheinregime).

FSC
www.fsc.org
MIX
Papier | Fördert
gute Waldnutzung
FSC® C083411

Kolibri 360 GmbH
Ferdinand-Jühlke-Straße 7
99095 Erfurt, Deutschland
produktsicherheit@kolibri360.de

Druck:
CPI Druckdienstleistungen GmbH
im Auftrag der
Kolibri 360 GmbH
Ferdinand-Jühlke-Str. 7
99095 Erfurt